DONNA FREITAS

EINVERNEHMLICH

ER WAR IHR MENTOR,
PROFESSOR UND PRIESTER –
UND ÜBERSCHRITT JEDE GRENZE

Aus dem Englischen von
Frauke Brodd

btb

Die Originalausgabe erschien 2019 unter dem Titel
»Consent: A Memoir of Unwanted Attention«
bei Little, Brown and Company, New York.

MIX
Papier | Fördert gute Waldnutzung
FSC® C083411

Penguin Random House Verlagsgruppe FSC® N001967

1. Auflage
Deutsche Erstausgabe März 2023

Coverentwurf: semper smile, München
nach einem Entwurf von Lucy Kim/Little Brown
Coverfoto: Adam Kuylenstierna
Satz: GGP Media GmbH, Pößneck
Druck und Einband: CPI books GmbH, Leck
MK · Herstellung: sc
Printed in the EU
ISBN 978-3-442-77029-8

www.btb-verlag.de
www.facebook.com/btbverlag

Wie soll ich dieses schwierige Buch jemandem widmen, da es von etwas so Dunklem und Hässlichem in meinem Leben handelt. Wer reißt sich denn schon darum, dass ihm oder ihr ein solches Buch gewidmet wird?

Doch gleichzeitig gibt es so viele Menschen in meinem Leben, die wieder Licht in mein Dunkel hineinließen, Menschen, denen ich unendlich dankbar bin, vor allem einigen Frauen (und einem Mann): Molly, Miriam, Michele, Carlene, Rene, Marie, Kylie, Frances, Daphne, Alvina, Jill, Rebecca, Eliot. Und auch Professorin C. und Professorin L. von der Georgetown University – dafür, dass sie mir geglaubt und an mich geglaubt haben, und dafür, dass sie als Frauen so sind, wie ich unbedingt werden wollte.

ANMERKUNG DER AUTORIN

Ein Trauma ist immer ein Mischmasch – aus Gefühlen, Erinnerungen, aus Übelkeit und Magenschmerzen, aus Verwirrung im Kopf.

Folgende Geschichte handelt von einem Trauma in meinem Leben, einem Belagerungszustand, der eines Tages im Frühjahr begann und erst fast zwei Jahre später endete. Nach dieser Zeit war ich ein Häufchen Elend.

Ich habe mir äußerste Mühe gegeben, das, was passiert ist, richtig einzuordnen, aber ich bin mir nicht sicher, ob ich alles bedacht habe und die zeitliche Abfolge korrekt ist.

Es gab so viel zu verstehen, ein wahres Labyrinth, in dessen Drehungen und Wendungen ich mich manchmal verliere. Wenn ich versuche, mich an das zu erinnern, was passiert ist, wie es passiert ist, dann werde ich oft von einer Lawine aus Erinnerungen mitgerissen, in der sich einzelne Bilder übereinanderschieben, miteinander verschmelzen, sodass sie nur schwer unterscheidbar sind.

Aber eins steht fest: Jeder von mir beschriebene Vorfall hat sich in mein Gedächtnis eingebrannt, und zwar leider mit ziemlicher Wahrscheinlichkeit für immer.

DAS MONSTER IM HAUS

Das Päckchen lag ungeöffnet auf dem Couchtisch.

Es wartete dort bereits seit Tagen. Durch Sonne, Regen und Sommergewitter hindurch. Neben ihm befanden sich eine dicke Kerze von Pottery Barn, die ich im Ausverkauf ergattert hatte, und ein Stapel Bücher, die ich für die Graduate School las. Vor dem Tisch stand eine alte Couch mit einem Holzgestell. Ich hatte eine breite Decke darüber geworfen, um die billigen Polster zu kaschieren, die voller Flecken waren von den früheren Bewohnern meines Uni-Apartments. Die Betonwände und hohen, lichten Fenster liebte ich von ganzem Herzen. Es war die erste Wohnung, die ich ganz für mich allein hatte. Hinter dem Tisch stand der gewaltige Fernseher, den ich in meinem ersten Studienjahr gewonnen und seither mit mir herumgeschleppt hatte. Er stammte aus dem Aufenthaltsraum meines Studentenwohnheims, und die Resident Assistants – die sogenannten RAs, die sich damals um uns Studenten in den Wohnheimen kümmerten – hatten ihn am Ende des Semesters verlost. Mich zogen sie als die glückliche Gewinnerin aus dem Hut.

Das Päckchen war dünn, eher ein rechteckiger Umschlag, auf dessen Vorderseite meine Adresse in sorgfältiger Schrift geschrieben stand. Es hätte alles Mögliche drin sein können. Gute-Laune-Fotos von Freunden oder Bilder von einer Hochzeit. Aber dieser blassgelbe Umschlag enthielt einen Essay. Den Entwurf eines Essays.

Ich wusste das, weil der Autor, der auch mein Mentor war, es mir gesagt und mich angewiesen hatte, ich solle den Entwurf lesen, er *brauche* mich als Leserin. Ich wäre ein schlechter Mensch, eine schlechte Studentin, eine schlechte Freundin, wenn ich diese Pflicht ignorieren würde, so wie ich in letzter Zeit so viele andere Bedürfnisse und Bitten von ihm ignoriert hatte.

Er schickte mir den Umschlag am Tag seines Aufbruchs zu einer einmonatigen Reise. Es war Ende Juli, es war heiß und schwül, der Asphalt vor meiner Wohnung dampfte förmlich vor Hitze. Er rief mich an, um mir mitzuteilen, dass ich Post von ihm erhalten würde und den ganzen Monat Zeit hätte, den Text zu lesen. Vielleicht glaubte er, dass Zeitmangel oder fehlende Vorwarnung die Gründe für mein Versäumnis waren, auch alles andere nicht zu lesen, was er mir in letzter Zeit geschickt hatte. Vielleicht hielt er diese Frist von einem Monat für eine Gefälligkeit.

Während seiner vierwöchigen Abwesenheit rief er an, um zu fragen, ob ich den Essay schon gelesen hätte. Er rief immer wieder an und schimpfte, wenn klar wurde, dass ich dieser einfachen Verpflichtung noch nicht nachgekommen war. Die Zeit drängte, der August würde bald vorbei sein, und ich hatte noch nicht einmal den Umschlag geöffnet.

»Don-*na*«, sagte er am Telefon in diesem Singsang, mit dem er meinen Namen immer intonierte. »Ich komme nach Hause. Ich will nach meiner Rückkehr wirklich darüber reden können.«

Warum, warum, *warum?*, fragte ich mich im Stillen, während ich ihm versprach – denn ich hatte es ihm versprochen –, dass ich dazu kommen würde, bald, vielleicht heute. Warum *ich?* Ich war eine unbedeutende Studentin. Er war ein wichtiger Professor, berühmt in gewissen Kreisen. Hatte er keine Kollegen, deren Meinung er einholen konnte? Warum interessierte er sich für meine?

Zu diesem Zeitpunkt kannte ich die Antworten auf meine eigenen Fragen bereits. Die Verzweiflung in seiner Stimme war Beweis genug. Aber dennoch war dieses Wissen schwammig und nebulös, bange und argwöhnisch. Ich hatte es in den hintersten Winkel meines Gehirns geschoben und mich so sehr bemüht, es abzutöten. Ich verschloss die Augen vor der Wahrheit, und ich genoss diese Blindheit, die so unerschütterlich und stark war, geradezu überwältigend.

Als ich abends auf meiner Couch saß und fernsah, mit dem Briefumschlag auf meinem Tisch neben den Überresten meines letzten Take-away-Essens, hoffte ein Teil von mir immer noch, dass ich mich irrte; dass sich dieser bohrende Schmerz in meinem Bauch als ein Produkt meiner melodramatischen Fantasie herausstellen würde.

Morgen für Morgen erhob ich mich von meinem Bett, ging in mein Wohnzimmer und wünschte, der Umschlag wäre über Nacht verschwunden. Aber nein, da lag er, zwischen meinen Sachen, nur wenige Schritte von meiner hässlichen Pepto-Bismol-farbigen Küche entfernt, in der ich üppige Abendessen für Freunde, für meine RAs und für mich selbst kochte. Der Anblick des Umschlags, sobald ich zur Tür hereinkam, fühlte sich jedes Mal aufs Neue so an, als entdeckte ich, dass jemand eine tickende Zeitbombe in meiner Wohnung deponiert hätte, während ich unterwegs war, um mir Schmerztabletten zu besorgen. Ich zerbrach mir den Kopf darüber, wie sie in mein Zuhause und in mein Leben gekommen war, und gab mir alle Mühe, sie zu entschärfen.

Es war *nur* ein Essay. Harmlos. Ein paar Seiten Papier, geschrieben auf einer Tastatur, ausgedruckt und zusammengeheftet. Eine Aneinanderreihung von Wörtern, Schwarz auf Weiß. Wovor hatte ich Angst? Warum war das so eine große Sache? Ich war es gewohnt, Texte zu lesen. Ich war Doktorandin, eine unersättliche Leserin. Lesen war meine Berufung, mein Hauptanliegen, meine Freude.

Tu es einfach, drängte mein Verstand mich. *Aber ich will nicht,* zerrte er im nächsten Augenblick an mir. *Komm schon, Donna,* ermahnte ich mich selbst. *Es ist ja nicht so, dass ein Essay dich wirklich verletzen kann. Es ist ja nicht so, dass er mit Messern, Kugeln und Gift gespickt ist.*

Das Gedankenkarussell drehte sich vor und zurück, vor und zurück. Während die Tage voranschritten, quälten mich die Fragen, wie ich in diese Lage geraten und wer daran schuld war. Wer war wirklich dafür verantwortlich? Ich? Er? Die Antwort darauf in ihre syntaktischen Bestandteile zu zerlegen, fiel mir schwer, aber ich ließ nicht locker, immer und immer wieder.

Ich habe die Post aus dem Briefkasten geholt. (War das einvernehmlich?) *Ich* legte den Umschlag auf den Couchtisch. (Einvernehmlich. Oder?) Ich ging ans Telefon, als er anrief und mich anflehte. (Einvernehmlich, rein technisch gesehen. Aber damals gab es noch keine Anruferkennung, also vielleicht doch nicht?) Ich habe ihm versprochen, dass ich den Essay lesen werde. (Liegt Einvernehmen vor, wenn Peinlichkeitsgefühle mit im Spiel sind? Wenn er bettelt?) Aber *ich* habe mich auch *geweigert,* den gelben Umschlag anzufassen. (Ich *wollte* nicht einvernehmlich handeln.) Ich habe ihn fast einen Monat lang nicht geöffnet. (Ein stummes Nein. Aber zählen stumme Neins?) Ich habe den Umschlag finster angestarrt. (Ausdruck meiner Zurückhaltung auf körperlicher Ebene. Aber es war ja nicht so, dass er im Raum war und sehen konnte, wie ich die Stirn runzelte. Gott sei Dank.) Ich tat mein Bestes, um das Vorhandensein des Umschlags, sein Verharren zu ignorieren, ich bewegte ihn nicht, berührte ihn nicht, zumindest nicht am Anfang. (Bedeutet das Ausbleiben einer Antwort stillschweigend ein Ja?)

Der bloße Anblick des Umschlags auf meinem Couchtisch erfüllte mich mit einem so abgrundtiefen Grauen, dass ich mir nicht sicher bin, ob ich sein Ausmaß je zum Ausdruck bringen kann. Worte reichen nicht aus. Andererseits, hätte ich nicht mein Sprachvermögen nutzen sollen? Hätte es nicht *ganz einfach* sein sollen, das Wort »*Nein*« laut und deutlich, glasklar und glockenrein auszusprechen?

Ich wartete bis zum Vortag seiner Rückkehr von der Reise, um den Umschlag zu öffnen, die Seiten herauszunehmen und sie tatsächlich mit meinen Fingern zu berühren. Ich hielt sie in der Hand, als könnte es zu einer allergischen Reaktion auf das Papier kommen, und sah weg. Es war, als würde ich mich darauf vorbereiten, mir die ekelhafteste Medizin der Weltgeschichte einzuverleiben, eine Medizin, von der man schon weiß, dass einem davon schlecht wird, aber irgendwie muss man sie hinunterkriegen. Man muss tief einatmen, die Augen schließen und sie hinunterschlucken, und dann muss man sein Bestes geben, um sich von einem derart unerträglichen Ekel abzulenken, in dem Wissen, dass Würgen und Erbrechen sowieso unvermeidlich sind.

Ich schaltete den Fernseher ein, damit um mich herum Geräusche zu hören waren, damit ich das Gefühl hatte, dass andere Menschen in der Nähe waren. Ich wollte damit nicht allein sein, mit nichts davon, nicht mit dem Umschlag, dem Papier, dem Essay, nicht mit den Worten auf den Seiten.

Dann fing ich endlich an.

Nach so viel Widerstand ließ ich meinen Blick auf dem ersten Wort ruhen, dann auf dem zweiten und dem dritten, bis ich ihnen gestattete, in mein Gehirn, in meinen Körper einzudringen, wo sie sich zu Sätzen zusammenfügen würden, die eine Bedeutung annähmen. Ich redete mir ein, dass ich nach so viel Melodrama herausfinden würde, dass der Essay so harmlos war wie der Stapel

Bücher, den ich für meine Vorlesungen las, dass ich bald darüber lachen würde, wie dumm ich gewesen war, so viel Wind um nichts zu machen, dass ich die Augen verdrehen würde über die Art und Weise, wie ich mich gewehrt hatte, die Seiten zu lesen. Ich würde erkennen, dass der Autor es wirklich gut gemeint hat, ohne jegliche Hintergedanken oder schändliche Absichten.

Ich wartete darauf, dass die Erleichterung mich erreichte, wie eine kühle Welle, die mich in der drückenden Augusthitze durchströmen würde.

Doch als diese Worte eines nach dem anderen in mich eindrangen und sich zu einer riesigen Halde aus Sätzen auftürmten, die zu Absätzen wurden, die zu Abschnitten wurden, stellte sich heraus, dass der Essay schließlich doch Gift war, dass sich mir der Magen umdrehen und er mich krank machen würde. So krank, dass ich von meiner Couch aufstand und mich flach rücklings auf den Boden meiner Wohnung legte und mir den Bauch hielt.

Der Essay stellte ein Liebesgeständnis dar.

Aber es war kein direktes Geständnis. Es gab kein *»Liebe Donna«* am Anfang oder Sätze, die die Worte *»Mir ist unlängst klar geworden, dass ich in dich verliebt bin«* enthielten. Er sagte mir, dass er mich liebte, ohne es mir direkt zu sagen, indem er es in eine langatmige, hochtrabende Betrachtung – nein, eine Würdigung – einer realen Liebe zwischen einem älteren Mann, einem berühmten Schriftsteller und Denker, und einer dreißig Jahre jüngeren Frau hüllte, mit der dieser Mann im Verborgenen eine leidenschaftliche Affäre begann, die erst viele Jahre nach seinem Tod an die Öffentlichkeit gelangte. In dem Essay ging es darum, diesem Mann die Sünde seiner Liebe zu dieser jungen Frau zu verzeihen, dass er sie verfolgte, dass er nicht in der Lage war, von ihr abzulassen und seine Begierde zu bändigen. Der Text rechtfertigte seine Liebe zu ihr, pries sie als tugendhaft, ja göttlich, und ergötzte sich daran, dass sie diese Liebe erwiderte, obwohl sie für beide verboten war, da der Mann auch Priester war. Ich stelle mir vor, dass mein Mentor dies für die ultimative romantische Geste hielt: das kunstvolle Verfassen eines Essays über die für mich empfundene Liebe, allerdings anschaulich verpackt in eine Metapher. Das Ersuchen um eine sexuelle Beziehung mittels schriftstellerischer Fiktion. Für ihn war ein durch und durch reflektierter intellektueller Essay von gleichem Wert wie ein Sonett.

Der Text war heimtückisch und verschwurbelt und letztlich feige, obschon er genauso war wie alles andere, was er tat, nämlich heimtückisch und verschwurbelt und immer mehrdeutig genug, um mich zu verunsichern, um mich an meinem Instinkt, meinem Urteilsvermögen, meiner Intuition zweifeln zu lassen, dass an seinem Verhalten mir gegenüber etwas zutiefst falsch war. Seine Anwandlungen waren immer nur kurz davor, offensichtlich unangemessen zu sein, sie waren unter Umständen jedes Mal ganz und gar unschuldig; Handlungen, die als romantische Annäherungsversuche gedeutet – und genauso gut als solche missverstanden werden *könnten*.

Im Zusammenhang mit ihm blieb immer Platz für Zweifel, und das gehörte zu seinem Talent als mein Stalker.

Irgendwann erhob ich mich vom Boden und setzte mich wieder auf die Couch. Ich warf die Seiten auf den Couchtisch, und sie fächerten sich auf und verbargen das billige Holz. Mein Entsetzen explodierte und breitete sich in der ganzen Wohnung aus, sickerte durch die Fliegengitter meiner offenen Fenster und vergiftete die feuchte Sommerluft.

Was machte ich jetzt? Was war mein Plan?

Er würde mich anrufen, sobald er wieder zu Hause war, und auf ein persönliches Treffen drängen, damit wir seinen Text »besprechen« könnten. Nicht ans Telefon zu gehen, würde nichts nützen, da er einfach vor meiner Tür auftauchen und warten würde, bis ich herauskomme. Ich könnte leugnen, dass ich den Entwurf gelesen hätte. Ich könnte es immer weiter leugnen, aber dann würde er mich so lange immer weiter bedrängen, bis ich es nicht mehr schaffen würde zu leugnen. Ich könnte zusagen, ich könnte das Gespräch führen und so tun, als sähe ich keinen Zusammenhang zwischen seinem Essay und der Situation, in der ich mich jetzt befand. *In die er mich gebracht hatte.*

Als mir diese Gedanken durch den Kopf schossen, revoltierte alles in mir. Mein ganzes Ich, mein Körper, mein Gehirn, mein Herz, meine Seele vereinten sich zu einem riesigen *Nein.* Nein, nein, nein, *nein.* Ich kann das nicht tun. Ich *kann das nicht.* Ich wollte sterben. Ich wollte lieber sterben, als mich mit dem auseinanderzusetzen, was sich anbahnte.

Das Telefon klingelte.

Ich erwog, nicht ranzugehen, weil – na ja, weil wahrscheinlich er der Anrufer war.

Aber dann tat ich es doch, denn was hätte ich tun sollen? Nie wieder ans Telefon gehen? Ich hatte einen Job zu erledigen, denn die RAs hier waren jetzt auf mich angewiesen. Ich hatte Freunde. Eine Familie. Einen Freund.

Der Anrufer war mein Vater.

»Deine Mutter hat Krebs«, erwiderte er umgehend auf mein Hallo, und seine Stimme war erfüllt von Trauer. »Es sieht nicht gut aus. Du musst nach Hause kommen. Sie wird morgen operiert. Vielleicht schafft sie es nicht. Deine Mutter könnte sterben.«

Ich hörte ihm zu, verstand seine Worte kaum, ihre schreckliche Bedeutung. Während ich das Telefon an mein Ohr hielt und bereits begann, meine Sachen zu packen, wurde mir allmählich etwas völlig Wahnsinniges bewusst. Ich würde morgen nicht hier sein, weil meine Mutter operiert werden würde. Eine große Operation. Sie hatte Krebs. Sie könnte *sterben.* Das war die ultimative Ausrede, um bei seiner Rückkehr nicht da zu sein. Es gab *keine bessere Ausrede*, um das gefürchtete Gespräch zu vermeiden. Um dieses Gespräch, das er so dringend führen wollte, *niemals* zu führen.

Während mein Vater weiterredete, dachte ich im Stillen: *Ich bin eine furchtbare Tochter.* Und später, als ich den Hörer auflegte und den Reißverschluss meiner Reisetasche zuzog, dachte ich im Stillen:

Ich bin erlöst.

WAS SIE MIR NAHMEN UND WIE ICH SIE GEWÄHREN LIESS

Diese Geschichte dürfte nicht erzählt werden.

Im Austausch dafür, dass meine Graduate School den Belästigungen durch meinen Mentor endlich ein Ende setzt – und gegen Zahlung einer sehr geringen Summe Geld –, willigte ich ein, so zu tun, als wäre nichts von dem, was ich zu sagen habe, jemals passiert. Ich willigte ein, meine Universität von jeglichem Fehlverhalten freizusprechen. Ich willigte ein, für immer zu schweigen.

Zu diesem Zeitpunkt war es mir egal, was ich tun oder unterschreiben musste. Das Einzige, was ich wollte, war, dass dieser Mann verschwindet, dieser Mann, der mein Mentor sein sollte, mein Fürsprecher während meiner Zeit an der Graduate School und danach auf dem Weg in meine berufliche Zukunft. Ich hätte damals alles unterschrieben, ein Schriftstück, in dem ich als Nutte bezeichnet würde, in dem stand, meine Mutter sei eine Hure. Falls erforderlich, hätte ich die Universität bezahlt, wäre er dadurch nur endlich verschwunden. Ich hätte all meine Ersparnisse auf das Konto der Uni überwiesen. Ich hätte ihnen alles gegeben, was sie von mir verlangten, nur um endlich frei zu sein.

Was sie wollten, war mein Schweigen.

Also bekamen sie es. Ich schnitt mir im Personalbüro der Universität die Zunge heraus und bot sie der Frau dar, deren Aufgabe es war, sie entgegenzunehmen. Ich habe mich selbst verstümmelt, mitten am Tag, vor den Augen ihrer Verwaltungsassistentin. Das Blut habe ich nicht einmal bemerkt. Ich übergab das Wichtigste, was eine Frau besaß, so hatte ich es in meinen Feminismus-Seminaren gelernt. Ich tat's, als wäre es ein Leichtes.

Erst viel später wurde mir klar, welches Verbrechen ich da an mir selbst begangen hatte, mir war nicht bewusst, dass meine Universität mich dazu zwang, mich zu verstümmeln, und zwar für immer. Mir war während meines Besuchs in der Personalabteilung nicht klar, dass ich es mit Leuten zu tun hatte, die daran mitwirkten, die Institution und ihren Lehrkörper auf Kosten der Unversehrtheit ihrer Studierenden zu schützen. Wer hätte gedacht, dass sich Universitäten wie Verbrecherbanden zusammenschlossen, wenn auch unter dem Deckmantel der respektablen Institution mit hehren Idealen? Wer hätte gedacht, dass die Hochschule, an der ich mich für meine Promotion eingeschrieben hatte, dieser Leuchtturm der Hoffnung und des Lichts, so tief sinken würde, von einer jungen Frau zu verlangen, dass sie ihre Sprache opfern würde, um ihr diese ganz einfache Bitte zu erfüllen: die Teilnahme an ihren Kursen ohne die Angst, gestalkt zu werden?

Aber mit dieser Erfahrung stehe ich nicht allein da.

Überall im Land, an Universitäten weit und breit, an Arbeitsplätzen großer und kleiner Betriebe aller Art, in Unternehmen, die sich rühmen, Gutes zu tun und die Welt zu verbessern, gibt es Aktenschränke voller blutiger Frauenzungen. Einige sind jung und zart, andere eher schrumpelig und ramponiert, aber alle werden uns von Leuten in betont legerer Kleidung, in Anzügen und vernünftigen Röcken weggenommen, Leuten, die auf uns zugehen, als wäre das, was sie vorhaben, völlig legitim, völlig angemessen, selbst wenn sie die langen Messer mit den geschwungenen Klingen hinter ihren Rücken zücken und heben, um sie uns ins Gesicht und in den Nacken zu stoßen. Und während sie uns entstellen, tun sie so, als wäre das ganz normal, und wir stehen da und lassen sie gewähren, weil das die einzige Wahl zu sein scheint, die wir haben.

Sobald sie unsere Zungen haben, packen sie sie nicht einmal mehr in einen Beutel, um die Sauerei einzudämmen. Sie haben sich so sehr an diesen Eingriff gewöhnt, dass es sie inzwischen kalt lässt. Stattdessen tragen sie unsere Zungen zurück in den Raum, den sie für weibliche Körperteile reserviert haben, einen Raum mit speziellen Schlössern, mit Schallschutz, um die Erzählungen der Zungen – nachts, im Dunkeln, wenn alle anderen nach Hause gehen – zu übertönen, eine Kakophonie körperloser Stimmen. Aber sie hören nie auf zu bluten. Sie bluten und bluten jahrelang, so sehr, dass immer mehr Leute eingestellt werden müssen, um sicherzustellen, dass nichts nach außen durchsickert. Schließlich will niemand einen öffentlichen Skandal.

Frauenzungen sind gefährlich, ließe man zu, dass wir sie behalten. Institutionen, Betriebe, Unternehmen wissen das seit Langem, deshalb sorgen sie dafür, dass wir sie opfern. Es ist gut, dass Frauen in diese abgeriegelten Räume einbrechen und sich unsere Zungen zurückholen.

Ich bin noch dabei, mich wieder an meine zu gewöhnen.

Sie fühlt sich unförmig und fremd an in meinem Mund.

»Du weißt, dass ich einmal während meines Studiums gestalkt wurde.«

Ich erinnere mich, dass ich diesen Satz in einem Gespräch mit einer Kollegin, Mary, fallen ließ, die mittlerweile eine meiner besten Freundinnen ist. Ich tat so, als wäre diese Information keine große Sache, kaum ein Achselzucken wert, obwohl mein Blutdruck in die Höhe schoss, wie immer, wenn ich dieses Thema anspreche.

Mary und ich hatten uns erst kürzlich kennengelernt. Wir saßen an einem sonnigen Augusttag in Manhattan draußen an einem Tisch vor meinem Lieblingsitaliener und unterhielten uns angeregt bei einem Teller Spaghetti mit Pesto. Wir hatten uns auf einer Konferenz gut verstanden und beschlossen, uns danach privat zu treffen. Das hier war das erste von vielen weiteren Mittagessen und unzähligen Verabredungen, woraus inzwischen eine über zehnjährige Freundschaft entstanden ist. Damals war sie im siebten Monat schwanger, ihre Wangen waren rosig und von der Hitze gerötet. Ich weiß noch, wie rund ihr Bauch war und aus ihrem schmalen Körper ploppte. Wir trugen beide Sommerkleider, ärmellos, figurbetont, so freizügig wie möglich und dennoch öffentlichkeitstauglich. Bei Mary war der Effekt spektakulär, und auf unserem Weg zum Restaurant erntete sie mehr als nur ein paar Blicke von Passanten, und viele Frauen lächelten sie mitfühlend an.

Mary hörte auf zu essen, als ich ihr das sagte, und sah auf. »Was?«

»Ja. Ist das nicht seltsam.« Der Satz verließ meinen Mund als Feststellung, obwohl ich ihn als Frage formuliert hatte. Bevor sie antworten konnte, sprach ich schnell weiter: »Und wie erging es dir an der Graduate School?«

Sie antwortete nur zögerlich – was vollkommen normal war, denn wie soll man auf ein so unerwartetes Geständnis auch reagieren? Sie lenkte das Gespräch in ungefährlichere Bahnen, baute Abstand auf zwischen dem, was ich ihr anvertraut hatte, und unserem Mittagessen im Hier und Jetzt. Und sie unterlegte meine Äußerung mit einem weißen Rauschen aus anderen Themen, bis wir den in der Atmosphäre schwebenden Nachklang dessen, was ich ausgesprochen hatte, kaum mehr wahrnehmen konnten. Wir saugten unsere leuchtend grünen Spaghetti lautstark ein, wir lachten und scherzten und tratschten, und mein Blutdruck normalisierte sich langsam wieder.

Selbst jetzt, viele Jahre später, ist es mir furchtbar peinlich, wie ich an diesem Tag geklungen haben muss. Die Art und Weise, wie ich ihr erzählte, was mir widerfahren war, war so plump, alles daran war unbeholfen. Ich hatte es mit Gewalt aus meinem dunkelsten Ich hervorgeholt und es ihr ohne Vorwarnung oder Vorrede zur Begutachtung serviert. Auf Anraten meiner Therapeutin experimentierte ich damit, diese Tatsache meiner Vergangenheit in meine Gegenwart zu »integrieren«. Sie drängte mich immer wieder, mit anderen Menschen, mit Freunden, mit irgendjemandem darüber zu sprechen, was während des Studiums passiert war, damit ich es besser in mein Leben und meine Beziehungen einbinden könnte, um so das Trauma zu heilen, das es in meinem Körper und meinem Gehirn verursacht hatte.

Aber ich muss noch eine Methode entwickeln, darüber zu sprechen, die weniger holprig ist.

Wie genau spricht man nonchalant über die hässlichsten Teile der eigenen Geschichte? Die Teile, die am stärksten Scham und Schuldgefühle hervorrufen, die Beichten, die ein Gespräch zum Stillstand bringen und die andere Person sprachlos machen? Die einen Nachmittag mit köstlichem Essen und neu gewonnener Intimität in etwas Befremdliches verwandeln?

»Ich weiß noch genau, wann du es mir gesagt hast«, sagte Mary neulich zu mir. »Und wie du es mir gesagt hast.«

»Es tut mir leid«, entschuldigte ich mich und versuchte, das Ganze mit einem Lachen abzutun, um das Brennen zu lindern, das sich auf meine Wangen schlich. »Ich kann nicht glauben, dass ich dir das angetan habe, so kurz nach unserer ersten Begegnung.«

Mary hat große braune Augen, ehrlich und aufrichtig, sanft und achtsam. »Donna«, sagte sie. »Du musst dich nicht entschuldigen. Ich habe mich geehrt gefühlt.«

»Geehrt?« Mit diesem Wort aus ihrem Mund hatte ich nicht gerechnet.

»Dass du das Gefühl hattest, du könntest mir so schnell etwas so Persönliches anvertrauen. Da wurde mir klar, dass wir beide gute Freundinnen werden würden. Echte Freundinnen.«

»Oh«, sagte ich und ließ diese Worte auf mich wirken, versuchte, ihre zarte und schöne Liebenswürdigkeit in meine Haut eindringen zu lassen. »Trotzdem tut es mir noch leid«, fügte ich hinzu. »Und wird mir immer sehr leidtun.«

Auf vielfache Art und Weise gibt es mich als Mensch zweimal.

Ich bin Schriftstellerin und Akademikerin, ich bin kreativ und wissenschaftlich. Ich bin seit vielen Jahren eine anerkannte Romanautorin und eine erwachsene Frau mit einem Doktortitel, deren Forschung über Sex auf dem Campus weithin gelehrt wird und die seit über einem Jahrzehnt im ganzen Land über diese Forschung und sexuelle Übergriffe an Universitäten und Colleges spricht. Gleichzeitig bin ich eine verletzliche Person, die beschämt ist durch etwas, das ich von Anfang bis Mitte Zwanzig durchlebt habe, beschämt durch die Schuld, die ich für das, was geschehen ist, bei mir selbst ansiedele, beschämt durch die Rolle, die ich in all dem gespielt habe, weil ich zuließ, dass es tatsächlich so lange andauerte. Ich bin jemand, dessen Karriere in gewisser Hinsicht geglückt ist, und ich bin auch jemand, dessen Karriere aufgrund der Ereignisse mit meinem Mentor stagnierte. Ich weiß, dass ich in der Lage sein *sollte*, mir selbst das zu sagen, was ich allen Studierenden sage, die wie ich angegriffen und belästigt wurden:

Es ist nicht deine Schuld. Gib dir nicht die Schuld.

Und doch schaffe ich es nicht, mich selbst davon zu überzeugen. Ich kann die junge Frau, die ich war und immer sein werde, nicht davon überzeugen, dass die Aussage »Es ist nicht deine Schuld« in meinem Fall absolut zutreffend ist. Ich bleibe zwei Menschen, zwei Frauen, die denselben Körper, dasselbe Herz, denselben Verstand, dieselbe Seele teilen. Diese gespaltene Frau hat ein paralleles Leben geführt, das eine in der Öffentlichkeit, als selbstbewusste, einflussreiche Person, fachkundig als Forscherin, Rednerin und Autorin zu vielen Themen, darunter auch Title IX, das Gesetz zum Schutz vor geschlechtsspezifischer Diskriminierung, und Körperverletzung. Die andere Frau bleibt im Verborgenen, eine unsichere und beschämte Person, deren berufliches Leben unwiederbringlich von diesem Mann gezeichnet ist, für immer verändert durch seine Unfähigkeit, sich zu beherrschen und sein unangemessenes Verhalten zu unterlassen, durch die Art und Weise, wie er mich mit seinem Blick fixierte und ich ihn nicht zurückweisen konnte.

Ich bin eine Überlebende, aber ebenso bin ich – und werde es immer bleiben – ein Opfer. Ich kann nicht für andere sprechen, die diese doppelte Identität mit mir gemein haben, aber ich kann für mich selbst sagen, dass ich, obwohl ich die stolze Person sein möchte, die ausschließlich den Titel der Überlebenden trägt, immer auch noch das zitternde, sich wegduckende Opfer bin. Zu behaupten, dass dem nicht so wäre, selbst nach zwei vergangenen Jahrzehnten, wäre eine Lüge. Wegen meiner Arbeit, wegen des Feminismus, wegen bestimmter Freunde, die mich über die Jahre unterstützt haben, bin ich mir dessen bewusst, was ich laut zu anderen und mir selbst in meinen dunkelsten Momenten sagen soll: dass alles *seine* Schuld war. Dass *er* getan hat, was er mir *angetan* hat. Dass ich nicht *mir* die Schuld geben sollte. Ich habe diese Sätze einstudiert, sie geprobt wie für eine Rolle in einem Theaterstück, und doch gibt es nur einige flüchtige Momente, in denen ich tatsächlich glaube, dass sie wahr sind. Die anderen sind geprägt von Zweifel und Unsicherheit.

So oft habe ich mir vorgestellt, wie mein heutiges Ich mit dem jüngeren Ich aus der damaligen Zeit zusammensitzen würde und all das erzählte, was junge Frauen erzählen, die so etwas durchlebt haben. Ich nutze diese mentale Übung als eine Methode, um mir selbst zu helfen, mir zu verzeihen, als Anstrengung, im Laufe der Jahre damit fertigzuwerden. Ich nutze sie, weil Kollegen und Freunde, die diesen Teil meiner Geschichte kennen, mich darauf gebracht haben, vor allem, wenn ich abends beim Essen oder bei einem Drink in lange Monologe voller Selbstanklagen und Schuldzuweisungen verfallen bin.

»Wenn du dich jetzt mit einer deiner Studentinnen zusammensetzen würdest«, fragten sie mich, »und sie würde dir eine ähnliche Geschichte wie deine eigene erzählen, was würdest du zu ihr sagen? Würdest du jemals auf die Idee kommen zu behaupten, dass sie, auch nur zum Teil, schuldig ist?«

Natürlich ist die Antwort ein unmissverständliches Nein. Ich würde das niemals zu einer meiner Studentinnen sagen. Oder zu einer meiner Freundinnen oder Kolleginnen. Ich würde so etwas zu keiner Person sagen, die das gleiche Martyrium durchlitten hat wie ich. Was die Erfahrungen der anderen angeht, glaube ich fest an das rechtskräftige fehlende Verschulden. Das steht für mich außer Zweifel. Warum also trifft das in meinem Fall nicht unmissverständlich zu? Warum gelingt mir kein sauberer Sprung vom beschämten Opfer zur stolzen Überlebenden? Wie kann ich den Kampf dieser beiden gegeneinander antretenden Ichs beenden?

Wird mir das jemals gelingen?

Wir leben in einer Kultur, in der Frauen und Mädchen mit einer derartigen Regelmäßigkeit, Häufigkeit und Entschlossenheit belästigt und angegriffen werden, dass wir Bilanz ziehen müssen aus den Abspaltungen einer Person, ausgelöst durch traumatische Ereignisse. Aus den Benimmregeln, anhand derer Frauen lernen müssen, gute Schauspielerinnen und ausgezeichnete Lügnerinnen zu werden, damit sie in der Lage sind, zu erdulden und weiterzuleben, als wäre ihnen nichts Schreckliches passiert. Aus den persönlichen und beruflichen Kosten, die es mit sich bringt, mit zwei Gehirnen zu leben, aus den Geheimnissen, die der eigene Körper der Betroffenen jahrelang gekonnt vor ihr verbirgt, aus dem ständigen Gefühl, dass *sie diejenige ist, die irgendwie versagt hat*, und daraus, welchen Schaden ihr Ich-Erleben nimmt, ihre Fähigkeit zu erkennen, was wahr und was falsch ist an dem, wer sie ist und wer sie nicht ist.

Wir haben die Aussage »Ich bin einverstanden und alles passiert einvernehmlich« als etwas Eindeutiges hingestellt, so eindeutig wie das einzelne Wort *Nein,* aber wir belügen uns selbst und einander damit. Wenn sich das Verhalten einer Person abstellen ließe, indem man ein Zauberwort mit vier Buchstaben ausspricht, dann wäre das Verhalten meines Professors niemals über diesen langen Zeitraum weitergegangen. Das Wort *Nein* bedeutete in meinem Fall nichts. Ich habe dafür teuer bezahlt. Ich zahle immer noch dafür.

Ich sage nicht, dass alles, was ich in den Jahren zwischen Anfang und Mitte Zwanzig getan, erreicht und geleistet habe, eine Lüge oder gar vorgespielt war. Ich sage nicht, dass die selbstbewusste, erfolgreiche Frau, die ich in vielerlei Hinsicht bin, nicht real ist. Sie ist, *ich bin,* real. Es wäre gelogen, dass die *andere* Frau, die ich war, die ich immer noch bin, nicht mehr existiert. Es wäre gelogen, sie zu verleugnen. Zu behaupten, dass die junge Frau, die von diesem Mann gezeichnet wurde, vollständig geheilt ist. Ich werde immer sie sein. Ich werde immer beide Frauen sein. Auch wenn meine Freunde, meine Mitfeministinnen, wünschten, es wäre anders.

So gesehen habe ich also auch zwei Gehirne. Jedes der beiden verbirgt Dinge vor dem anderen. Als gäbe es Teile meines Gehirns, die unkenntlich gemacht wurden. Als wäre das FBI oder die CIA oder irgendeine geheime Regierungsbehörde eines Nachts in mein Gehirn eingedrungen und hätte meine Erinnerungen an die Graduate School – meine Erinnerungen an *ihn* – mit einem dicken, durchtränkten schwarzen Marker klassifiziert; sie *vor mir* geheim gehalten.

Ich habe immer gewusst, dass ich zwei Erinnerungssätze habe – einen Satz, der ausschließlich diesem Mann und allem, was mit ihm geschah, gewidmet ist, und einen zweiten, der ausschließlich allem anderen gewidmet ist, was in meinem Leben während des Studiums und danach geschah. Der eine Satz ist dunkel und hässlich und abstoßend, der andere ist hell und glücklich und aufregend. Die dunklere Seite ist gefährlich; sie liegt auf der Lauer, verborgen, hinterhältig, bis zu dem Moment, in dem die glücklichere Seite von mir am wenigsten mit ihr rechnet und ihre Existenz fast vergessen hat, und plötzlich holt sie aus mit der Wucht und Gewalt eines Messers, das sich seinen Weg bahnt durch alles, was ich sonst bin, alles, was ich geworden bin, und verwundet mich von Neuem.

Mein Gehirn und mein Körper haben im Laufe der Jahre viel dafür getan, diese beiden Erinnerungssätze getrennt voneinander zu halten, um zu verhindern, dass der eine den anderen verunreinigt – und das ist das richtige Wort dafür: *Verunreinigung*. Ich sehe in diesem Professor eine potenziell verunreinigende Kraft, gleich einem Insektizid oder einer fauligen, stinkenden Chemikalie, die sorgfältig eingedämmt werden muss. Die Aufgabe meines Gehirns scheint es zu sein, ihn in einer Ecke hermetisch wegzusperren und so den restlichen Teil vor weiterer Kontamination zu schützen.

Wenn ich versuche, mich an diese Zeit in meinem Leben zu erinnern, funktioniert mein Gehirn wie eine Zaubertafel. Wenn man den Schieber über die mattgraue Scheibe zieht, löscht er alles, was vorher da war, damit man ein neues Bild beginnen kann. Ich habe einen dieser Schieber in meinem Kopf, aber wenn ich ihn über meine Erinnerungen ziehe, ist *er* auf der einen Seite und alles und jeder sonst auf der anderen Seite. Auf der einen Seite passiert und geht mein Leben weiter, als wäre ich völlig normal, unberührt von diesem Mann, erfolgreich und glücklich, aber auf der anderen Seite ist das Mädchen, das ich sehe, eine erbärmliche, verängstigte Chaotin, und so wird sie immer bleiben.

* * *

Man kann einen Menschen durch so viele verschiedene Linsen, aus so vielen Blickwinkeln betrachten. Es bedrückt mich, dass dieser hässliche Teil meiner Geschichte meine Linse ist, mein Blickwinkel, das Fenster, für das ich mich entschieden habe und durch das ich die vielen verschiedenen Aspekte meines Lebens betrachte, meine Freunde, meine Familie, meinen Glauben, meine Erwartungen, Hoffnungen und Träume. Dann wiederum ist das Aufschreiben dieser Zeilen eine Art Festnageln, ein Sondieren. Und ich möchte diesen Mann festnageln, damit ich ihn jetzt, aus der Ferne, verstehen und mir Gedanken machen kann, wer er war und ist und wie er mir widerfahren ist. Ich würde ihn gerne in einen hilflosen Schmetterling verwandeln, der an die Wand genagelt ist und dort darauf wartet, dass ich ihn unter die Lupe nehme. Ich war viel zu lange sein widerstrebender Schmetterling, und er hielt seinen starren Blick auf mich gerichtet, sah zu, wie ich flatterte, und es war ihm egal, dass ich frei von ihm sein wollte.

Ich hatte viele Jahre Zeit, darüber nachzudenken, was an der Graduate School geschah, wie es dazu kam und warum es so lange andauerte. Ich verwende also meine eigenen Erfahrungen als eine Art Fallstudie, denn leider gibt es viel zu studieren. Wie ironisch oder passend auch immer das sein mag – Gespräche über Belästigung, Übergriffe und Einvernehmen sind zu einem der zentralen Aspekte meiner beruflichen Identität geworden. Und wenn ich eines aus meinen Erfahrungen gelernt habe, dann das: Mit etwas einverstanden zu sein und einvernehmlich zu handeln, ist etwas unendlich Vielschichtiges und Wandelbares, vor allem, wenn zwei Menschen bereits in einer Beziehung zueinander stehen.

In meinem Fall gab es im wahrsten Sinne des Wortes eine Reihe von Stadien der Zustimmung, die sich allmählich in Stadien der Nichtzustimmung verwandelten. Einvernehmen ist eine so knifflige, heikle Angelegenheit, es kann in der einen Minute vorhanden und in der nächsten nicht mehr vorhanden sein, es kann undurchsichtig und vage sein, man zeigt sich einverstanden, aus Angst oder aus einer vermeintlichen Verpflichtung heraus. Aufgrund des Machtgefälles zwischen mir und meinem Professor, zwischen mir und meinem Mentor, habe ich mich auf eine Art verhalten, für die ich mich jetzt schäme, und ich sehne mich danach, zurückzugehen und alles anders zu machen. Und doch ist es so viel einfacher, mir im Nachhinein zu wünschen, ich hätte anders gehandelt, jetzt, wo ich älter bin, jetzt, wo ich so viel mehr über Mobbing und Belästigung weiß und darüber, wie Institutionen damit umgehen (oder auch nicht), jetzt, wo ich mehr Abstand zu dem habe, was vorgefallen war.

Aber wenn es dir selbst passiert und du jung und machtlos bist, und derjenige, der dafür sorgt, dass es so passiert, deine Hoffnung in seinen Händen hält, zerbrechlich und schön, dann ist man zu vielem bereit, um sicherzustellen, dass er den Traum von deiner Zukunft nicht platzen lässt.

Apropos Zukunftstraum.

Die Menschen urteilen oft über die Zahlungen, die manche Frauen erhalten, wenn sie sich mit Anschuldigungen wegen Belästigung und Übergriffen an die Öffentlichkeit wenden, vor allem wenn die Summen in die Millionen gehen. Das ist in letzter Zeit häufig der Fall, weil immer mehr Frauen ihre Stimme erheben und weil unsere Nation erkennt, wie charakteristisch es für eine Frau ist, am Arbeitsplatz, in der Schule, in jedem Augenblick ihres Lebens belästigt und angegriffen zu werden.

Meiner Meinung nach ist keine Summe zu hoch oder zu empörend. Keine Entschädigung wird jemals ausreichen.

Mal ehrlich, wie hoch kann man den Preis für den Verlust, den endgültigen Verlust der schönsten Träume einer Frau ansetzen? Was sind die tatsächlichen Kosten für den Verlust deiner Zukunft? Deiner Karriere? Deines Leumunds in den Augen der anderen?

Auch wenn ich versucht habe, mich vom Gegenteil zu überzeugen und mir weiszumachen, dass diese Zeitspanne meines Lebens an der Graduate School den Verlauf meiner Zukunft nicht bestimmt hat, dass sie nicht schuld daran ist, wie sich die Dinge für mich entwickelt haben (oder auch nicht), bin ich wieder einmal eine zweigeteilte Frau. Tief drin, vergraben unter all den Faktoren, die im Laufe der Jahre in meine berufliche Entscheidungsfindung eingeflossen sind, dem Pech und den miesen Kollegen, den guten und glücklichen Momenten, den Wahlmöglichkeiten, die ich hatte und genutzt habe, lauert *er*. Wie Schlamm auf dem Grund eines Sees, unsichtbar und schleimig unter klarem Wasser, ist er immer noch da. Und wenn ich mir diese Wahrheit eingestehe, bin ich auch in der Lage, diese Stimme zu hören, kaum mehr als ein Flüstern, die mir sagt, ja, auch wenn es viele, viele Gründe gibt, warum ich mir den Traum von meiner Zukunft nicht erfüllt habe, und auch wenn ich mir andere Träume erfüllt habe, von denen ich noch nicht wusste, dass ich sie hatte, so hat dennoch er mich meinen einzigen wahren Traum gekostet, den reinsten, den, dessen Ende immer noch am meisten schmerzt und immer schmerzen wird.

Er brach mich an jenem Ort, an dem ich einst am glücklichsten gewesen war, wo ich mich nach innen gewandt und das Beste meines Ichs entdeckt hatte. Er griff sich diesen einst zuversichtlichen, überschwänglichen Teil von mir und verwandelte ihn in etwas Unsicheres und Ängstliches, in etwas, das sich duckt und schämt, das angewidert ist und kränkelt. So hat er alles, was mit diesem Teil von mir zu tun hatte, in ein Ödland verwandelt, voller Trümmer und Tretminen, zwischen denen ich mich nicht mehr zurechtfand. Denen ich nicht ausweichen konnte, zumindest nicht mit vollem Erfolg. Denen ich, wenn ich ehrlich bin, immer noch nicht ausweichen kann.

Ich wollte immer nur Hochschuldozentin werden. Sonst nichts. Und ich bin es nicht geworden. Nicht so, wie ich es mir erhofft hatte. Nicht so, wie es meine Freunde jetzt sind. Und so ungern ich das zugebe und so sehr ich mir wünsche, dass es anders wäre: Schuld daran ist er.

ERSTER TEIL

1

Rhode Island, wo ich herkomme, ist ein Dorf.

Das klingt wie ein Scherz. Ja, von seiner Größe her ist Rhode Island ein kleiner Staat, aber es ist eben auch klein wie ein Dorf, ein Ort, in dem jeder jeden kennt. Hier lässt es sich leicht »Über sechs Ecken …« spielen, und meistens sind es nur ein bis zwei. Rhode Island ist ein Staat der Arbeiterklasse, familiär und katholisch, zumindest war es so, als ich dort aufgewachsen bin. Es ist ein Einwandererstaat, Italiener, Portugiesen und Iren. Im Sommer gehen wir an die öffentlichen Strände, die sich mit Kindern und Jugendlichen und Eltern füllen, mit Männern, die fürs Surfen zu alt sind, aber dennoch mit Longboards unter den Armen auftauchen und sich ihren Weg durch die bunten Sonnenschirme bahnen.

Die Grundstücke rund um das Haus meiner Familie in Narragansett waren früher bewaldet. Meine Großmutter und ich gingen stundenlang Brombeeren pflücken, und wir kehrten erst zurück, wenn wir genug für einen Kuchen gesammelt hatten. Es gab auch Weintrauben, Blaubeeren und Walderdbeeren. Je nach Tages- und Jahreszeit überredete meine Großmutter mich, eine Jeans anzuziehen, damit ich mir nicht die Beine an den Stacheln zerkratzte, und dann gingen wir hinaus in die warme Luft, vorbei an den hie und da zufällig eingestürzten Steinmauern, die sich durch die Landschaft zogen, und hinein ins hohe Gras, zwischen dem sich die Erdbeerpflanzen versteckten.

Jemand hat mir einmal eine Sonnenblume geschenkt, ich weiß nicht mehr, wer es war, aber ich war damals sechs oder sieben Jahre alt, und ich liebte diese Blume, wie ich noch nie etwas geliebt hatte. Ich liebte ihre Leuchtkraft, ihre Größe, die Art und Weise, wie sie sich pausenlos explosionsartig zu öffnen schien und ihr gelbes Gesicht gen Himmel drehte. Aber weil sie eine Blume war, wusste ich auch, dass sie sterben würde. Ich beklagte ihren unausweichlichen Tod, bevor er nahte, starrte sie besorgt in ihrer Vase in der Mitte des Küchentisches an. Als sie schließlich ihr Ende erreicht hatte, verwelkt und an den Rändern braun geworden, als sie schlaff herabhing, nachdem sie so aufrecht und groß und scheinbar unbesiegbar gewesen war, hob mein Vater sie aus der Vase, nahm meine Hand in seine und führte mich auf das freie Grundstück hinter unserem Haus. Es war voller Bäume und Sträucher, aber hauptsächlich voller Gras – Gras, das so hoch war wie ich damals groß. Wir legten die verwelkte Sonnenblume sanft und ehrfürchtig nieder, und ich dachte, mein Vater wolle sie beerdigen, weil er wusste, wie sehr ich sie liebte. Aber stattdessen sah er mich an und sagte: »Nun warte es ab«, dann drehte er sich um und ging vor mir her, zurück in den Garten, an der Schaukel vorbei auf die Terrasse.

Im darauffolgenden August sowie in jedem weiteren Jahr, bis das Grundstück gerodet wurde, um Platz für ein neues Haus zu schaffen, wuchsen prächtige Sonnenblumen zwischen den Gräsern empor, jedes Jahr mehr. Wir konnten sie von der Küche aus durch die Glastüren beim Frühstück sehen. Ich war mir damals wie heute absolut sicher, dass mein Vater dieses alljährliche Wunder meinetwegen geschehen ließ, ein Beweis seiner Liebe zu mir, die sich mit jeder neuen Sonnenblumensaison vervielfachte, wie die Geschichte von der wundersamen Brotvermehrung, nur viel besser.

In den Siebziger- und Achtzigerjahren war Rhode Island wie ein großes Festzelt, das einem Unterschlupf bot, vollgepackt mit Meer und Sand und den einfachen Freuden des Lebens, lautstark angereichert mit Akzenten, über die man sich lustig machte, wenn man sie im Fernsehen oder im Kino hörte.

»Ray ist draußen und paaahkt«, sagte meine Mutter immer, wenn die Leute fragten, wo mein Vater sei, nachdem er uns wie ein Gentleman – mein Vater war immer ein Gentleman – direkt vor der Tür abgesetzt hatte, egal wohin wir gefahren waren. Meine Mitbewohner im College hörten sich die Nachrichten, die meine Mutter auf unserem Anrufbeantworter hinterließ, bewundernd an und speicherten sie, um sie noch einmal abzuspielen, manchmal für Gäste, weil ihr Akzent so stark war, dass er ihnen unglaubwürdig vorkam.

Als ich klein war, Buchstabieren lernte und mir die Regeln für stumme Vokale und dergleichen einprägte, hatte ich, daran erinnere ich mich gut, eine zündende Idee: Es musste so etwas wie ein stummes »r« geben. Wie sonst könnte ich die Tatsache erklären, dass Wörter, die nicht so klangen, als trügen sie ein *r* in sich – *Häääahz, paahhkt, Faaaht, Määähz* – auf dem Papier so unterschiedlich geschrieben wurden: *Herz, parkt, Fahrt, März?* Warum hatte mir niemand in der Schule diese spezielle Lektion über dieses *r* beigebracht? Als ich meiner Mutter von diesem Geistesblitz erzählte, der ein großes Rechtschreibrätsel zu lösen schien, lachte sie und erklärte mir, dass bestimmte regionale Akzente einzelne Buchstaben manchmal wie schwarze Löcher verschlucken, sobald die Leute etwas sagen. Sie war selbst Lehrerin, und ich weiß noch, wie sehr ich mich über die Aussprache der Menschen in meiner Umgebung aufregte, die meiner Eltern eingeschlossen, als wollten sie mich austricksen und es den Kindern schwerer machen, Lesen und Rechtschreibung zu lernen. Ich sagte ihr, es sei nicht richtig oder fair gegenüber ihren Schülern, dass sie so spreche, fast so, als würde sie sie anlügen, was sie nur noch mehr zum Lachen brachte.

Rhode Island war ein Ort der Geborgenheit, mit seiner Unkompliziertheit, seinem sich Jahr für Jahr wiederholenden Rhythmus, dass man im Sommer an den Strand ging, im Herbst, Winter und Frühling zur Schule und – unabhängig von der Jahreszeit – sonntags in die Kirche. Es ist auch der Ort, an dem ich in der ersten Klasse durch Zufall lernte – und zwar genau zu der Zeit, als mein Vater mit Sonnenblumen Wunder vollbrachte –, dass es in dieser Welt noch andere Götter als den einen katholischen Gott gab. In meiner katholischen Grundschulklasse hatten wir gerade Phonetikunterricht. Wir sprachen alle Wörter laut aus, Satz für Satz, und arbeiteten uns durch den Lesestoff des Lehrbuchs, in dem es an diesem Morgen zufällig um griechische Götter ging. Zeus und Athene, Aphrodite und Poseidon und all ihre Abenteuer. Es ging darum, uns die Phonetik beizubringen, zu lernen, laut und vor allem richtig zu lesen, aber die Vorstellung, dass es noch andere Götter gab als den Gott, zu dem meine Familie und ich sonntags und vor dem Essen und Schlafengehen beteten, war die eigentliche Lektion, die ich an diesem Tag mit nach Hause nahm.

Meine Mutter war in ihrem Zimmer und legte auf dem Bett Wäsche zusammen.

Ich kletterte aufs Bett und setzte mich im Schneidersitz auf ihre Decke. Ich betrachtete ihre lächelnden braunen Augen, die weichen Locken ihres kurzen dunklen Haars, ihre farbenfrohe Kleidung, Pullover mit eingestickten Blumen an einem Tag, Tiere an einem anderen, die fröhliche Kleidung einer Vorschullehrerin.

»Du hast mir nicht gesagt, dass es andere Götter gibt«, sagte ich zu ihr.

Es war eindeutig ein Vorwurf.

»Was meinst du damit?«, fragte sie.

Ich erzählte ihr von dem morgendlichen Phonetikunterricht und was ich herausgefunden hatte. Ich war schockiert, als ich erfuhr, dass meine Mutter schon immer von anderen Göttern gewusst hatte und dass dies für sie keine so große Überraschung war wie für mich. Sie stellte mir an diesem Tag viele Fragen, was ich über Zeus und seine göttlichen Kollegen dachte, ob ich gerne über sie las und mehr lesen wollte. Sie würde mir gerne Bücher mit Geschichten über griechische Götter und auch über andere Götter geben, wenn ich Interesse hätte. Doch mich ließ eine einzige Frage nicht mehr los, die ich ihr immer und immer wieder stellte.

»Was ist, wenn wir an den Falschen glauben?«

Da die Welt nun voller Götter zu sein schien, konnte ich nicht aufhören, über die Möglichkeit nachzudenken, dass wir mit dem katholischen Gott eine schlechte Wahl getroffen hatten. Welcher Gott war der richtige? Auch *wir* hatten uns entschieden, zumindest meine Eltern und meine Großmutter, und zwar, ohne mich zu fragen oder mir vor dieser Wahl die Information zu geben, die ich mittlerweile für grundlegend hielt. Wie trifft man denn überhaupt eine solche Entscheidung, wenn es da draußen so viele Götter gibt? Warum haben wir diesen katholischen Gott den anderen vorgezogen? Was genau machte ihn besser?

»Tja«, sagte meine Mutter, während sie weiter Wäsche zusammenlegte und stapelte. »Das genau ist eben der Glaube.« Sie fuhr fort, mir zu erklären, dass es in der Religion darum gehe, an etwas zu glauben, ohne zu wissen, ob es wahr ist, dass es bei diesem Vertrauensvorschuss um genau die Fragen gehe, die ich stellte, um die Entscheidung, dass es in Ordnung ist, sich nicht sicher zu sein, ob der katholische der eine »richtige« Gott oder der eine »wahre« Gott ist, und zu akzeptieren, dass wir die Antwort vielleicht nie erfahren werden. Dass meine Eltern und meine Großmutter, als Familie, an den katholischen Gott und die katholische Kirche glaubten.

»Ich glaube nicht, dass mir das gefällt«, erklärte ich.

Wieder einmal fühlte ich mich betrogen. Als hätten mir meine Eltern und die Lehrer in der Sonntagsschule absichtlich wichtige Informationen vorenthalten und Fakten unterschlagen, die ich brauchte, um eine fundierte Entscheidung über Gott und Glauben und das, was *ich* glaubte, zu treffen.

»Stell mir ruhig weiter Fragen«, sagte meine Mutter.

Sie wirkte so gelassen, so ruhig, während ihre Tochter Nachforschungen anstellte, die möglicherweise die Welt, wie sie sie seit ihrer Geburt kannte, zu Fall brachte. Aber in Wahrheit glaube ich, dass meine Fragen sie erschütterten. Meine Mutter wollte, dass ich ihren Glauben an den katholischen Gott und seine Traditionen teilte. Alle um uns herum taten das, und sie dachte, ich sei damit gut gerüstet, sobald ich älter würde und mich den Härten des Lebens stellen müsste, wie eine Art Ganzkörper-Polsterung, die die Wucht der Blessuren und des Schmerzes abschwächt.

Tatsächlich aber kam mein kindlicher Glaube an den katholischen Gott nie zurück, ich konnte nie aufhören, darüber nachzudenken, was wahr und was falsch sein könnte, wenn wir sonntags in die Kirche gingen, ich mochte die Vorstellung nicht, wir befänden uns möglicherweise im Irrtum, und hatte Bedenken, dass meine Eltern und meine Großmutter in der Glaubensfrage eine schlechte Entscheidung getroffen hatten. Ich habe auch nie aufgehört, Fragen über andere Götter zu stellen, sowohl in meinem Kopf als auch draußen in der Welt, Fragen, die meine Lehrenden an den katholischen Schulen, auf die ich mein ganzes Leben lang ging, manchmal erschreckt und empört haben, Schulen, die ich geliebt habe, mit so vielen Freunden und Nonnen und Priestern, die ich ebenso geliebt habe wie die Institutionen an sich. Und obwohl ich vielleicht meinen Glauben an Gott verloren habe, als ich noch sehr jung war, so habe ich niemals meinen Glauben an meine Eltern verloren. Das war einfach. Sie waren immer für mich da.

Während meiner Ausbildungszeit war ich eine unersättliche Schülerin und Studentin. Das bin ich bis zu einem gewissen Grad immer noch, aber nicht mehr so wie damals. Ich verschlang Bücher wie die Süßigkeiten, die meine Mutter mir als Kind verboten hatte, wodurch ich nur zu einer noch leidenschaftlicheren Zuckerkonsumentin wurde. Ich war in Trigonometrie und Infinitesimalrechnung so fit, dass meine Mathekurse mit dem Honors-English-Kurs kollidierten. Die Lehrerin aus dem Advanced-Placement-Programm, Frau H., gab mir zudem jahrelang Privatunterricht. Das alles fühlte sich an wie ein Lotteriegewinn.

Miss H. wurde an meiner Schule für ihre Freundlichkeit, ihre Intelligenz, für das kontinuierliche Tragen langer, wallender Hippie-Röcke und -Pullover bewundert, für ihr Feststecken in einer Zeitschleife der 1960er-Jahre, für ihren Pazifismus, für ihr unmögliches krauses, schmutzig-blondes Haar, das in der Mitte gescheitelt war und ihr verwittertes Gesicht umrahmte. Sie lächelte viel, sprach mit sanfter Stimme und hatte ein ebenso sanftes Lachen. Ich habe sie verehrt.

Gemeinsam haben sie und ich alles gelesen, all die Klassiker. Ich schwärmte für Ayn Rand (ich war jung, ich kam darüber hinweg), Dickens, Shakespeare, Steinbeck. Meine geliebte Privatlehrerin drückte mir 450-Seiten-Wälzer in die Hand und fragte mich leise, ob ich sie in zwei, drei, vielleicht vier (wenn ich Glück hatte) Tagen lesen könne.

Ja, antwortete ich. Tausendmal ja!

Es gab keinen Lehrstoff, kein Curriculum, keinen Plan, keine Struktur, nur einen wackeligen Bücherstapel in einem schummrigen, hässlichen Klassenzimmer (aus irgendeinem Grund schalteten wir nie das Licht ein) und Gespräche, Diskussionen, lernen, reden. Miss H. schob einen weiteren Schreibtisch und Stuhl heran und setzte sich neben mich, als wäre sie eine Mitschülerin oder ich ihre Kollegin, und ich vergaß, dass ich in der Schule war und sie meine Lehrerin, bis es wieder klingelte. Oft war sie zu beschäftigt, um sich mit mir zu treffen, und ich saß allein da und las oder arbeitete. Aber sie trieb mich an, und zwar bei allem, mehr als irgendjemand mich je angetrieben hatte, vor allem, was mein Schreiben betraf. Ich aß alles auf, jeden einzelnen Krümel, als wäre ich am Verhungern, als wäre es die beste Mahlzeit meines Lebens, als könnte es meine letzte sein, als hätte ich noch nie so gutes Essen gekostet, obwohl meine Mutter eine begabte italienische Köchin war. Ich war hungrig, und der Hunger wurde nur noch größer, als ich erst einmal entdeckte, dass er da war. Ich lernte, diesen Schmerz zu lieben.

Ich war schon immer eine Leseratte gewesen; meine Mutter sorgte dafür, dass wir zwei- bis dreimal pro Woche in die Bibliothek gingen. Sie machte daraus immer etwas ganz Besonderes, wie wir beide ins Auto stiegen und uns vergewisserten, dass wir unsere Bibliotheksausweise eingesteckt hatten. Ich erinnere mich noch genau an den Tag, an dem meine Mutter beschloss, ich sei alt genug, um mich allein zwischen den Bücherregalen herumzutreiben.

»Warum gehst du nicht auf Entdeckungsreise«, sagte sie zu mir, als wäre das keine große Sache, kein Meilenstein, während wir im Schneidersitz auf dem Boden in der Kinderabteilung saßen und in einem Bilderbuch blätterten. »Du suchst dir aus, was dich interessiert, und wenn du fertig bist, treffen wir uns am Schalter der Ausleihe. Lass dir Zeit.«

Ich stand auf und starrte sie an, ein bisschen ungläubig, dass sie mich allein und ohne Sperrstunde in die Wildnis schickte, erregt von der verheißungsvollen Aussicht auf heimliche Streifzüge. Danach taumelte ich mit Stapeln von Büchern nach Hause, so umfangreich, wie ich es mir zutraute (Louisa May Alcott war in dieser Hinsicht wunderbar, wie ich herausfand), so viele, wie die Bibliothekare mir mitzunehmen erlaubten, eine Angewohnheit, die meine Mutter von Herzen billigte und duldete.

Doch dieser private Englischkurs mit Miss H. war ein Wendepunkt, was meine Beziehung zu Büchern und ihrem Gedankengut anging. Es war der Anfang von allem, meiner Zukunft, meiner akademischen Begierde, meinem intellektuellen Erwachen, meiner Einführung in das kritische Denken, meiner Freude am Lernen, am Suchen, am Hinterfragen, am hemmungslosen und hartnäckigen Grübeln über das Warum, das Warum nicht, das Wie und Wer und darüber, *was genau* das alles überhaupt bedeutet? Miss H. war der Grund dafür, dass ich an der Georgetown University aufgenommen wurde, einer Institution, an der sich nach meiner Ankunft herausstellte, dass alle anderen qualifizierter als ich waren, um dort zu sein. Überall, wo ich hinkam, waren Leute, die auf schicke Privatinternate gegangen waren, wo sie Sex gehabt und jede Menge Drogen genommen und spannende Seminare belegt hatten. Internate, für die ihre Eltern entsprechend viel oder sogar noch mehr als die Studiengebühr für ein einziges Semester an der Georgetown bezahlt hatten.

Ich war auf die kleine kirchliche Mädchenschule gegangen, die an unsere ebenso kleine katholische Kirche angeschlossen war. In der damaligen Zeit kosteten kirchliche Schulen ein paar Hundert Dollar im Jahr, und selbst das war eine Belastung und ein ständiger Grund zur Klage meiner Eltern. Wir belegten dort Grundkurse in Fächern wie Geschichte, Englisch und Naturwissenschaften. Meine Faltenrock-Mitschülerinnen und ich, wir interessierten uns meistens mehr für Tanzfeste, bei denen wir auf die geheimnisvolle Spezies der Highschool-Jungs treffen konnten, als für die Wissenschaft; zudem war man dort täglich davon in Anspruch genommen, mit dem Tragen von Boxershorts unter der Schuluniform oder dem Weglassen der Socken ungestraft davonzukommen. Mein privater Englischunterricht war ein Zufallstreffer im großen Ganzen, ein Glücksfall, beschert von einer buchliebenden Lehrerin, die ihrerseits das seltene Exemplar einer Schülerin gefunden hatte, die mit ihrer eigenen Abendlektüre mithalten und sie vielleicht sogar ein- oder zweimal überholen konnte.

Verglichen mit all den anderen um mich herum, gehörte ich nicht auf die Georgetown, aber irgendwie war ich dort gelandet, und ich würde das Beste daraus machen. Ich ging meine aufregend betitelten Vorlesungen mit derselben Begeisterung an, mit der ich in der Highschool bei Miss H. all die Romane gelesen hatte, und meinen neuen Professoren und Professorinnen näherte ich mich auf dieselbe Art und Weise. Ich tauchte mit meinen Fragen, meinem Gedankenwirrwarr und meinen Ideen in ihren Sprechstunden auf. Ich ging zu ihnen, um zu besprechen, was wir im Unterricht lasen, und ich ging zu ihnen, um Themen für Arbeiten vorzuschlagen, die sie nicht vorgesehen hatten. Es kam mir nie in den Sinn, nicht ein einziges Mal, dass ich nicht hingehen sollte oder dass es seltsam war, wie oft ich bei ihnen aufkreuzte, nämlich sehr oft.

Ich wurde zum Stammgast. Diese kleinen, rechteckigen Büroräume mit schlichten Schreibtischen, beeindruckenden Bücherregalen und zwei Stühlen – einer für den Professor oder die Professorin, einen für den Studenten oder die Studentin – wurden zu meiner lokalen Versorgungsstelle, und ich wurde zur Alkoholikerin, die ihren täglichen Drink nach der Arbeit brauchte. Je öfter ich hinging, desto durstiger wurde ich, und in den Büros der Professorenschaft traf ich auf willige und begeisterte Trinkkumpanen. Wir kippten Heidegger und Sartre, Kierkegaard und Charles

Taylor in uns hinein, stolze Besoffene philosophischer Recherchen. Ich war trunken und euphorisch angesichts der Herausforderungen der Lehre, angesichts der Art und Weise, wie meine Professoren und Professorinnen meinen Verstand anspornten, angesichts der Entdeckung, dass die Philosophie der Mathematik ähnelte, die mir in der Highschool so leichtgefallen war, so leicht, dass es meine Klassenkameraden wütend gemacht hatte.

Ich war *diese* eine Studentin, die immer und überall aufkreuzte, immer neue und verrückte Ideen entwickelte, immer experimentierte und bei den normalen Arbeitsvorgaben immer über das Ziel hinausschoss. Vielleicht war ich auch eine Nervensäge, aber meine Professoren und Professorinnen an der Georgetown verstanden sich darauf, ihre Gefühle nicht zu zeigen. Sie ließen der enthusiastischen, idealistischen Studentin, die ich war, ihren Willen. Mein intellektuelles Erwachen wurde gehegt und gepflegt, es bekam ein warmes und einladendes Zuhause geboten, und es wurde ausgebildet, damit ich die aufstrebende, selbstbewusste Doktorandin werde, die ich schließlich geworden bin, eine junge Frau, die, kurz nach Beendigung ihres Grundstudiums an der Georgetown, an ihrem ersten Tag an der Graduate School in diesem neuen und aufregenden Kapitel ihres akademischen Lebens ankam.

Meine größte Hoffnung war es, so zu werden wie sie. Meine geliebten Professoren und Professorinnen, meine philosophischen Leitbilder, meine glühendsten akademischen Cheerleader, diejenigen, warum ich es dorthin gebracht hatte, wo ich mich jetzt befand. Sie waren gütige Götter, die Wissen herabregnen ließen, und ich war ihre dankbarste Untertanin. Sie gaben mir mehr, als ich je hätte verlangen können, und in dieser schmalzigen, idealistischen jugendlichen Sicht der Dinge wollte ich eines Tages dasselbe für meine eigenen Studierenden tun. Ich hatte unglaubliches Glück, diese intellektuellen Eltern gefunden zu haben, die mir dabei halfen, die Akademikerin zu werden, zu der ich bestimmt war.

Was ich an jenem ersten Tag an der Graduate School noch nicht wusste, war, dass mich mein professorales Glück bald verlassen würde.

Ich belegte sein Seminar, weil ich es musste. Es handelte sich um eine Pflichtveranstaltung meines Studiengangs zur Grundlagenforschung, und *er* war ein wichtiger Wissenschaftler für den Schwerpunkt, den ich gewählt hatte. Er war mein neuester Mentor, und ich freute mich darauf, ihn kennenzulernen, und ich war gespannt auf alles, was vor mir lag.

Ich setzte mich auf einen Stuhl zu seiner Rechten, neben ihn, aber nicht zu nah, an den kleinen Konferenztisch, um den herum sich meine Kommilitonen gerade mit ihren Sachen niederließen. Sie waren völlig anders als meine Mitstudierenden am Georgetown-College mit ihren privilegierten Hintergründen, ihrem glamourösen Leben und ihren Ambitionen. Ich hatte mich für Religionswissenschaft entschieden, weil es ein durch und durch interdisziplinäres Fach ist, die Art von Doktorandenstudiengang, in dem ich meinen Fragen freien Lauf lassen und durch die verschiedenen Geisteswissenschaften stapfen konnte wie ein glückliches Kind durch den Matsch. An diesem Morgen befand ich mich unter Priestern und Nonnen, einige von ihnen in Habit und Kollar, die meisten weitaus älter als ich. Diejenigen, die nicht im Zölibat lebten, waren verheiratet und hatten Kinder. Ich erinnere mich, dass ich mich um den Tisch herum umsah und dachte: *Hier gibt es niemanden, mit dem ich ausgehen könnte.* Die einzigen anderen Singles, denen ich in meinem Studiengang begegnete, verfolgten andere akademische Schwerpunkte. Ich war in dem Kurs die Jüngste.

Der Raum war lang und schmal, gerade breit genug für den Konferenztisch, an dem wir saßen und auf das Erscheinen des

Professors warteten. Hinter meinem Rücken befand sich eine Fensterfront, gegenüber von mir eine unscheinbare weiße Wand. Aber hinter dem Platz, an dem der Professor sitzen sollte, standen Regale voller Bücher. Ich sage das jetzt, obwohl es möglich ist, dass meine Erinnerung mich trügt. Oder dass ich so sehr daran gewöhnt war, diesen Mann in seinem Büro zu sehen, das tatsächlich übervoll mit Büchern war, und dass dadurch bestimmte Erinnerungen an ihn in andere eingedrungen sind. Aber in meinem Kopf standen hinter seinem Stuhl in jenem Seminarraum dunkle Holzregale, so als wollte er seine Rolle als Hüter, Beschützer und Fürsprecher der Bücher unterstreichen.

Der Professor war klein, er war bescheiden, er hatte eine leise, sanfte Stimme, er lächelte jeden von uns an, er war so freundlich, wie ich es von allen Professoren und Professorinnen erwartete, so freundlich wie meine geliebten früheren Unterrichtenden im Grundstudium. Er hatte grau meliertes Haar, akkurat geschnitten, sodass es oben flach war, und er trug dunkle, wallende Gewänder. Ich erinnere mich, dass er wie Yoda am Kopfende des Tisches saß, in Stoff gehüllt, nur sein kleiner Kopf war sichtbar, sein Gesicht war von Falten durchzogen, um die Augen hatte er Krähenfüße. Wie einige der Studierenden war auch mein Professor ein katholischer Priester.

Wir waren vielleicht acht, höchstens zehn Personen in diesem Raum. Wir begannen unsere Vorstellungsrunde am Tisch und erläuterten unser Interesse am Thema des Kurses.

»Ich weiß nicht, was ich hier tue«, sagte ich, als ich an der Reihe war, und ich äußerte die mich plagenden Zweifel angesichts des Themas, mit dem wir uns in diesem Semester beschäftigen sollten: die Skeptikerin innerhalb der Gruppe. Der Kurs beinhaltete die Lektüre der Werke bedeutender spiritueller Persönlichkeiten der Geschichte, die alle für sich ein zölibatäres Leben gewählt hatten. Jetzt, wo ich Religionswissenschaft studierte, fühlte ich mich fehl am Platz. Wie war ich, eine Atheistin und Philosophiestudentin, die keinerlei Interesse am Zölibat hatte und an das Glück einer festen Beziehung glaubte, in einem Kurs wie diesem hier gelandet? In einem Studienschwerpunkt, in dem ein solcher Kurs *Pflicht war*?

»Ich bin hier, um Philosophie und Spiritualität zu studieren«, fuhr ich fort. »In dem Versuch, das Wesen des Göttlichen, der religiösen Erfahrung zu verstehen. Ich möchte die Sinnfrage stellen. Ich liebe es, Begriffe wie ›Sein‹, ›Vereinigung‹ und ›Bestimmung‹ philosophisch zu betrachten.« Aber ich war mir nicht sicher, was Spiritualität mit diesen sexuell enthaltsamen Menschen zu tun hatte.

Doch sogar mit meinen Vorbehalten gegen den Stoff war ich wie immer die Eifrigste, voller Schwung und Elan, eine aufrichtig begeisterte und mitteilungsbedürftige Quasselstrippe. Vielleicht gefiel mir die Leseliste des Lehrplans nicht, aber ich würde alles daransetzen, sie zu dekomprimieren, zu versuchen, sie zu verstehen und ihre Relevanz für mein Studium an der Graduate School auf mich wirken zu lassen.

Der Professor ließ sich von meiner abwehrenden Haltung nicht beirren. Er blieb verständnisvoll, mitfühlend, großmütig und geduldig. In der ersten Vorlesungswoche, bei der erstbesten Gelegenheit, in seine Sprechstunde zu gehen, kreuzte ich bei ihm auf. Es war ein großes Büro, viel größer als die Büros meiner Unterrichtenden am College. Groß, aber hässlich. Der Teppich hatte eine schreckliche Farbe, wie verkohlt, die Wände waren abgenutzt und vergilbt, das Holz war dunkel und männlich und furchteinflößend.

Bei diesem ersten Besuch habe ich den Unterrichtsstoff auseinandergenommen, hinterfragt und angezweifelt. Er war von Anfang an ein angenehmer Gesprächspartner, lebhaft, eifrig im besten Sinne. Sein Enthusiasmus passte zu meinem, er erhellte den hässlichen Raum genauso wie ich. Wir waren die perfekten

Sparringspartner. Er ermutigte mich zu meinen Nachforschungen, meinem Widerstand, meiner Skepsis, und gleichzeitig half er mir zu erkennen, was ich vielleicht übersehen hatte, worüber nachzudenken es sich lohnen dürfte, was ich möglicherweise nochmals behandeln sollte. Ich schätzte seine Bemühungen, mir zu helfen, genau wie das meine früheren Unterrichtenden getan hatten. Wir vereinbarten, dass ich einmal in der Woche zu einem Einzelgespräch wiederkommen würde.

Da war sie wieder, die Freude am Studieren, aber diesmal im Graduiertenprogramm. Ich freute mich wahnsinnig über seine Aufmerksamkeit, seine Bestätigung meines intellektuellen Wertes, meines akademischen Talents. Kaum angefangen, und schon hatte ich einen Professor, der in mich, in meine Zukunft investierte. Ein viel beschäftigter, arrivierter Mann, der seine wertvolle Zeit nutzte, um mit einer neuen Studentin zu sprechen, und diese Studentin war ich. Er war wie ein zwergiger, liebenswürdiger Großvater, der sich für eine junge Frau interessierte, die ihn vielleicht an seine Enkelin erinnerte. Ich hielt das für die Wahrheit, und ich hatte keinen Grund, etwas anderes zu argwöhnen. Alle meine bisherigen männlichen Professoren waren wie er gewesen und hatten mich wie eine gerade erst entdeckte Tochter behandelt, wenngleich eine akademische, sodass sein Verhalten nicht überraschend war – sondern die Norm. In meiner Fantasie stellte ich mir bereits vor, im Frühjahrssemester weitere Kurse bei ihm zu belegen und dass er mein Doktorvater und mein bester Mentor überhaupt werden würde.

Auch er erwähnte diese Möglichkeiten in unseren wöchentlichen Gesprächen. Zu dieser Zeit, in den Anfangstagen, beruhten diese Gefühle von Vorfreude und Begeisterung auf Gegenseitigkeit.

In diesem ersten Semester hatte ich oft ein Lächeln parat, aber nicht nur für ihn. Ich konnte meine Freude am Unterricht, an der

Lektüre der philosophischen Theorie und am Hinterfragen nie verhehlen. Wieso hätte ich jemals auf den Gedanken kommen sollen, die Begeisterung auf meinem Gesicht zu verbergen, sobald ich an seinem Seminar teilnahm oder durch die Tür seines Büros trat? Ich war dankbar, dort zu sein. Ich war glücklich, noch. Das Lächeln auf meinem Gesicht und diese intellektuelle Unersättlichkeit, die sich durch mein Inneres fraß – ich war mit beidem einverstanden und begeistert davon. Sie waren der physische und sichtbare Ausdruck für all das, was ich fühlte.

Dieses Lächeln war, und ist es immer noch, die Ursache von so vielem, was danach kam, denke ich. Die freudige Erregung, die immer aus mir heraussprudelte. Sie war eine regelrechte Einladung für ihn, für jeden, wirklich jeden, in meine Richtung zu schauen. Und nachdem er einmal angefangen hatte zu schauen, hörte er nicht mehr damit auf.

2

Ich erinnere mich daran, wie ich mit ihm im Auto saß, eine Situation, die man als »unser erstes Date« bezeichnen könnte.

Es war mein Auto, ein mickriger schwarzer Mazda, der quasi von dem Moment an auseinanderfiel, als ich damit vom Hof des Händlers fuhr. Mein Vater war überzeugt, ich hätte eine Schrottkiste gekauft. An diesem Januartag fuhr er jedoch einwandfrei, und die warme Heizungsluft wirbelte in dem beengten Innenraum um uns herum. Die Luft draußen war frostig, aber es lag kein Schnee. Die Sitze waren grau und fleckig, der einzige Luxus in diesem Wagen waren ein Kassettendeck und ein Radio, die dieses Mal ausgeschaltet waren. Wir waren unterwegs, um noch etwas zu essen, danach sollte ich ihn nach Hause ins Kloster fahren, wo er mit seinen Mönchsbrüdern lebte. Ich trug ein Kleid, Strumpfhosen und Stiefel, mein langes Haar war offen. Wir hatten gerade ein Stück in einem bekannten Theater in der Nähe der Universität gesehen, eine Matinee, und wollten danach noch irgendwo hingehen, um darüber zu reden.

»Ich dachte, wir könnten in dieses japanische Teehaus gehen«, schlug ich vor, als wir aus dem Theater hinaus wieder ins Tageslicht traten.

»Wunderbar!« Sein Enthusiasmus war unzweideutig und echt, und er hatte sichtlich Lust dazu.

Sehen Sie, was ich mit »Date« meine?

Damals wäre es mir nie in den Sinn gekommen, dieses Wort als Beschreibung für jenen Januartag zu verwenden. Erst vor Kurzem erschien mir dieser Begriff als absolut zutreffend, um diesen ersten Ausflug zu beschreiben: ein Zusammentreffen zweier Menschen in einem Restaurant oder einer Bar, zwischen denen es knistert und eine Art erotisches Kribbeln spürbar ist. Damals war ein Date etwas, das ich mit Jungs in meinem Alter hatte, Jungs Anfang bis Mitte zwanzig, Jungs, mit denen ich ausgehen, Zeit verbringen, sie küssen und mit denen ich vielleicht irgendwann mal Sex haben wollte. Jungs, denen ich nachlief, und Jungs, die mir nachliefen, Jungs, die ich attraktiv fand, Jungs, die mich faszinierten.

Er war nichts von alledem. Er war ein alter Mann, nicht gerade hässlich, aber ich schenkte seinem Aussehen keinerlei Beachtung, denn warum sollte ich? Er war mein Professor, Jahrzehnte älter als ich und, mehr noch, er war ein katholischer Priester. Ein Mann, der sein Leben dem Zölibat gewidmet hatte. Für mich war er nicht einmal ein sexuelles Wesen. Selbst an der Graduate School war ich noch ein junges katholisches Mädchen, und Priester gehörten zu einer anderen Spezies. Sie waren nicht wirklich menschlich und hatten auch keinen Hang zu menschlichen Neigungen. Sie hatten keine sexuelle Identität. Die hatte man ihnen in dem Moment genommen, als sie ihr Gelübde ablegten. Wie durch einen Zauber war sie verschwunden, in den Äther verdampft an dem Tag, an dem sie ihrer Berufung folgten. Einem Priester sexuelle oder romantische Gedanken zu unterstellen, war ein Vergehen der übelsten Art, so als würde man in einem nassen Badeanzug in die Kirche kommen, mit Sandklumpen an den nackten Beinen, die eine Spur im Mittelgang zwischen den Kirchenbänken hinterlassen. So etwas tat man einfach nicht.

In meinem Kopf befanden sich Lehrkräfte und Professoren auf derselben Stufe der Ehrwürdigkeit, deshalb war dieser Mann für mich doppelt ungefährlich, eine asexuelle Figur in zweifacher Hinsicht. Zu keinem Zeitpunkt während meiner gesamten Jugend und meines jungen Erwachsenenalters hatte ich einen Dozenten auf romantische oder sexuelle Weise in Betracht gezogen. Ich glaube, ich wusste nicht einmal, dass es möglich war, dass sich Professoren in ihre Studierenden verlieben oder Studierende in ihre Professorinnen. Nicht wirklich.

Das einzige Erlebnis, was ich in diese Richtung hatte, betraf ein Mädchen an meiner Highschool. Sie wirkte viel älter als wir, obwohl sie nur zwei Klassen über uns war. Sie traf sich heimlich mit unserem Sportlehrer, einem Mann, den wir Mr Z nannten. Er ging damals aufs College, unterrichtete als Student und war vielleicht zwei oder drei Jahre älter als sie. Er sah auf eine sportliche Art gut aus, und viele Mädchen an meiner Highschool waren hinter ihm her. Mr. Z. kam oft zur Sprache, wenn wir über heiße Jungs sprachen, die wir kannten oder die wir gerne besser kennengelernt hätten. Die wenigen Jahre Altersunterschied ließen ihn fast greifbar erscheinen, oder zumindest durfte man davon träumen, mit ihm auszugehen. Aber als in der Cafeteria Gerüchte über die heimliche Beziehung zwischen ihm und einer von uns aufkamen, spielte die Tatsache, dass er altersmäßig nah an ihr dran war, für uns keine Rolle mehr. Die Realität, dass Mr Z. eine unserer Gefährtinnen im Faltenrock für etwas auserkoren hatte, das immer als eine ungefährliche Schulmädchenfantasie herhalten musste, war ein Skandal. Es war aufregend, dass das Unmögliche gerade Wirklichkeit geworden war, es war berauschend, darüber zu tratschen, aber wir wussten auch, dass es objektiv gesehen *falsch* war. Wir wussten, dass er gefeuert werden würde, wenn bestimmte Verantwortliche unser Geflüster hörten. Die beiden gingen aus, sie trennten sich, sie gingen wieder aus. Wir waren begeistert von der Achterbahn ihrer verbotenen Beziehung. Aber abgesehen davon, dass er Lehrer und sie Schülerin war, wäre es nicht im Geringsten sittenwidrig gewesen, wenn sie sich woanders getroffen hätten, zum Beispiel im Sommer am Strand, denn sie waren praktisch gleich alt.

Das war das ganze Ausmaß meiner Erfahrung mit Lehrer-Schüler-Beziehungen.

Ich wusste nicht, wie solche Beziehungen zustande kamen, ich hatte nie darüber nachgedacht, wie sie zustande kommen könnten.

* * *

In diesem ersten Semester an der Graduate School machte ich meinem Professor kleine Geschenke, nicht in materieller Hinsicht, sondern sie stellten etwas viel Wertvolleres dar: persönliche Details, meine Vorlieben, Abneigungen, Informationen über meine Mutter, meinen Vater, wie ich meine Zeit außerhalb der Kurse verbrachte. Er steckte sie in eine spezielle Schatzkiste, um sie später zu verwenden. Ich wusste nicht, dass ich das alles besser für mich behalten hätte, die Geschenke, die ich ihm darbot, machten mich verletzlich und öffneten ihm die Türen, Türen, die sich – wie ich später herausfand – nicht mehr schließen ließen. Er benutzte diese Informationen als Keile.

Das alles geschah während unserer wöchentlichen Gespräche in der Sprechstunde. Der persönliche Austausch geschah ganz beiläufig, wenn ich von irgendwoher kam, von einer anderen Vorlesung, einer Studiengruppe, wenn ich direkt von zu Hause kam oder wenn ich mich mit einem Freund traf. Kurz bevor wir eine Diskussion über die neueste Lektüre des Lehrplans begannen, oder kurz danach, wurde das Gespräch zwischen uns zwanglos, ausgelöst durch alltägliche Fragen. Es wirkte so harmlos.

Wohin gehen Sie, Donna? Woher kommen Sie? Warum sind Sie heute später dran als sonst?

Seine Fragen brachten mich dazu, ihm die gleichen Fragen zu stellen. Das ist höflich, und ich wurde dazu erzogen, höflich zu sein. Außerdem war ich daran gewöhnt, etwas über das Leben meiner Lehrer zu erfahren. Normalerweise lernte ich sie mit der Zeit gut kennen, und der Professor war soeben in mein Leben getreten. Ich ging davon aus, dass ich ihn kennenlernen würde. Ich *wollte* ihn kennenlernen. Ich *wollte* ihm Dinge über mich erzählen, weil ich ihn bewunderte, und ich war begeistert, dass er sich für meine akademische Zukunft interessierte.

Ich war nicht nur einverstanden, ich *verlangte* danach. Es ist wichtig, diese Tatsache festzuhalten.

Am Ende des Herbstsemesters, als er unsere Abschlussarbeiten zurückgab, sah ich, dass er auf meine ganz hinten eine kurze Mitteilung geschrieben hatte, in der es darum ging, wie sehr er unsere wöchentlichen Gespräche genossen hatte, und ob ich im Januar mit ihm in ein Theaterstück gehen wollte. Ein großzügiges Ehepaar stiftete seinem Kloster Abonnements, und jedes Mal wenn er hinging, lud er einen Freund oder einen Gast des Klosters ein. Würde ich beim nächsten Mal sein Gast sein?

Ja, natürlich, habe ich geantwortet, aber ich weiß nicht mehr, wie ich mein Einvernehmen kommuniziert habe. War es in Worten, noch am selben Tag? In einem Antwortschreiben? Am Telefon, irgendwann im Dezember, während ich in den Ferien war? Ich weiß nur, dass ich eingewilligt habe, und kurz nach den Ferien, kurz vor Beginn des Frühjahrssemesters, traf ich mich Anfang Januar mit ihm im Theater, eine Entscheidung, die ich später aus tiefster Seele bereuen würde, weil ich mir mit jeder Faser meines Körpers und meines Geistes wünsche, ich hätte damals Nein gesagt.

Auf der Bühne stand ein nackter Mann.

Da saßen wir nun nebeneinander, dieser Priester und ich, in der Dunkelheit des Theaters, nur ein paar Reihen hinter der ersten, mit bester Sicht auf alles, insbesondere auf diesen nackten Mann. Abgesehen von der gemeinsamen Fahrt im Auto ist dies meine deutlichste Erinnerung an jenen Tag. Mitten im Stück, an das ich mich kaum noch entsinnen kann, nicht an den Titel, das Thema, die Handlung, nichts, zog der Hauptdarsteller im zweiten Akt alles aus, was er anhatte – und das ist das Einzige, woran ich mich erinnere. Ich glaube, er wusch sich aus einem Eimer, während er einen Monolog hielt. Als das geschah, wollte ich nur weg.

Ich hielt meinen Blick nach vorne gerichtet. Ich war wie erstarrt, die Hände im Schoß zusammengepresst.

Ich weiß noch, wie ich dachte: *Das ist so unangenehm. Schlimmer geht's nicht.*

Es war so, als wäre ich mit meinem Vater im Theater gelandet, und als müssten wir dort einem Mann beim Entkleiden zusehen, worüber wir beide äußerst unglücklich wären. Meine Eltern gehörten nicht zu jenen, die Nacktheit befürworteten. Sie hatte etwas Sexuelles, also musste sie im Verborgenen stattfinden. Das bedeutete, dass mir jede Art von Nacktheit in der Nähe von Erwachsenen im Alter meiner Eltern oder älter unangenehm war, sei es auf dem Fernsehbildschirm, auf der Kinoleinwand, am Strand und vor allem live während eines Theaterstücks. Vielleicht war dies die schlimmste Situation, in der man Nacktheit miterleben konnte: in Gesellschaft einer Person, die, wie ich bereits erklärt habe, wie mein Großvater aussah.

Mit einem festen Freund oder Freunden in meinem Alter wäre das kein Problem gewesen. Ich hätte das Wagnis genießen können, dass sich ein Mann auf der Bühne entkleidet, während wir alle ihm dabei zusehen. Ich hätte vielleicht sogar darüber nachgedacht, ob es notwendig oder ob es für die Handlung überflüssig war. Wir hätten hinterher darüber sprechen können, ich und ein fester Freund oder irgendwelche Freunde und Freundinnen, wir hätten es diskutieren, analysieren können. Es wäre ein Phänomen von kurzer Dauer gewesen, keine große Sache, nur ein weiteres Element des Stücks, wenn auch ein überraschendes, das mich unvorbereitet getroffen hatte.

Während und nach der Vorstellung fragte ich mich, ob mein Professor gewusst hatte, dass der Mann dies tun würde, ob er bereits im Vorfeld gewusst hatte, dass das Stück eine Nacktszene enthielt, und mich trotzdem eingeladen hatte. Aber bei Weitem sehr viel mehr Sorgen machte ich mir darüber, dass er sich womöglich *nicht* darüber im Klaren gewesen war, dass es ihm peinlich sein könnte, in diese Situation geraten zu sein: in der Gegenwart eines nackten Mannes neben einer jungen Frau, seiner Studentin, zu sitzen und so tun zu müssen, als wäre das völlig in Ordnung. Also saß ich da, starrte auf den faltigen Hintern des Mannes, auf seine schlaffe Haut, und sagte mir, dass ich erwachsen sei, dass diese Nacktheit der Kunst diene, dass ich mich nicht schämen oder unbehaglich fühlen müsse, dass ich kein kleines Mädchen sei, dass ich nicht die Scham, die meine konservativen katholischen Eltern mir in Bezug auf Nacktheit eingeflößt hatten, heraufbeschwören müsse. Ich sagte mir, dass der Professor, der neben mir saß, ebenfalls erwachsen sei, auch wenn er ein Priester war, obwohl er ein Priester war. Dass ich mir alle Mühe geben sollte, so zu tun, als wäre es völlig normal, im Theater neben einem meiner Professoren zu sitzen und zuzusehen, wie sich ein Mann entkleidet und wäscht, während er mit dem Publikum spricht, als wäre die ganze Situation keine große Sache.

Irgendwann zog sich der Mann auf der Bühne wieder an. Irgendwann war der Moment vorbei. Schließlich konnte ich wieder atmen, meine Finger strecken und mich in meinem Sitz ein wenig entspannen.

Die ganze Zeit über hatte ich meinen Kopf nicht bewegt, hatte starr geradeaus geschaut. Ich weiß nicht, ob mein Professor seinen gedreht, ob er mich überhaupt angesehen, ob er mich während des Stücks beobachtet hat. Heute muss ich lachen, wenn ich daran denke, wie sehr ich mir an diesem Tag Sorgen um ihn gemacht habe, um seine Gefühle, sein Wohlbefinden und ob es ihm peinlich sein könnte, eine seiner jungen Studentinnen zu einer Theateraufführung eingeladen zu haben, in der Nacktheit zur Schau gestellt wurde. Damals hatte ich noch nicht begriffen, dass er – als Mann – schamlos war.

Das japanische Teehaus, in das wir anschließend gingen, zählte zu meinen Lieblingsorten.

Es war eine Art kleines Café-Restaurant. Die Innenräume waren großartig, luftig, mit hohen Decken und vielen Holztheken und Regalen über zwei Etagen. Man bestellte im Erdgeschoss und wartete dann, bis man seinen Tee, sein Essen, seine Kekse und Süßigkeiten abholen konnte. Dann manövrierte man sich und das Tablett auf einen der Hocker, die entlang der Wände im Erdgeschoss aufgestellt waren, oder aber man trug alles nach oben, um einen der Tische zu ergattern. Man sollte unten warten, bis die Bestellung aufgerufen wurde, und sich erst dann einen Platz suchen. Überall hingen Schilder, die darauf hinwiesen.

Ich mochte den ersten Stock von Anfang an lieber. So ruhig, wie es dort war, so laut war es im Erdgeschoss. Ich liebte die Tische an den Wänden, vor allem die, die in unmittelbarer Nähe zu den Fenstern standen. Normalerweise missachtete ich die Schilder und schlich mich gleich nach meiner Bestellung nach oben in der Hoffnung, einen freien Tisch zu finden, und in der Hoffnung, dass mich keiner der Angestellten wieder nach unten schicken würde, sobald ihnen auffiel, dass ich mein Tablett noch nicht bekommen hatte. Manchmal ging ich allein dorthin, um zu lernen, um mir das köstliche Essen und die Desserts zu gönnen, um die Ruhe und die Schönheit der Räumlichkeiten im Obergeschoss zu genießen. Es war purer Luxus, zum Lesen dorthin zu gehen und mein hart verdientes Geld ganz bewusst auf diese Weise auszugeben, als wäre ich viel älter, als ich tatsächlich war. An diesem Ort kam es mir so vor, als wäre ich wirklich erwachsen geworden, als wäre ich jetzt eine kultivierte Frau, die in elegante Cafés ging, um zu lernen, zu arbeiten und nachzudenken, wie in einem französischen Film oder in einer meiner Modezeitschriften.

An dem Nachmittag, an dem ich ihn mitnahm, schien es eine gute Wahl zu sein, da es in der Nähe des Theaters lag. Ich fand einen Parkplatz, und wir gingen hinein, um unsere Bestellung anzugehen. Ich beschrieb all die Dinge, die ich auf der Speisekarte liebte, und wir entschieden uns beide für gelbes Curry mit Huhn, eins meiner Lieblingsgerichte. Dann setzten wir uns über die Schilder hinweg und gingen direkt nach oben, um einen Tisch zu ergattern. An diesem Tag war es ruhig, nur wenige Leute befanden sich mit uns dort oben. Während wir auf unser Essen warteten, ging ich immer wieder ins Erdgeschoss zurück, um nach unserer Bestellung zu sehen. Das war der Nachteil, wenn man ihr System ignorierte. Natürlich gab es dort oben keinen Lautsprecher, über den man seine Nummer hätte hören können.

Ich freute mich darauf, ihm diesen Ort zu zeigen, genau wie es mir mit jedem anderen meiner Freunde gegangen wäre. Tatsächlich hatte ich bereits viele von ihnen in dieses Lieblingslokal eingeladen, und wir hatten lange Mittag- und Abendessen an genau demselben Tisch verbracht, an dem er und ich jetzt saßen.

Von unserem Gespräch an diesem Tag erinnere ich mich kaum noch an das, was gesagt und besprochen wurde, ob es hauptsächlich um meinen Studiengang ging oder ob es persönlicher geworden war. Woran ich mich allerdings sehr gut erinnere, ist, dass ich darauf achtete, nicht über den nackten Mann in dem Stück zu sprechen, dass ich dies um jeden Preis vermied. Davon mal abgesehen wären alle Themen möglich. Das Wetter, Bücher, Philosophie, die Familie. Ich weiß nur, dass wir dort hingegangen sind, dass wir dort waren und dass wir oben saßen und gegessen haben.

Damals wusste ich noch nicht, dass ich ihn irgendwann hassen würde, ihn und alles, was mit ihm zu tun hatte, alles, was ich mit ihm in Verbindung brachte, sogar diesen einen bestimmten Lieblingsort, wo ich mit meinen Freundinnen während unserer Mittagspause über das Leben redete. Oder wo ich allein in der so kostbaren Stille saß und mich wie eine kultivierte junge Frau fühlte. Ich liebte diese salzigen Haferkekse, die sie immer in einer abgedeckten Schale auf der Theke hatten, und die Ingwerscones. Ich erinnere mich noch genau daran, wie sie schmeckten, und das, obwohl ich schon jahrelang nicht mehr dort war. Ich wünschte, ich hätte gewusst, dass meine Entscheidung, uns nach dem Theater dorthin zu fahren, den Tod für diesen Ort bedeutete, der mir so lieb und teuer war.

Ich frage mich, ob ich es verkraften könnte, jetzt, so viele Jahre später, wieder einmal hinzugehen. Dem Restaurant die Dämonen austreiben, damit ich diesen Ort wieder genießen kann. Ich vermag es nicht zu sagen, ehrlich nicht. So oder so wird er immer negativ behaftet sein.

3

Ich habe alle Jungs in der Highschool geküsst, alle Jungs, die ich für küssenswert hielt, und diese Liste war lang. Ich war ein Kuss-Maniac. Ich küsste große Jungs, kleine Jungs, sportliche Jungs, verwahrloste Jungs, Jungs mit Akzent, typisch amerikanische Jungs, angesagte Jungs, hübsche Jungs, nicht so hübsche Jungs, Jungs, die entschieden unattraktiv waren, Jungs, die mich zum Lachen brachten, Jungs, die Arschlöcher waren, Jungs, von denen ich dachte, dass sie die Liebe meines Lebens werden könnten, und Jungs, von denen ich genau wusste, dass das nie der Fall sein würde. Kluge, redselige, schüchterne, unausstehliche, unterbelichtete, witzige, süße, langweilige, geheimnisvolle, ich machte da keinen Unterschied.

Einmal habe ich nach einem Abschlussball in einer einzigen Nacht drei verschiedene Jungs geküsst. Zwei Marks und einen Brian. Es war berauschend. Die drei verschiedenen Küsse, die in Wirklichkeit drei intensive Knutschsessions waren, dürften innerhalb einer Stunde passiert sein. Zuerst küsste ich den einen Mark, dann schlenderte ich durch den Flur des Hotels, auf dem die Kids vom Abschlussball Zimmer gemietet hatten, und begegnete dort zufällig dem zweiten Mark, der mich immer zum Lachen gebracht hatte, und stürzte mich sofort in ein enthusiastisches Knutschmanöver mit ihm. Keiner von uns beiden stellte sich besonders geschickt an, aber zwei Minuten später verließen wir kichernd und ausgelassen das Hotel, um zu unseren Dates zurückzukehren. Nicht lange danach traf ich auf einer weiteren Flurwanderung Brian, den großen, süßen, sportlichen, lustigen und auch etwas schüchternen Brian, und ich ertappte mich dabei, wie ich seinen Hals umklammerte, als er sich herunterbeugte, die Arme um meine Taille legte und mir den romantischsten und bedeutungsvollsten Kuss an diesem Abend-mit-drei-Jungs gab. Derselbe Kuss war der Beginn einer Vor-College-Romanze, die zum Scheitern verurteilt war, als ich an der Georgetown anfing und einen neuen Jungen fand, den ich küssen wollte. Aber zu jener Zeit war Brian einfach wunderbar.

In meinem letzten Jahr an der Highschool flirtete ich frech, was das Zeug hielt, ich war eine eifrige Anhängerin der Religion des Knutschens, doch ich war nicht immer so gewesen. Zu diesem Zeitpunkt holte ich Versäumtes nach, denn ich war ein Spätzünder in Sachen Jungs.

Seit meiner Kindheit war ich Leistungssportlerin im Kunstturnen und in der Rhythmischen Sportgymnastik, was auch bedeutete, dass ich lange Zeit überhaupt kein Leben hatte, zumindest in sozialer Hinsicht. Ich verbrachte zu viele Stunden beim Training am Reck, am Balken, am Boden und am immer furchterregender werdenden Sprungpferd, zu viele Wochenenden mit der Vorbereitung auf Wettkämpfe, als dass ich jemals Lust gehabt hätte, nach der Schule zu einer Party zu gehen oder mit Freunden etwas zu unternehmen. Aber dann zwang mich eine Verletzung zum Aufhören, und plötzlich hatte ich viel Zeit und keine Ahnung, was ich damit anfangen sollte. Schon bald entdeckte ich die Welt der »normalen« Mädchen in meinem Alter, eine Welt voller Make-up und Diäten und zu kurzer Röcke und Freitagabend-

Partys. (Wie ich schon sagte, ist Rhode Island klein, sodass es uns möglich schien, jeden einzelnen potenziellen Schwarm aus Städten nah und halbwegs fern zu katalogisieren.)

Ich war fünfzehn und ungeküsst, und dann war ich sechzehn, ohne dass sich etwas geändert hätte. Kunstturnerinnen im Leistungssport machen problemlos todesmutige Saltos in luftigen Höhen, aber stellt man uns vor einen Jungen, runzeln wir wahrscheinlich die Stirn oder laufen weg. In meinem erzwungenen Ruhestand beobachtete ich, ich studierte, ich lernte, ein Mädchen in meinem Alter zu sein, aufgrund meiner enger werdenden Freundschaften mit anderen Mädchen in meinem Alter, Mädchen, die schon lange die Kunst beherrschten, sich einen Freund zu angeln, ihr Outfit zusammenzustellen und jemanden dazu zu bringen, sie in diesen dunklen Turnhallen mit dröhnender Musik und grell blinkenden Lichtern zum Tanzen aufzufordern. In meinem hingebungsvollen Streben nach Highschool-Normalität lernte ich, mich für meine mangelnde Erfahrung zu schämen, und war froh, niemandem davon erzählt zu haben, dass Küssen in meiner sportlichen frühen Jugend eine hervorstechende und peinliche Lücke in meinem sozialen Lebenslauf blieb. Wie reiht man sich als Nie-Geküsste in die Riege der Endlich-doch-Geküssten ein? Es schien hier weder ein Regelwerk noch eine Anleitung zu geben.

Nach einem langen Sommer, in dem ich mit einem irischen Jungen flirtete, der am Strand arbeitete, holte ich in den dunklen Gängen der Umkleidekabinen tief und mutig Luft und schlug diesem grünäugigen jungen Mann vor, dass wir uns küssen sollten. Ich wusste, dass er Ja sagen würde, aber mein Herz klopfte wie wild. Ich war besorgt, etwas falsch zu machen, mich furchtbar zu blamieren. Aber der Kuss geschah – endlich. Er bestand hauptsächlich aus Zungen, die sich in einem großen, feuchten Durcheinander herumschubsten, aber das war mir egal. Innerlich feierte ich, dass ich keine Jungfrau des Küssens mehr war. Hurra! Mission erfüllt.

Endlich war ich aufgeblüht. Bald war ich eine hochgeschossene, leuchtende Mohnblume.

Meine Kusskarriere begann vor der Existenz von Slutshaming, zumindest der offiziellen. Damals gab es noch keinen Begriff dafür, auch wenn es existierte. Mädchen beschämten und beschimpften sich gegenseitig, verbreiteten Gerüchte, lediglich Küssen schien von dem, was als nuttiges Verhalten galt, ausgenommen zu sein. Es war so unbedeutend, nur aufeinandergepresste Lippen und vielleicht ein bisschen Zunge. Niemand würde vom Küssen schwanger werden, niemand musste sich beim Küssen ausziehen. Küsse konnten so flüchtig sein wie ein paar Sekunden oder so intensiv wie eine vierstündige Knutschsession. Küsse waren unschuldig und unkompliziert; sie machten Spaß, sie waren spielerisch, sie waren aufregend, und selbst wenn sie keinen Spaß machten oder spielerisch oder aufregend waren – Knutschen war keine so große Sache.

Es stellte also die perfekte sexuelle Aktivität für jemanden wie mich dar, denn ich *war* unschuldig. Das Leben war schwarz-weiß. Ich hatte so gut wie keine sexuellen Kenntnisse und beließ es auch gerne dabei. Es gab kein Internet, das mich eines Besseren belehrt hätte, und nur sehr wenige Mädchen, die genug Erfahrung hatten, um mich aufzuklären (oder nur wenige, die offen zugaben, dass sie dazu in der Lage wären). Meine katholischen Eltern sprachen auch nicht mit mir über das verbotene Thema, sodass es größtenteils ein Mysterium blieb, und das war für mich völlig in Ordnung. Ich fühlte mich stark und glücklich dabei, in Rhode Island herumzulaufen und so viele Jungs zu küssen, wie ich auftreiben konnte, damit sie mich zurückküssten. Ich war sexuell befreit, und irgendwie war ich dort angekommen, ohne überhaupt Sex zu haben. Die Kraft und die Freiheit kamen aus der Freude und dem Vergnügen, meine eigene Lust zu entdecken, Lust, die in das Erbeuten der Jungs, die ich küsste, und der Jungs, die mich küssten, hineinspielte. Diese Kraft und dieses Selbstvertrauen trugen mich auf einer aufregenden Welle durch das College, die nie abebbte, selbst als ich mein Repertoire weit über das Küssen hinaus erweiterte.

Ich war glücklich in meinem Körper, ich hatte ihn unter Kontrolle, und ich drückte dieses Vertrauen in der Art und Weise aus, wie ich mich kleidete. Ich wurde modisch, so modisch wie es für ein Mädchen, das arbeitete und studierte, möglich war. Ich kaufte in den Outlet-Stores ein und entdeckte Designerlabels bei TK Maxx und Marshalls, ich war süchtig nach den Schlussverkäufen nach Thanksgiving und Weihnachten.

Meine arme Mutter äußerte sich regelmäßig entgeistert dazu, dass sie ein Modepüppchen als Tochter habe und dass ich oberflächlich und besessen vom Shoppen sei. Sie wusste auch, dass es die Schuld ihrer eigenen Mutter war, meiner geliebten Großmutter, die bei uns lebte und die, als ich ein Kind war, diesen Samen in mir gepflanzt und ihn regelmäßig mit unseren zweiwöchentlichen Ausflügen zu J. C. Penney und Woolworth gewässert hatte. Einkaufen war die Lieblingsbeschäftigung meiner Großmutter. Ich sah zu, wie sie billige Blusen und Handtaschen kaufte (meine Großmutter konnte nie genug Handtaschen haben), mich nach meiner Meinung zu diesem und jenem fragte und trendige Nagellackfarben aussuchte, die zu ihrem neuesten Outfit passten.

Meine Großmutter arbeitete ihr ganzes Erwachsenenleben lang außer Haus, was für Frauen ihrer Zeit, vor allem für italienische Einwanderinnen, ungewöhnlich war. Sie war die erste weibliche Vorgesetzte bei Raytheon in Newport, eine gut gekleidete, echte Dame in einem Meer von Männern, die mit dem Bau von U-Booten betraut war. Sie wollte ihre Vorliebe, Röcke zu tragen, nicht aufgeben, nur weil sie in einem Beruf tätig war, der als Männerberuf galt, und sie genoss all die schönen Dinge, die wir im Einkaufszentrum sahen. Für sie gab es keinen Konflikt zwischen der stereotypen Weiblichkeit der damaligen Zeit und einer hart arbeitenden Frau. Das habe ich von ihr gelernt, und das ist mir geblieben.

Meine Großmutter war die großartigste Heldin meiner Jugend. Damals wollte ich so sein wie sie, und das will ich auch heute noch. Sie war alles, was meine Mutter nicht war – sie war entspannt, sie war rebellisch, sie legte Schmuck an, um auf den Markt zu gehen, sie färbte sich die Haare blond. Sie war witzig und lachte gern, und sie bewegte sich mit Beharrlichkeit und Eleganz durch ein schwieriges Leben als Immigrantin. Sie war schick, und ich wollte so schick sein wie sie. Sie war die Person, die mein Abonnement von *Seventeen* jedes Jahr erneuerte. Ich las die Zeitschrift so, wie ich später die Romane las, die mir meine Literaturlehrerin auftrug: eifrig, fleißig, ich knickte die Ecken der Seiten mit meinen Lieblingskleidern um, und wenn ich alles angeschaut hatte, riss ich sie heraus und legte sie in eine Mappe, die ich zusammen mit den Bildern der anderen Kleider aufbewahrte, die ich unbedingt besitzen wollte. Manchmal zeigte ich meiner Großmutter diese Sammlung meiner Traumgarderobe, und wir bewunderten sie dann lautstark gemeinsam.

In der Highschool, in den Jahren nach dem Leistungssport, perfektionierte ich die Kunst, das Haus in einem Outfit zu verlassen, das meiner Mutter gefiel, um es dann in das Outfit zu verwandeln, das sie mich nie tragen lassen würde. Wenn ich versuchte, in meinen kleinen schwarzen Stiefeln und Röcken, die mir kaum bis zur Mitte des Oberschenkels reichten, durch die Tür zu entwischen, fing meine Mutter mich unweigerlich ab.

»Du siehst aus wie ein Straßenmädchen«, schrie sie buchstäblich, streckte den Arm in Richtung meines Zimmers aus und schickte mich zurück, damit ich mich umziehe – insofern war sie eine frühe und eifrige Anhängerin des Slutshaming. *Straßenmädchen* war der Lieblingsausdruck meiner Mutter während meiner letzten Highschool-Jahre, und sie starrte meine Großmutter wegen dieser Übertretungen anklagend an.

Auf dem College kleidete ich mich schicker, weniger Rhode-Island-Stretchkleid-Tussi, mehr kultivierte junge Frau von Welt, die ihre muskulösen Läuferbeine und ihre zierliche Figur zur Schau stellte. Auch meine Zeitschriftenlektüre wurde anspruchsvoller, denn ich ließ mein Abonnement von *Seventeen* auslaufen und ersetzte es durch *Vogue* und *Elle* und *Harper's Bazaar*. Ich liebte Stiefel mit hohen Absätzen und trug sie, so oft ich konnte. Ich liebte es, wie die Jungs sich voller Bewunderung nach mir umdrehten, wenn ich vorbeiging. Ich konnte nie genug von ihrer Aufmerksamkeit ergattern, ich war nicht satt zu kriegen, und ich kleidete mich genauso sehr für sie wie für mich.

Ich möchte mich in diesem Punkt klar ausdrücken. Ich wählte meine Kleidung so, weil sie mir gefiel, aber auch, damit sie ihnen gefiel. Selbst wenn ich einen Freund hatte, was oft der Fall war, wollte ich immer besonders gut aussehen. Ich wollte auffallen, und zwar richtig. Ich buhlte um Aufmerksamkeit. Das ist die Wahrheit, und ich möchte mich nicht dafür entschuldigen. Ich war stolz auf mein aufsehenheischendes Aussehen, meine Outfits und mein Selbstvertrauen, und ich war glücklich mit meiner sexuellen Leistungsfähigkeit. Ich war dumm vor lauter Macht. Ich würde dafür bestraft werden.

Ich habe das Bedürfnis, dafür einzustehen, dass ich ein Kuss-Maniac war, dass ich während des Studiums und darüber hinaus hochhackige Stiefel und kurze Röcke trug, dass ich meine männlichen Lehrer übermütig anlächelte und regelmäßig in ihren Sprechstunden erschien. Diese Auflistung ist meinem Empfinden nach unerlässlich.

Ich war in der Zeit, in der ich zu einer jungen Erwachsenen wurde – in den späten Achtzigern und Neunzigern – intellektuell und sexuell so potent, wie es sich ein Mädchen meines Alters nur wünschen konnte. Und das, obwohl ich sehr katholisch erzogen wurde und keinerlei formale sexuelle Erziehung genossen habe. Am ehesten noch sprachen meine Eltern, meine Mutter, in dem einen Sommer, als ich neun oder zehn Jahre alt war, mit mir über Sex. Ich hatte draußen mit den Nachbarskindern gespielt und rannte auf dem Weg zum Vordereingang hoch, um mir im Haus aus der Küche etwas zu essen zu holen. Meine Mutter bearbeitete nicht weit weg ein Blumenbeet; sie kniete auf dem braunen, kratzigen Teppich, den sie immer als Matte benutzte, hatte Handschuhe an und eine Kelle in der Hand, und die Krempe ihres Schlapphuts beschattete ihre Augen. Einer der Jungs, mit denen wir uns bekriegt hatten, fuhr mit seinem Fahrrad am Garten vorbei und schrie mir die eine oder andere Stichelei zu, als ich mich der Haustür näherte.

Ich blieb stehen und drehte mich um.

»Du Lutscher!«, schleuderte ich ihm lautstark entgegen.

Das haben wir uns beim Spielen immer wieder gesagt. Du bist ein Lutscher, er ist ein Lutscher, alle sind Lutscher. Ich weiß nicht, wann es anfing, aber wir alle beriefen uns regelmäßig auf die Macht des Lutschers. Es erschien mir nicht besonders bedeutsam, dies einem der dummen, nervigen Nachbarsjungen vor meiner Mutter zuzurufen. Aber ich erinnere mich, dass ich aus dem Augenwinkel sah, wie sie von ihrem Gartenteppich in die Höhe schoss, die Kelle noch in der Hand. Oh, oh.

»Donna!«, schimpfte sie und kam bereits auf mich zu. »Geh rein. Wir werden uns unterhalten.«

Sie setzte mich auf die Couch, alles war sehr ernst, und mein Magen verknotete sich immer wieder, während ich darauf wartete zu begreifen, was ich wohl falsch gemacht haben könnte.

»Weißt du, was *lutschen* bedeutet?«, fragte sie.

Ich zuckte mit den Schultern. Dann schüttelte ich den Kopf. Ich hatte keine Ahnung, wohin das führen sollte.

Sie ließ mich nicht aus den Augen »Es hat mit Sex zu tun«, sagte sie. Ich schluckte. Warum hatte ich dieses blöde Wort geschrien? Wovon in aller Welt redete sie? Jetzt saß ich mit meiner Mutter, die immer noch ihren schlaffen Gartenhut aufhatte, auf der Couch und diskutierte an diesem sonnigen Sommertag über Sex, während draußen die Kinder der Nachbarschaft ohne mich spielten.

»Es ist etwas, das eine Frau bei einem Mann macht«, fuhr meine Mutter fort, ohne näher darauf einzugehen, was genau die Frau beim Lutschen anstellen oder was sie lutschen würde. »Es ist gegen die katholische Kirche. *Und* es ist gegen das Gesetz.«

»Okay«, sagte ich, unfähig zu verstehen, wovon sie reden oder was sie meinen könnte, aber ich wollte raus – raus aus diesem Gespräch, raus aus diesem Haus und an die frische Luft, raus aus dieser ätzenden, ätzenden Situation.

»Wir sagen dieses Wort in dieser Familie nicht. Es ist ein schlimmes Wort für eine schlimme Sache.«

»Ich werde es nicht mehr sagen«, sagte ich ihr. »Ich verspreche es.«

Meine Mutter stand auf. »Gut«, sagte sie, und das war's.

Ich bekam meinen Snack, sie kehrte zu ihrer Gartenarbeit zurück, und das Thema Sex kam nie wieder auf, weder zwischen uns noch mit jemand anderem in meinem Haus.

Das war das Ausmaß meiner Sexualerziehung – eine unfassbar vage sexuelle Assoziation mit dem Wort »lutschen«. Erst Jahre später wurde mir klar, dass meine Mutter damit Oralsex meinte, und als ich das herausfand, fand ich die ganze Sache urkomisch. Aber in vielerlei Hinsicht war diese Lektion bezeichnend dafür, wie der Rest meiner Sexualerziehung ablief und auch weiterhin ablaufen würde – eine Art »Learning by doing« meinerseits, ein Ergründen, wie die Dinge funktionierten, indem ich sie ausprobierte oder ausführlich darüber nachdachte, um schließlich zu verstehen, wie und ob sie etwas waren, das mir gefiel, das ich ausprobieren wollte, oder ob sie verlockend oder uninteressant klangen. Aber ich hatte keine Angst, keine Komplexe, sondern nur eine unstillbare Neugier und ein unstillbares Interesse und eine unstillbare Begeisterung für die Geheimnisse und Freuden des Sex und für alles, was damit zusammenhing, ähnlich wie die Neugier, die ich für alles in der Welt, in der Geschichte und im Leben hatte. Sex war nur eine weitere Sache, die es zu erforschen und zu genießen galt. Ich experimentierte mit Vergnügen.

Ich bin also durch Erfahrung und die Trial-and-Error-Methode zu dieser sexuellen Ermächtigung gelangt. Durch praktische Anwendung lernte ich meine Grenzen und meine eigenen Bedürfnisse kennen und entschied mich mit meinen verschiedenen Partnern und unter Berücksichtigung meiner eigenen Willensentscheidung dementsprechend für die Freigabe oder aber die Sicherung meiner Demarkationslinien. Ich hatte null Angst davor, zu jemandem Nein zu sagen, und ein unerschütterliches Vertrauen darauf, dass meine Neins von meinen Partnern respektiert würden, wenn ich tatsächlich Nein sagte. Meine Erwartungen an den Sex, an das Vergnügen, an das, was passieren würde und was nicht, an die Art und Weise, wie ich behandelt oder nicht behandelt werden sollte, wurden von meiner Seite aus klar und offen und sehr selbstbewusst angesprochen.

Das bedeutet nicht, dass mein Leben damals ohne Leid, ohne Schwierigkeiten, ohne Herzschmerz, ohne Rückschläge oder Enttäuschungen verlief. All das gab es, nicht zu knapp. Aber diese alltäglichen Ereignisse im Leben einer jungen Frau haben das sexuelle Selbstvertrauen, mit dem ich die Highschool und anschließend das Georgetown-College verließ und in die Welt der Arbeit und des Studiums an der Graduate School hinausging, weder ins Wanken gebracht noch erschüttert oder demontiert. Wenn ich etwas nicht mochte oder wenn ein Partner sich auf eine Art und Weise verhielt, die ich in einer Beziehung problematisch oder unpassend fand, hatte ich keine Skrupel, die Sache zu beenden, der Person meine Meinung zu sagen, mich umzudrehen und in die andere Richtung zu gehen. Der Trial-and-Error-Aspekt meiner sexuellen Erziehung hat mir keinen irreparablen Schaden zugefügt. Ich hatte ein ungebrochenes Gefühl der Sicherheit, was meine sexuellen Entscheidungen anging, eine unerschütterliche Begeisterung für Sex und sexuelle Erfahrungen. Ich war in dieser Hinsicht glücklich und selbstsicher.

Diese Zuversicht, die ich besaß, betone ich nicht, um zu prahlen oder mir auf die Schulter zu klopfen. Sondern weil ich immer gehofft habe, dass die Erziehung junger Frauen zur sexuellen Selbstbestimmung, zur Freigabe oder Sicherung ihrer persönlichen Demarkationslinien, zu ausgelassenen Jas und entschiedenen Neins ebendiese jungen Frauen irgendwie davor bewahren wird, Erfahrungen mit Übergriffen und Belästigungen zu machen. Dass diese Erziehung vor derartigen Erfahrungen abschirmt oder sie zumindest abschwächt, die Wucht der Tragödie mildert, dass sie Mädchen und Frauen vor dem Schlimmsten schützt, was passieren kann. In meinem Fall hat sich das nicht bewahrheitet. Keine noch so große sexuelle Befreiung, keine noch so große Freiheit, kein noch so großes Selbstvertrauen, keine noch so große intellektuelle Begabung, keine noch so große Freude, keine noch so große Unersättlichkeit konnten mich davor bewahren, das zu erleben, was ich mit meinem Mentor erlebt habe. Als es mir passierte, hätte mich kein noch so großes Maß an sexueller Ermächtigung davor bewahren können, zu der verstummten, angstgeplagten, fast zerstörten jungen Frau zu werden, zu der ich im Verlauf meiner Jahre an der Graduate School wurde.

Das Mädchen, das anfing, sich für alles, was passierte, die Schuld zu geben.

An der Graduate School spaltete sich mein Leben in zwei Teile. Das eine Leben war weiterhin ein selbstbestimmtes Leben mit den jungen Männern, mit denen ich ausging, die ich küsste und mit denen ich Sex hatte. Ich studierte feministische Theorie, verschlang und liebte sie. Ich blühte intellektuell auf, und wie üblich liebten mich die Lehrkräfte ebenso sehr wie ich sie. Doch mit der Zeit tauchte dieses zweite Leben auf, das völlig getrennt war von dem ersten Leben. Ein Leben der Angst, der Ungewissheit, der Selbstverurteilung, der Grübeleien im Nachhinein: Hätte ich doch nicht dies und vorher nicht das und noch viel früher nicht dies oder jenes getan und so weiter und so fort. In *diesem* Leben stellte ich alles, was mich ausmachte, infrage, meine Entscheidung, an den Sprechstunden meiner Professoren teilzunehmen, jede Faser, die ich am Körper trug, wenn ich zum Unterricht ging.

Für wen hielt ich mich, als ich Tag für Tag an der Graduate School auftauchte und aussah, als wäre ich aus einem Modemagazin entsprungen? Welche Reaktion hatte ich denn erwartet? Wusste ich wirklich nicht, dass ältere Männer auf mich aufmerksam werden würden? Was war mit mir los, als ich durch die Welt ging und alle möglichen Jungs küsste, mit ihnen ausging und Sex mit ihnen hatte? Was ist die Strafe für eine junge Frau mit sexuellem und intellektuellem Selbstbewusstsein? Weiß sie nicht, dass die Welt dies als Hybris ansieht, dass sie ihr nicht lange erlauben wird zu gedeihen? Dass die Welt in der Tat viel besser darin ist, solche Qualitäten in einer Frau zu zerstören?

Die drängenderen Fragen, die ich mir jetzt rückblickend stelle, sind diese: Warum hat mich der Feminismus nicht gerettet? Hätte er nicht wie eine Rüstung funktionieren müssen, um das Geschehene abzuwehren? Warum hat er sich nicht von den Seiten meiner Bücher und Studien in die Realität übertragen, wie fiktive Figuren, die in einem Film zum Leben erwachen?

Letztendlich gab es nicht genug Feminismus auf der Welt, um mich aus der Situation zu retten, in der ich mich irgendwann befand. Ich hielt diese beiden widersprüchlichen Identitäten tagein, tagaus aufrecht: die sexuell ermächtigte junge Feministin inmitten meiner gleichaltrigen Kommilitonen und die sexuell völlig entmachtete, zerrüttete junge Frau bei einem viel älteren, mächtigeren Mann. Die zweite Identität verbarg ich vor allen. Lange Zeit sogar vor mir selbst.

4

Eines Tages, vielleicht ein paar Wochen nach diesem Ausflug ins Theater, fand ich einen Zeitungsausschnitt in meinem Postfach an der Graduate School.

Es handelte sich um einen Artikel über das Basketballteam, das ich seit meiner Kindheit anfeuere, über die unerwartet erfolgreiche Saison, die sie absolvieren und die ihnen später in diesem Jahr ein NCAA-Angebot einbringen könnte. Ein Artikel über Basketball war in meinem Postfach als wissenschaftliche Mitarbeiterin völlig exotisch. Als ich ihn entdeckte, grinste ich bis über beide Ohren, weil er mich an zu Hause erinnerte, an meine Familie, an die Abende, an denen ich neben meinem Vater in der Sportarena saß, in der das Team der University of Rhode Island (URI) spielte, und den Schiedsrichter anbrüllte und bei jedem Ballbesitz mit unserer Mannschaft fieberte, dass die Würfe in letzter Minute reingehen würden.

Es bedeutete mir sehr viel, dass mein Professor sich daran erinnerte, wie wichtig diese Mannschaft für mich war, dass er wusste, es ging dabei nicht »nur« um Basketball, sondern um etwas, das für meine Familie von zentraler Bedeutung war, etwas, das die komplizierte Beziehung zwischen mir und meinem Vater auf den Punkt brachte. Mein Professor wusste das so genau, dass ihm der Gedanke kam, ich würde den Artikel vielleicht gerne haben wollen. Also hatte er ihn für mich aus der Zeitung ausgeschnitten.

Ich weiß, es mag wie eine belanglose Geste klingen, aber auf diese eine winzige Sache – ein kurzer Artikel über das Basketballteam meiner Familie – blicke ich zurück als eine seiner grundlegenden Handlungen, die ich immer wieder als Beweis für seine Unschuld und seine selbstlose Sorge um mein Wohlergehen heranziehen würde. Es war eine Geste, die ihm viel Vergebung für andere Dinge einbrachte, zumindest am Anfang. Der Weg zu meinem Herzen führt durch das Herz meines Vaters, meiner Familie, und irgendwie wusste er in jenen frühen Tagen bereits, dass dem so war.

Basketball, insbesondere dieses Team, war für meine Kindheit von zentraler Bedeutung. Die University of Rhode Island war der Ort, an dem mein Vater als junger Mann aufs College gehen wollte, es aber nicht konnte, also brachte er sich dort später im Leben als begeisterter Sportfan ein und ordnete uns alle um sich und dieses Projekt herum an. Meine Mutter, mich und auch meine Großmutter.

Mein Vater ist ein guter Mann, ruhig, stoisch und ausdauernd. Und er ist fleißig, so fleißig, dass es mir wehtut, wenn ich nur daran denke. Ich liebe ihn so sehr, dass es schmerzhaft ist, seine Schwächen zu durchschauen. Das Leben war für meinen Vater schwierig, so wie es für seine portugiesische Einwandererfamilie schwierig war, als er heranwuchs. Er hat sich ein dickes Fell zugelegt, um derartige Herausforderungen mit vielen Rückschlägen und Enttäuschungen zu überstehen. Er ist ein kleiner Mann mit Glatze und bronzener Haut, die im Sommer das tiefe Braun der Erde annimmt. Er spricht nicht viel, abgesehen von gelegentlichen ironischen Bemerkungen oder Beobachtungen, und er hält seine Emotionen zurück, so sehr, dass ich den Moment gefürchtet habe, in dem sie sicher mal ausbrechen werden, gewaltig und schrecklich, und ihn dabei verbrennen, weil er sie so lange unterdrückt hat.

Aber beim Basketball, URI-Basketball, ging mein Vater aus sich heraus wie sonst nie, und seine Begeisterung hat mich mitgerissen. Zu Weihnachten wurden in meiner Familie Geschenke in Keaney-Blau, der Trikotfarbe von URI, besonders geschätzt, und jedes Mal, wenn wir ein Paar Socken, einen Pullover, ein T-Shirt, eine Krawatte, irgendetwas in diesem Blauton finden konnten, war das ein Riesenerfolg. Das Leben unserer Familie kreiste um die jeweilige Basketballsaison, vom ersten Training des Jahres bis zur allerletzten Niederlage während der Turniere. Wir waren bei jedem einzelnen Heimspiel dabei, und zu einigen Auswärtsspielen fuhren wir in Autos und mit Bussen. URI-Basketball war meiner Familie so heilig wie der Kirchgang am Sonntag. Um ein Spiel zu verpassen, mussten wir auf dem Sterbebett liegen oder vielleicht den Friedensnobelpreis erhalten. Zum Glück fanden die Abschlussbälle im Frühling statt, denn wäre ein Abschlussball mit einem URI-Spiel kollidiert – der Abschlussball wäre ein Opfer des Spiels geworden, nicht umgekehrt.

Ich habe mich niemals darüber geärgert. Die Besuche der Spiele zählen zu den schönsten Erinnerungen als Heranwachsende, an eine Zeit, die ich mit meiner Familie, insbesondere mit meinem Vater, verbracht habe. Dieses Leben in der Keaney-Sportarena war eine Erfahrung, die sich über meine gesamte Vita als Kind bis zur jungen Erwachsenen ausdehnt. Mein Erwachsenwerden fand dort in gleichem Maße wie bei mir zu Hause statt. Als kleines Mädchen faszinierten mich die Cheerleader so sehr, dass meine Mutter und meine Großmutter mir in wochenlanger akribischer Handarbeit Pompons in Keaney-Blau und Weiß bastelten. Diese Dinger schleppte ich jahrelang mit mir herum und schüttelte sie wild und beständig auf der Tribüne. Als ich noch klein war, habe ich bei Spielen zwei Stunden lang mit Begeisterung die Cheerleader am Spielfeldrand während der Auszeiten beobachtet, ihre Gesänge gelernt und davon geträumt, eines Tages selbst eine von ihnen zu sein. Als ich mich später in die Majorette mit dem wirbelnden Bâton verliebte, die in der Halbzeitshow auftrat, schenkte mir der Weihnachtsmann am nächsten Weihnachten meinen eigenen Stab. Es gab nichts Aufregenderes als die Gewissheit, dass kurz nach dem Buzzer, der das Ende der ersten Halbzeit anzeigte, die Lichter gedimmt wurden, ein Scheinwerfer in der Mitte der Halle anging und das Mädchen in dem fantastischen, mit Pailletten bestickten Trikot und einer hautfarbenen Strumpfhose fünf aufregende Minuten lang ihren Stab durch die Luft wirbelte und hochwarf und auf wundersame Weise garantiert immer wieder einfing, während ich ihr, eingeklemmt zwischen meiner Mutter und meiner Großmutter, fasziniert zusah.

Das Basketballspiel an sich – das Geschehen auf dem Spielfeld, die Spieler – besaß auch eine große Zugkraft. Ich lernte diesen Sport lieben; mein Vater brachte mir die Regeln während der laufenden Spiele bei. Ich erlebte, wie mein normalerweise eher zurückhaltender Vater aus der Arbeiterklasse in diesen zweieinhalb Stunden zum Leben erwachte, wenn er den Spielern seine Anerkennung zurief und die Schiedsrichter beschimpfte. An den Wochenenden luden meine Eltern die Spieler zu uns nach Hause zum Essen ein, und ich liebte sie alle, liebte es, diese über zwei Meter großen Freunde zu haben. Das wöchentliche Ritual bestand darin, dass mich einer von ihnen in dem Moment, in dem sie durch die Tür kamen, hochhob, so hoch, dass ich meine Hand an die Decke legen konnte. Ich fand es toll, wie sie sich ducken mussten, um durch den Rundbogen des Durchgangs zwischen Eingangsbereich und Wohnzimmer zu kommen. Ich liebte ihre unglaublich langen Beine, die Art, wie sie die Erwachsenen überragten. Jede Woche, nachdem wir zu Mittag oder zu Abend gegessen hatten, las mir einer von ihnen auf der Couch eine Geschichte vor, meistens etwas von Dr. Seuss, denn es brachte mich zum Lachen, wenn sie über diese verrückten Reime stolperten. Ich glaube, sie taten das mit Absicht, weil sie wussten, dass ich es lustig fand. Die Spieler, die uns wirklich nahestanden, genossen das Vertrauen meiner Eltern, sodass sie mich gelegentlich von der Schule abholen oder zu meinem Turntraining kommen durften. Eine meiner aufregendsten Kindheitserinnerungen ist, dass ich die Schule verließ und meinen Lieblingsspieler mit seinen über zwei Metern Größe vor dem Gebäude stehen sah, der die anderen Eltern und Kinder in Zwerge verwandelte. Er hob mich hoch in die Luft, um mich zu umarmen, setzte mich dann wieder auf dem Boden ab und nahm meine Hand, damit wir zum Auto gehen konnten, während uns alle mit offenen Mündern angafften.

Fuhr meine Familie nicht zu den Auswärtsspielen, sahen wir uns die Spiele zu Hause alle gemeinsam im Fernsehen an, meine Großmutter, meine Mutter, mein Vater und ich. Was Sport angeht, bin ich sehr abergläubisch, es ist ein wesentlicher Faktor des mit Leib und Seele Fan-Seins. Zwischen dem Geschrei und dem Gebrüll, dem Aufspringen von der Couch und den Stühlen im Wohnzimmer, um zu klatschen und zu jubeln, brüllte mein Vater Befehle, wer was tun durfte, wer den Raum betreten und verlassen durfte, wer stehen oder sitzen bleiben musste, je nachdem, wann sich die Dinge während des Spiels zum Besseren oder Schlechteren wandten.

»Oma«, befahl mein Vater, »geh zurück ins Bad«, wenn meine Großmutter zufällig vorhin rausgeschlüpft war, als beide Fouls gemacht wurden. Sie ertrug pflichtbewusst ihre Verbannung, um der Mannschaft zu mehr Körben zu verhelfen, während die Uhr die letzten Sekunden heruntertickte – so wie es jeder von uns getan hätte, auch mein Vater.

Wenn heute Freunde und Verwandte mein Verhalten bei einem Sportereignis mitbekommen, sei es bei einem Live-Spiel oder zu Hause, sind sie leicht schockiert über das Ausmaß meines Aberglaubens und darüber, wie weit ich gehen würde, um ihn auszuleben, wenn das Spiel eine Zitterpartie ist. Während des Super Bowl 2017, als die Patriots uns New-England-Fans blamierten in einem Spiel gegen die Atlanta Falcons, das nicht mehr zu drehen schien, bin ich in dem Moment, als sie zurückkamen und den Touchdown erzielten, der alles veränderte, zufällig nach oben gegangen. Deshalb verfolgte ich den Rest des Spiels von der untersten Stufe aus, sprang auf und ab und jubelte von dort aus, in der Überzeugung, dass, wenn ich einen Fuß auf den Wohnzimmerboden setzte und die Patriots verlören, es allein meine Schuld wäre. Ich wollte eine derartige Verantwortung nicht auf meinen Schultern tragen, also erfüllte ich meine Pflicht als Fan und harrte dort aus, wo ich gerade war.

Mein Aberglaube bei allem, was mit Sport zu tun hat, mag für meine Freunde eine Quelle der Belustigung sein – für mich ist er eine Quelle des Stolzes. Es ist etwas, das ich mit meinem Vater teile, eine lustige und witzige Eigenschaft von uns beiden, ein Zeichen unserer Hingabe an und unseren Einsatz für ein Team. Mein Vater hat mir beigebracht, sich glühend für Sport zu interessieren, er hat diese Liebe an mich weitergegeben, und das Ausleben dieses Aberglaubens ist ein Weg, seinen Einfluss auf mich zu würdigen. Ich habe mich darauf gefreut, ihm die Geschichte meines persönlichen Beitrags zum Super-Bowl-Sieg der Patriots 2017 zu erzählen, weil ich wusste, wie sehr er sich darüber freuen würde. Ich wusste, dass er sich in meinem Verhalten wiedererkennen würde. Dass er zu sich selbst sagen würde: »*Ja, so ist sie, meine Tochter.*«

Die Liebe, die mein Vater und ich für Basketball und andere Sportarten empfinden, ist einer der zentralen Dreh- und Angelpunkte unserer Verbundenheit. Sie ist eine gemeinsame Wahrheit zwischen meinem Vater und mir, und sie hat uns im Laufe der Jahre durch einige der schwierigsten Wendungen in unserem Leben geholfen.

Meine Entscheidung, an der Georgetown Philosophie im Hauptfach zu studieren, hätte uns fast vernichtet. Mein Vater, der nicht das Glück hatte, selbst zu studieren, sah in der Georgetown eine Möglichkeit für mich, den wirtschaftlichen Schwierigkeiten zu entgehen, denen er als ein junger Mann ausgesetzt war, da er seinen Lebensunterhalt ohne Abschluss zu bestreiten hatte. In dem Sommer, bevor ich aufs College gehen würde, hatten meine Eltern das Kästchen für mein Hauptfach angekreuzt: Sie meldeten mich für Buchführung an der Business School an. Buchführung war eine sichere Bank, wollte man ein Leben mit festem Job und gutem Gehalt, und das war ihnen am wichtigsten. Als ich auf dem Campus ankam und meine Liebe zur Philosophie entdeckte, eine Liebe, die mit den Büchern zusammenhing, die ich in meinem privaten Englischunterricht an der Highschool gelesen hatte, ahnte ich nicht, welch einen Kampf ich mit meinem Vater wegen dieses Studienfachs führen würde. Ich dachte, er würde mir nie verzeihen, dass ich mich ihm auf diese Weise widersetzte.

Fast während meiner gesamten Studienzeit war Basketball – URI-Basketball, Georgetown-Basketball – das Einzige, worüber er und ich reden konnten, und wir klammerten uns daran fest. Es war alles, was wir hatten.

* * *

Wie gesagt hatte ich meinem Professor während meines ersten Semesters an der Graduate School etwas Kostbares von mir preisgegeben: das Wissen über meine Familie, insbesondere über meinen Vater, die Art und Weise, auf die er und ich uns immer noch aneinander festhielten, und dass der URI-Basketball unser bleibendes starkes Band war. Bruchstücke dieser Geschichte waren immer wieder während meiner wöchentlichen Besuche in der Sprechstunde meines Professors zur Sprache gekommen, einschließlich der Tatsache, dass mein Vater bei der Vorstellung, ich wolle promovieren, zum Teil wegen des Basketballsports eingelenkt hatte.

Genauso wie er sich gegen meinen College-Abschluss in Philosophie gewehrt hatte, hatte mein Vater sich ursprünglich gegen mein neues Ziel gestellt. Er wollte mich auf der Bahn hin zu einer stabilen, einträglichen Karriere sehen, und seiner Meinung nach würde mich ein Doktortitel nicht dorthin bringen. Wieder einmal befanden wir uns mitten in einem familiären Unentschieden. Doch als ich in mehrere Graduiertenprogramme aufgenommen wurde, begannen die Fachbereiche, sich gegenseitig bei der Höhe der mir angebotenen Fördermittel zu überbieten.

»Das ist ja, als wärst du ein Basketballspieler«, stellte mein Vater eines Tages am Telefon fest, nachdem ich ihm von den verschiedenen Angeboten erzählt hatte.

Für ihn war das ein Heureka-Moment und das schönste Kompliment. Dass er mich mit einem begehrten Basketballspieler verglich, war ein Zeichen dafür, dass mein Vater auf seine Weise endlich begriffen hatte, dass mein Wunsch zu promovieren eine gute Idee war. Ich erinnere mich, dass ich Tränen in den Augen hatte, als ich jene Worte von ihm hörte, Tränen, auch vor Erleichterung und Freude darüber, dass er sich nach dem Entsetzen über den von mir eingeschlagenen Weg langsam in Richtung Rückendeckung bewegte. Und von dem Tag an, an dem er mich mit einem

Basketballstar verglichen hatte, der von Colleges umworben wird, hat er nie wieder zurückgeblickt. Dieser Moment markierte einen Wendepunkt in unserer Beziehung.

Ich weiß nicht, warum ich meinem Professor in diesem Semester so viele persönliche Dinge erzählt habe. Ich bin mir nicht sicher, ob ich dringend die Bestätigung von jemandem brauchte, den ich als Mentor betrachtete, ob ich nach Aufmerksamkeit gierte oder ob er hinterhältig war und diese Dinge bei jedem Besuch in seinem Büro durch ein harmloses, scheinbar unschuldiges Gespräch aus mir herauslockte. Alles, was ich weiß, ist, dass ich ihm viel von mir erzählt habe, und zwar zu viel.

Es ist keineswegs so, dass meine anderen Professoren und Professorinnen am College oder meine Lehrer und Lehrerinnen an der Highschool nichts Persönliches über mich erfahren hätten. Es gab einige unter ihnen, die über den Widerstand meiner Eltern gegen mein Studium an der Georgetown Bescheid wussten. Ich bat sie um Hilfe, als mein Vater drohte, mich von der Schule zu nehmen, falls ich mich für ein Philosophie-Hauptstudium entscheiden würde. Der Gedanke, dass ich nicht das studieren könnte, was ich liebte, weil meine Eltern es ablehnten, hatte mich traumatisiert. Ich wollte unbedingt meine intellektuellen Neigungen verfolgen, eine Erfahrung, die sie nicht nachvollziehen konnten, eine Wahrheit, die mich immer noch traurig macht, wenn ich daran denke. Wie so viele Eltern, die Kinder von Einwanderern waren, wollten sie mir unbedingt eine College-Ausbildung bieten, doch als es ihnen gelungen war, ermöglichten sie mir unwissentlich, ein Individuum zu werden, das sie nicht mehr verstehen konnten, ein Mensch, der Hoffnungen und Träume hatte, die jenseits ihrer Vorstellungskraft und ihrer Auffassung von Vernunft lagen. Das College war ein Mittel zum Zweck, einen Job mit festem Gehalt zu bekommen, und kein Ort, an dem man herumsaß und aufregenden Ideen nachhing. Wenn diese Ideen aus dir keinen Buchhalter machten oder dir einen Job an der Wall Street verschafften, lohnte es sich laut meiner Mutter und meinem Vater nicht, überhaupt darüber nachzudenken. Meine Eltern taten ihr Bestes, um mir die einträgliche Karriere zu ermöglichen, die niemand je für sie selbst vorgesehen hatte, und ich vergeudete diese Aussichten für ein Philosophiestudium.

Meine Dozenten und Dozentinnen aus dem Grundstudium halfen mir dabei, meinen Studiengang Philosophie etwas praxistauglicher auszuformulieren, und sie gaben mir wertvolle Hinweise, wie ich dies meinen Eltern erklären könnte. Jenen Lehrkräften an der Georgetown bin ich für so vieles dankbar, aber für ihre Hilfe in dieser Angelegenheit bei den Verhandlungen mit meiner Familie, insbesondere mit meinem Vater, werde ich ihnen immer zu Dank verpflichtet sein. Er hat mein Philosophiestudium nie gutgeheißen, aber er hat schließlich damit aufgehört, mir zu drohen, mich von der Georgetown zu nehmen. Heute können wir darüber lachen, obwohl wir in den Anfängen viele Jahre nicht über mein Philosophiestudium gesprochen haben. Zu unserem Glück war ich nicht nur Philosophiestudentin, sondern auch Basketball-Cheerleaderin geworden. Und wenn Freunde in der Bar meines Vaters fragten, was ich an der Georgetown mache, antwortete er ihnen, ich sei Cheerleaderin.

Ich stand also neben meinem Postfach im Büro des Fachbereichs und las den Zeitungsausschnitt in meiner Hand. Mein Professor hatte den Artikel in einen Umschlag gesteckt, auf dem als Adressat nur mein Name stand und sonst nichts. Ich war gerührt, dass er sich die Zeit genommen hatte, mir dieses kleine Geschenk zu machen. Ich fand das unglaublich süß.

Ist es falsch, dass ich ihm so viel über mein Leben erzählt habe? War es mangelndes Urteilsvermögen, dass ich ihm so persönliche

Details über meine Familie erzählt habe? Ist es meine Schuld, dass ich mich mit ihm unterhalten habe, als wäre er in meinem Alter, dass ich ihm lauter persönliche Dinge mitgeteilt habe, die ich mit den Menschen teile, die mir am vertrautesten sind, Geschichten, in die ich einen Freund oder eine beste Freundin einweihen würde? Warum habe ich es nicht besser gewusst, immerhin war ich Anfang zwanzig, kein Kind mehr, kein Teenager?

Oder ist es falsch, dass er diese ihm von mir dargebotenen Dinge angenommen und für später aufbewahrt hat, um an mich heranzukommen, um sich an mich *heranzumachen*, um zu versuchen, mich zu der *Seinen* zu machen? Ich weiß nicht, wer hier die Verantwortung trägt. Vielleicht glaubte er, dass ich diejenige war, die versuchte, Intimität zwischen uns herzustellen, vielleicht dachte er, dass diese Geschichten über meine Familie, meine Geschichte, ein Versuch waren, ihn zu etwas anderem zu verleiten, zu etwas anderem als einer schicklichen Beziehung zwischen Professor und Studentin, Mentor und Mentee. Hielt er mich für eine Art Lolita, die in seinem Büro so auftauchte, wie ich überall auftauchte: in meinen Röcken, Stiefeln und Pullovern? Für eine Person, die es darauf anlegte, der es nach ihm verlangte, die mehr von ihm wollte?

Das Einzige, was ich sicher weiß, ist, dass ich es bedauere, dass ich wünschte, ich könnte alles zurücknehmen. Dass ich mir für immer die Schuld geben werde für diese ersten, intimen Gaben, die ich ihm darbrachte, so wie ich manchmal Brot und Wein am Altar in der Kirche darbrachte. Er war schließlich Priester und daran gewöhnt, jede Woche Geschenke zu erhalten.

Zu diesem Zeitpunkt jedoch kam es mir nie in den Sinn, dass dieser Professor den Zeitungsartikel aus irgendeinem anderen Grund als Wohlwollen ausgeschnitten und in mein Postfach gelegt haben könnte. Es kam mir nie in den Sinn, dass er mich vielleicht beeindrucken wollte, so wie ein Junge mich beeindrucken wollte, der gern mit mir ausgehen würde, oder dass er hoffte, die Intimität zwischen uns zu vertiefen, das starke Band zwischen mir und meinem Vater zu nutzen, um sich in den gefühlsbetonten Raum zu drängen, den ich in meinem Herzen für meinen Vater reserviert hatte.

5

Mein Professor stand vor meiner Wohnung und glotzte durch das Fenster.

Es war keine richtige Kellerwohnung, eher ein Souterrain-Apartment, mit Fenstern auf Höhe des Bürgersteigs. Ich wollte gerade einen Stapel Post aufheben, der durch den Schlitz in der Eingangstür geschoben worden war. Ich zuckte zusammen, als ich ihn da über mir auf seinem Beobachtungsposten entdeckte. Er lächelte nicht, winkte nicht. Es war ein kalter Tag Ende Februar, vielleicht auch Anfang März, und er stand einfach da und starrte mich durch die kleine rechteckige Glasscheibe an. Er hatte seinen Besuch nicht angekündigt oder gefragt, ob ich an diesem Tag in der Nähe sei, oder um Erlaubnis gebeten, bei mir zu Hause Hallo zu sagen. Er kam einfach vorbei.

Ich öffnete die Tür. Trat zur Seite, damit er die Stufen ins Wohnzimmer hinuntergehen konnte.

»Ich war gerade in der Gegend«, erklärte er, als er mein Haus betrat, eine Konferenz, sagte er mir, oder vielleicht ein Treffen mit anderen Priestern, oder er war auf dem Weg zur Bibliothek, um ein benötigtes Buch abzuholen. Ich kann mich nicht mehr genau erinnern. Vielleicht stimmte aber auch nichts von alledem, und er hat einfach gelogen und einen Grund erfunden, damit er vorbeikommen und inspizieren konnte, wo ich wohnte und wie mein Leben außerhalb des Studiums aussah. Er trug seine unverwechselbare schwarze Kleidung, das schwarze Hemd eines Priesters, die schwarze Hose, aber keinen Kragen. Er trug selten einen Kragen, dafür oft eine Art weiten schwarzen Blazer über allem.

Er blieb vor der Couch stehen und sah sich um.

Der Besuch eines Professors bei mir zu Hause war eine Premiere für mich.

»Möchten Sie einen Tee?«, fragte ich. »Oder Kaffee?«

Seine Miene hellte sich auf, er sagte ja, gern einen Tee, und ich lud ihn ein, sich an den kleinen Holztisch zu setzen, der an die Küchenwand gequetscht stand, während ich das Wasser aufsetzte. Der Tag war grau, ein guter Tag, um etwas Warmes zu trinken.

Wir waren allein.

Meine Mitbewohnerin arbeitete unter der Woche in einem Büro, ging um acht Uhr morgens und kam meist erst weit nach sechs zurück. Ich weiß nicht mehr, ob ich ihm von ihr erzählt hatte, von unserer Freundschaft, unserem Lebensstil, der Tatsache, dass sie und ich gelegentlich die Musik laut aufdrehten und im Wohnzimmer tanzten, dass sie genauso besessen von Mode war wie ich und wir Shopping-Marathons veranstalteten oder dass wir ab und zu eine Bierparty organisierten und einen unserer männlichen Freunde überredeten, zum Schnapsladen zu gehen und das schwere Fass aus Metall für uns abzuholen und es auf unserer Terrasse anzuzapfen.

Ich setzte mich zu ihm an den Tisch, während wir darauf warteten, dass das Wasser kochte.

Wir unterhielten uns. Er war sehr lebhaft. Ich servierte ihm den Tee, sobald er genug gezogen hatte. Ich war immer noch ein wenig erschrocken, ihn plötzlich in meiner Wohnung sitzen zu haben. Aber ich war nicht unglücklich darüber. Irgendwann genoss ich das Gespräch, so wie ich die Gespräche während der Treffen in seinem Büro genossen hatte. Er war ein kluger Mann, der sich für unsere gemeinsamen akademischen Interessen begeisterte, und es war leicht, diese Seite an ihm zu mögen. Ich weiß nicht mehr, wie lange er blieb. Vielleicht eine Stunde? Schließlich machte er sich wieder auf den Weg, und das war alles. Der Besuch war keine große Sache. Kurz, nur eine Tasse Tee, und dann war er weg.

Einige Schnappschüsse von diesem Besuch sind mir jedoch im Gedächtnis geblieben. Sein Gesicht, das mich durch das Fenster meiner Haustür anglotzt. Wie er mitten in meinem Wohnzimmer steht. Wie er mit einem zufriedenen Gesichtsausdruck auf dem hellen Holzstuhl in meiner Küche sitzt.

Nachdem er gegangen war, kamen mir zum ersten Mal Zweifel, ein leichtes Unbehagen, das mir keine Ruhe ließ.

Es erinnerte mich an den Moment im Theater, als der Mann nackt auf der Bühne stand und ich mich wie gelähmt gefühlt hatte vor lauter Hilflosigkeit und Unwohlsein. Aber das jetzige Gefühl war anders. Mein Professor konnte weder die Handlung des Stücks noch die Schauspieler darin beeinflussen. Heute jedoch, dieses Mal, hatte er beschlossen, mich zu Hause aufzusuchen, was mir dreist vorkam. Doch das dadurch ausgelöste Unbehagen war kärglich, wie eine einzelne Perle an einer Kette. Ich spürte das Ziehen kaum.

Erst sehr viel später fiel mir ein, dass ich ihm nie meine Adresse oder eine Wegbeschreibung zu meiner etwas versteckt liegenden Wohnung gegeben hatte. Dass er meine Adresse in meiner persönlichen Akte an der Graduate School nachgeschlagen haben musste, zu der er uneingeschränkten Zugang hatte, da er mein Professor war und zum damaligen Zeitpunkt auch in der Verwaltung des Fachbereichs; dass er meine Adresse auf einen Zettel geschrieben und die Nachbarschaft abgeklappert haben musste, um sie zu finden. Das alles passierte in den Neunzigern, lange vor Google Maps.

Jetzt, Jahrzehnte später, frage ich mich, was ihm durch den Kopf ging, als er sich das erste Mal auf den Weg zu meiner Wohnung machte, ob er an diesem Morgen aufgewacht war und sich vorgenommen hatte, mich zu Hause zu besuchen, oder ob er diesen Ausflug sogar im Voraus geplant hatte. Ich frage mich, ob er überhaupt darüber nachgedacht hat, was er da tat, oder ob es wirklich eine spontane Entscheidung seinerseits war, wie er mir erzählt hatte. Damals wäre es mir gar nicht in den Sinn gekommen, mir Gedanken darüber zu machen, ob er gelogen hat.

Wenn ich heute die Wahrheit erraten müsste, mit meinem heutigen Wissen, dann würde ich sagen, dass er seinen Besuch wahrscheinlich geplant hat, vielleicht sogar Tage im Voraus. Er brauchte meine Adresse, und dafür musste er meine Unterlagen konsultieren. Dazu musste er im Hauptbüro der Graduate School vorbeischauen. Das Nachschlagen in meinen Unterlagen würde für ihn zur Gewohnheit werden. In jedem Fall brauchte er meine private Anschrift, um die Briefe zu adressieren, die er mir zu schreiben begann.

Meine Post erreichte mich an zwei Orten, einmal in meinem Fachbereich an der Uni, wo ich die Korrespondenz erhielt, die mit meinem Graduierten-Programm zu tun hatte, und in meiner Wohnung.

Ich war so gut wie jeden Tag an der Graduate School. Als Vollzeitstudentin hatte ich viele Seminare, außerdem musste ich die Vorlesungen des Professors besuchen, für den ich als Assistentin tätig war, und freitags leitete ich Diskussionsrunden mit meinen Studierenden. Ich war immer vor Ort und saß oft in dem kleinen Raum, in dem die Leute Kaffee und Tee tranken oder zwischen den Vorlesungen lasen oder manchmal ihre Lunchpakete an dem runden Tisch in der Nähe der Fenster auspackten. Wir nannten den Raum »das Etc.-Zimmer«, und an der Tür hing ein Schild mit diesem Namen. Man konnte mich dort wie viele andere regelmäßig antreffen. Ich war gerne an der Graduate School, weil ich einfach alles an meiner Promotion liebte.

In besagtem Frühjahr hatte ich keine Vorlesung bei diesem Professor, allerdings besuchte ich ihn noch gelegentlich. Sein Büro befand sich in einem anderen Stockwerk als mein Fachbereich, in einem anderen Flügel des Gebäudes. Ich musste es bewusst ansteuern; ich bin diesen Flur, auf dem es lag, nie einfach nur entlanggegangen. Wir sahen uns nicht mehr so regelmäßig wie im Herbst, und als er anfing, Dinge in meinem Postfach zu hinterlassen – jenen ersten Artikel über das URI-Basketballteam und dann andere Zeitungsbeiträge, von denen er dachte, dass ich sie gerne lesen würde, sowie kleine Zettel, auf denen er mich fragte, ob ich wohl in seinem Büro vorbeikommen würde, gefolgt von Aufforderungen, wir sollten uns doch Zeit für einen Kaffee oder vielleicht ein weiteres Theaterstück nehmen –, da schien mir dies einfach nur nett zu sein: Er achtete darauf, dass wir Kontakt hielten. Ich war dankbar für sein anhaltendes Interesse an meinem Studium und meinem Platz in seinem Programm. Und geschmeichelt fühlte ich mich auch. So war's, und das muss ich mir eingestehen. Durch seine Aufmerksamkeit hatte ich das Gefühl, etwas Besonderes zu sein, allerdings nicht in der Art besonders, wie ich mich mit einem Jungen fühlte, der mir gefiel. Bei dem Professor fühlte ich meine Besonderheit als aufstrebende Intellektuelle, als Doktorandin, als Anwärterin auf eine Dozentinnenstelle, als eine wie er.

Doch als der erste Brief von ihm bei mir zu Hause ankam, dachte ich: *Hä?*

Ich hob diesen Umschlag – an mich adressiert, rechteckig – zusammen mit dem Rest der Post vom Boden meiner Wohnung auf.

Mittlerweile kannte ich seine Handschrift wegen der Notizen, die er immer wieder in meinem Postfach an der Uni platzierte, und wegen seiner Kommentare in meinen Arbeiten des letzten Semesters. Außerdem erkannte ich die Absenderadresse. Er hatte sein Briefpapier benutzt, auf dem die Adresse des Klosters in der linken oberen Ecke aufgedruckt war. Ich erinnere mich nicht an den Inhalt des Briefes, nur an sein Eintreffen. Es war der erste von mehreren Briefen, die er mir an diese Adresse schickte, und der erste von vielen weiteren, die er später an meine Wohnung auf dem Campus der Georgetown adressieren würde, nach Antritt meines Jobs für das Office of Residence Life im Laufe des Sommers.

Ich habe ihm niemals eine meiner Privatadressen gegeben. Nicht die der Wohngemeinschaft, nicht die des Apartments auf dem Campus der Georgetown, in das ich bald einziehen würde, nicht die des Hauses, in dem meine Familie in Rhode Island lebte. Aber er schickte Briefe an all diese Orte. Irgendwann hatte ich drei Briefkästen, und er verwendete jede einzelne Adresse. Für Notizen. Postkarten. Einladungen. Artikel. Manchmal wartete am selben Nachmittag an allen drei Orten ein Brief von ihm auf mich. Bis heute hat mir keine einzige Person jemals so viel Post geschickt. Kein Freund, kein Partner, kein Liebhaber, kein Ehemann. In der Anfangszeit hielt ich seine Briefe tatsächlich noch für eine nette Geste.

Selbst heute, wenn ich diese Geschichten über die an mich geschickte Post und den Überraschungsbesuch in meinem Haus erzähle, bin ich immer noch im Zweifel über alles, was passiert ist. Bausche ich das Ganze zu sehr auf? Ist beides letzten Endes völlig harmlos? Es ist ja nicht so, dass er an diesem Tag in meiner Wohnung aufgetaucht und gewalttätig geworden wäre oder dass er mich sexuell bedrängt oder mich mit einem blöden Spruch angemacht hätte wie ein Typ, der mich in einer Bar anbaggert. Es gab kein »Hallo, Süße« oder gar ein »Du siehst heute besonders toll aus« oder irgendeine andere Bemerkung, die man unangebracht finden könnte. Er war sehr freundlich, sehr gentlemanlike, sehr nett. Er ließ den Besuch wie einen meiner Besuche in seinem Büro erscheinen – nur dass er dieses Mal dort auftauchte, wo zufälligerweise ich wohnte.

Ich überlege immer noch hin und her, hin und her, in meinen Analysen jedes Augenblicks.

Aber genau das ist das Problem bei allem, was ich durchgemacht habe – bei der Art von Belästigung, die in meinem Fall schließlich im Stalking endete und die durch die Tatsache, dass er mein Professor war, noch komplizierter wurde: Man beginnt, am eigenen Urteilsvermögen zu zweifeln, egal bei was. Genau genommen konnte jedes Treffen zwischen ihm und mir, jeder Versuch seinerseits, sich in mein Leben einzumischen, als harmlos angesehen werden. Während des ersten Jahres unserer Beziehung habe ich ihm einen Vertrauensvorschuss gegeben, als sich Zweifel meldeten. Ich stellte ihn ins beste Licht, ging davon aus, dass jedes nagende Gefühl meine eigene Schuld wäre, dass ich mir die Dinge nur einbilden, das Unbehagen erfinden würde, das in jenem Frühjahr in mir aufkam und mich nie wieder verließ.

Erst wenn ich mich zwinge, mir das große Ganze anzusehen, wird mir klar, wie das, was er getan hat, für jemand anderen aussehen muss, für jemanden, der in der Lage ist, die Dinge aus sicherer Entfernung zu beurteilen und die komplette Geschichte zu erfassen. Oder wenn ich beginne, meine ursprünglichen Mutmaßungen über seine Güte und Freundlichkeit wegzuschieben, über seine Rechtfertigungen, die in meinen Augen immer über jeden Zweifel erhaben waren, um dann zu erkennen, wie vielschichtig seine Planung für etwas so Einfaches wie einen Besuch bei mir zu Hause zum Tee oder das Versenden eines Briefes an meine Privatadresse war. Dass er zwangsläufig bereits die Grenzen des Anstands überschritten hatte, wenn er in meiner Straße aufkreuzte, dass er in meiner Akte nach persönlichen Informationen gewühlt haben musste, die dort nur für einen Notfall abgelegt waren, dass er seine Zugangsberechtigung als mein Professor und Mentor nutzte, um immer weiter und weiter in meinem Leben herumzuschnüffeln, dass er sogar sein Zölibatsgelübde, seine Rolle als katholischer Priester nutzte, um das zu verschleiern, was meinem heutigen Verdacht nach von vornherein keinesfalls harmlose Absichten waren. Er benutzte all dies wie einen Schlüssel, um in meine Welt einzudringen, ohne dass ich ihn ausdrücklich dazu aufgefordert hätte – obwohl es auch stimmt, dass ich mich nicht gewehrt habe. Zu Anfang jedenfalls.

Wenn ich aufhöre, alles, was er getan hat, jedes einzelne Ereignis und jede Entscheidung als höchstwahrscheinlich harmlos zu entschuldigen, wenn ich es mir gestatte, darüber nachzudenken, ob er die ganze Zeit genau wusste, was er tat, ob Täuschung immer ein Teil seines Verhaltens mir gegenüber war, dann bin ich dazu in der Lage, meine damaligen Reaktionen klarer zu sehen. Wenn ich mich einen Moment lang darauf einlasse, dass er mich von Anfang an belogen hat, warum er an diesem Tag in meiner Nachbarschaft war – oder vor meinem Raum oder im Treppenhaus herumstand, wenn ich für ein Seminar an die Graduate School kam. Wenn ich all dies tue und dann die Möglichkeit in Betracht ziehe, dass jede Postsendung an mich im gesamten ersten Semester, jeder Brief, jeder Artikel und jede Notiz, von Anfang an sorgfältig kalkuliert waren als konzertierte Aktion, um die Beziehung zwischen einem Professor und seiner Studentin in eine sehr unprofessorale Richtung zu lenken, *erst dann* komme ich mir blöd und naiv vor, dass ich nicht schneller erkannt habe, was da vor sich ging. Es kommt mir idiotisch vor, dass ich angesichts dessen, was er tat, so passiv war und mir selbst niemals den

Verdacht gestattete, dass seine Absichten alles andere als untadelig waren.

Ganz egal, wie ich die Sache betrachte, ich komme immer wieder zu dem Schluss, dass an allem, was passiert ist, ich allein schuld bin. Entweder war ich zu lange zu sehr von mir eingenommen und ein Teil davon, oder ich mache viel Wind um nichts, und er wiederum ist und war die ganze Zeit unschuldig. Und so oder so bin ich immer diejenige, die verliert, und er ist immer derjenige, der das Spiel gewinnt.

6

In diesem Frühjahr war es noch kein Problem für mich, ihn gewähren zu lassen, dass er überall mitmischte. Wie Camouflage trat er in den Hintergrund meines Lebens und war kaum mehr auszumachen.

In den ersten beiden Semestern meines Studiums hatte ich eine ganze Reihe quasi fester Freunde. Ich war mit Max zusammen und mit Brad. Und ich bandelte sogar mit einem Jungen aus einem meiner Kurse an, Owen.

Max hatte ich auf dem Campus kennengelernt. Er war Doktorand in einem anderen Fachbereich, und er erinnerte mich an Tom Hanks, weil er genauso charmant und lustig war. Er und ich trafen uns, um lange Spaziergänge zu machen, ausgiebig Kaffee zu trinken und mehrere Stunden, manchmal fünf oder sechs, durch Georgetown zu schlendern. Max und ich haben uns nie geküsst. Ich war mir nicht sicher, was genau wir da veranstalteten, aber ich merkte, dass er mich mochte, sehr sogar, und ich merkte, dass ich ihn mochte, mehr als sehr. Jedes Mal, wenn sich unser langer Nachmittag oder Abend dem Ende zuneigte und einer von uns gehen musste, trösteten wir uns, indem wir vor dem Abschiednehmen unseren nächsten Ausflug planten. Das ging monatelang so weiter, bis ich eines Tages nach Hause kam und eine Nachricht auf dem Anrufbeantworter vorfand.

»Donna, es gibt etwas, das ich dir sagen muss.«

Seine Stimme knisterte durch meine Küche, nachdem ich auf Play gedrückt hatte, die Aufnahme war statisch aufgeladen.

»Ich kann mich diesen Freitag nicht wie verabredet mit dir treffen« – er machte eine lange Pause –, »weil ich nach Hause fliegen muss. Für eine Feier. Eine Verlobungsfeier. Ich bin verlobt und werde heiraten. Es tut mir leid, dass ich es dir nicht früher gesagt habe. Es tut mir leid, dass ich es dir auf diese Weise sage. Lass uns reden, wenn ich zurückkomme«, fügte er hinzu.

Dann machte es Klick.

Aha.

Mir ging genau in dem Moment ein Licht auf, als mein Herz auseinanderbrach. *Deshalb* haben wir uns nie geküsst. *Deshalb* haben wir tagsüber, nachmittags und am frühen Abend Stunden miteinander verbracht, sind aber niemals abends Essen gegangen oder bis spät in die Nacht zusammen gewesen. Wegen Max schleppte ich lange Zeit eine Traurigkeit mit mir herum, aber meine erprobte Methode, mit Liebeskummer umzugehen, bestand darin, mich in Verabredungen mit anderen Leuten zu stürzen, auszugehen und Spaß zu haben, und zwar nicht zu knapp. Es gab so viele Jungs auf der Welt, und ich hatte selten Probleme, Gründe zu finden, warum ich einen von ihnen mochte.

Und außerdem lernte ich gegen Ende der Max-Zeit Brad kennen, auf der Party eines Freundes.

Er sah gut aus, er war Medizinstudent, er hatte Philosophie studiert, was mir natürlich imponierte, und er war groß und hatte riesige, sanfte braune Augen. Er gefiel mir. Ich weiß noch, wie ich mit ihm im Hinterhof saß, über uns blinkende Lichterketten und jeder mit einem Bier in der Hand. Wir verstanden uns auf Anhieb richtig gut und unterhielten uns angeregt. Am stärksten in Erinnerung geblieben ist mir allerdings sein Geständnis, ungefähr nach einer Stunde.

»Meine Scheidung wurde heute rechtskräftig.« Er ließ diese Worte beiläufig fallen.

Ich lachte – dachte, er mache Witze. »Was?«

Er erläuterte mir, dass er ein paar Wochen nach seinem College-Abschluss geheiratet hatte und jetzt, keine zwei Jahre später, bereits von seiner Frau getrennt war. Ich hörte zu, neugierig auf eine Erfahrung, die mir in diesem Moment meines eigenen Lebens so fremd und ausgeschlossen vorkam, und versuchte, mich hauptsächlich auf die Tatsache zu konzentrieren, dass ich Brad interessant und sehr gut aussehend fand.

Als meine Mitbewohnerin und ich an diesem Abend nach Hause gingen und ich ihr erzählte, was er gebeichtet hatte, sagte sie: »Oh, Donna, *ganz sicher* willst du *nicht* die erste Person sein, mit der er nach einer *Scheidung* ausgeht. Er ist *geschieden*! In *unserem* Alter!«

Ich habe nicht auf sie gehört und bin trotzdem mit ihm ausgegangen.

Dann lernte ich irgendwann zu Beginn des Frühjahrssemesters in einem meiner Kurse Owen kennen. Ein potenzielles Date in einem Seminar kennenzulernen, war mir im letzten Herbst unmöglich erschienen, aber dann tauchte Owen auf und plötzlich war alles anders. Er hatte blonde strubbelige Haare, die er leuchtend blau färbte oder vielleicht auch lila – er wechselte die Farbe etwa einmal im Monat. Er trug Jeans und ein Tankwarthemd, auf dem der Name von jemand anderem stand. Er hob sich von den anderen Studenten durch seinen Stil ab, sein Aussehen und sein Alter (er war genauso alt wie ich). Er war energisch, er war lustig, er hatte eine Stimme, die hoch und runter ging, ein bisschen kratzig, theatralisch. Seine Worte, die Art, wie er sprach, zogen einen in den Bann und ließen einen nicht mehr los – genau wie sein Blick.

All das, und dann entpuppte er sich auch noch als professioneller Jongleur. Im echten Leben. Tatsächlich verdiente er sich damit seinen Lebensunterhalt, genau wie sein Jonglierpartner. Er konnte Feuer schlucken, er konnte einen Stuhl auf seinem Kinn balancieren, er konnte ein Publikum innerhalb von sechzig Sekunden mit seinem Humor und seinem Talent begeistern. Das erfuhr ich etwa an Tag zwei eines gemeinsamen Kurses. Wir plauderten noch, nachdem alle anderen bereits gegangen waren.

»Willst du nächstes Wochenende zu einer Vorstellung kommen?«, fragte er mich.

»Ja«, antwortete ich, ohne zu zögern. Und *wie* ich das wollte.

Ich ging hin, ich war fasziniert von ihm, und das war der Beginn einer monatelangen Phase, in der wir uns Briefe schrieben, zusammen abhingen, ähnlich wie im Herbst mit Max, und in der ein verführerisches Tun-sie's-oder-tun-sie's-nicht-Spiel zwischen uns seinen Lauf nahm, ein romantisches Werben, das unter dem, was wir Freundschaft nannten, brodelte. Er brachte mir das Jonglieren bei, und so konnten wir stundenlang Zeit miteinander verbringen und hatten Spaß. Brad, der geschiedene Medizinstudent, tauchte auch immer mal wieder auf, aber meine Mitbewohnerin hatte richtiggelegen – er war definitiv noch nicht bereit für eine feste Beziehung.

Unterdessen lernte ich Xander kennen, einen Jungen mit einem Zungenpiercing, groß und gut aussehend und verführerisch, bald gefolgt von Christopher, klein und jung aussehend und spindeldürr. Christopher würde mein richtiger Freund werden, der feste Freund, der bei mir blieb. All diese Jungs bevölkerten meine ersten beiden Semester an der Graduate School.

Ich liebte es nun mal, mich zu verabreden, und ich verspürte nicht die geringste Reue, wenn eine Beziehung nahtlos in die andere überging, wie sie sich manchmal (oft) mit der nächsten überschnitt, wie mein neuer Lover mir helfen würde, über den vorherigen hinwegzukommen.

Ich bereue das auch heute nicht. Warum auch? Was war falsch daran, das Leben in dieser Weise zu genießen? Was war falsch daran, mit vielen Jungs auszugehen? Eine Menge Sex zu haben? Mich so zu amüsieren, wie die Jungs um mich herum sich amüsierten? Es war keine große Sache, wir machten uns in dieser Zeit keine übermäßigen Gedanken, wie ernsthaft das alles war. Ich machte Gebrauch von meiner Stimme, meiner Macht, ließ mich von meinen Begierden leiten, all die Dinge, für die die Feministinnen, deren Standpunkte ich in meinen Seminaren kennenlernte, gekämpft hatten, um den Frauen die Freiheit zu geben, nach ihrem eigenen Willen zu handeln.

Aber jetzt gibt es einen Teil von mir, den ich nicht abschütteln oder so stark ins Dunkle abschieben kann, dass ich ihn nicht mehr sehe, einen Teil, der glaubt, dass ich im Endeffekt *doch* für mein Verhalten bestraft wurde, dafür, dass ich über die Grenzen hinausging, die jungen Frauen erlaubt waren, dafür, dass ich in das Gebiet eindrang, das typischerweise das Gebiet junger Männer war; für die Art und Weise, wie ich mich durchs Leben bewegte, sexuell und sinnlich und spielfreudig. Das ist eine der Vermutungen, die mich entzweien. Ich bin die eine Frau, die stolz war auf ihr Gefühl von Freiheit und darauf, wie sie diese Freiheit nutzte. Und ich bin die andere Frau, die sich sicher ist, dass auf Frauen wie sie hinter jeder Ecke Bestrafung lauert.

Und meine Strafe war zufällig er. Er war der Mann, den Gott schickte, den die Welt schickte, den das Patriarchat schickte, um das frivole Feuer, das in mir brannte, zu löschen.

Jedes Mal, wenn ich ihn in jenem Frühjahr in seinem Büro besuchte, fragte er mich, ob ich ein weiteres Seminar bei ihm belegen wolle. Er fragte mich, was ich als Nächstes zu lernen hoffte, und dann bot er mir an zu unterrichten, was mich interessierte. Und nicht nur das. Er bot mir an, seinen Unterricht rund um meinen Zeitplan zu organisieren. Er fragte mich immer wieder nach der Liste meiner Herbstseminare, um sicherzustellen, dass sein Unterricht nicht mit meinen Pflichtkursen kollidieren würde.

In *was genau* wollte ich von ihm unterrichtet werden? Und wenn er *genau das* unterrichtete, würde ich dann *versprechen*, mich für dieses Seminar anzumelden?

Zu Beginn des Semesters, im Januar und Februar, habe ich seine Fragen freimütig beantwortet. Aber ab Ende März und im April wich ich den Fragen aus.

»Ja, ich überleg's mir«, versicherte ich ihm den einen Tag.

»Ich bin dran, ich gebe Ihnen bald Bescheid«, sagte ich ihm bei einer anderen Gelegenheit.

Ich vermied es, ihm etwas zu versprechen. Ich merkte, dass ihn das sehr beunruhigte, aber ich konnte ihm die Antwort, die er so verzweifelt hören wollte, trotzdem nicht geben. Damals hätte ich nicht sagen können, warum ich mich widersetzte, aber genau das tat ich. Ich fühlte mich furchtbar, weil ich ihn an der Nase herumführte, weil ich nicht einfach »Ja, ich versprech's« gesagt hatte. Ich hatte das Gefühl, gemein zu sein, ermahnte mich, dass ich dankbar sein sollte für seine Bereitschaft, sich für mich einzusetzen, und ich war davon überzeugt, jede andere Studentin in meinem Studiengang wäre begeistert gewesen, hätten sie einen Professor gehabt, der wild entschlossen war, sich in ihren Dienst zu stellen.

Aber diese Herumdruckserei, meine unausgegorenen Antworten, die in Wirklichkeit keine waren, wurden von da an zu einer Art Refrain zwischen mir und ihm. Ich konnte mich nicht dazu durchringen, ihm zu geben, was er wollte, aber ich konnte mich auch nicht dazu durchringen, Nein zu ihm zu sagen. Nicht auf eine unmissverständliche Art und Weise. Mein Nicht-einverstanden-Sein war undurchsichtig – eher ein halbherziges Nicht-einverstanden-Sein. Er war ein führender Wissenschaftler in meinem Fachgebiet, und er unterrichtete viele der Kurse, die ich brauchte, um in meinem Studiengang voranzukommen. Ich spürte, dass er sehr verärgert sein würde, falls ich ihm eine Absage erteilte, und ich wollte nicht, dass er wütend wurde. Nein zu sagen, ein wortwörtliches »Tut mir leid, aber ich mach's nicht«, schien mir auch keine gute Idee zu sein. Es war, als würde ich ihn abweisen oder sogar rügen, und das stand mir als Studentin einem Professor gegenüber nicht zu. Ich würde ihn brauchen, um mein Studium abzuschließen, also musste ich mit Bedacht vorgehen.

Im letzten Herbst hatte er mich das Gleiche gefragt: Würde ich im Frühjahr einen weiteren Kurs bei ihm belegen? Aber damals ging es um etwas anderes. Zumindest fühlte es sich anders an. Im Herbst hatte seine Frage nicht so viel Gewicht gehabt. Nur eine einfache, harmlose Erkundigung. Ich ging so ganz und gar in meiner Begeisterung für die Graduate School auf, dass es mir, selbst wenn in seiner Stimme noch etwas anderes als reine Neugier gelegen hätte, überhaupt nicht aufgefallen wäre. Meine Antwort »Ich weiß nicht – vielleicht?« war nicht ausweichend, sondern aufrichtig. Der Stundenplan, den ich für das Frühjahrssemester brauchte, kollidierte mit seinem Unterricht, sodass ich seine Kurse nicht belegen konnte – obwohl ich das gerne getan hätte, wenn der Stundenplan gepasst hätte. Es wäre schön gewesen, in jenem ersten Frühjahr wieder in einem Seminar von ihm mitzumachen. Es wäre in Ordnung gewesen.

Aber es gab so viele Lehrer, bei denen ich Kurse belegen wollte, so viele spannende Möglichkeiten und Themen, dass ich mit allen mir zur Verfügung stehenden Kursen glücklich war. Ich hatte es nicht mal auf dem Schirm, dass er im nächsten Semester nicht auf meinem Plan stand.

Womit ich nicht gerechnet hatte, war, dass es für *ihn* einen großen Verlust bedeuten würde, wenn ich keinen weiteren Kurs bei ihm belegte. Es kam mir nie in den Sinn, dass er enttäuscht sein könnte oder, offen gesagt, dass er sich darüber Gedanken machen würde. Viele der anderen Studierenden stritten sich um einen Platz in seinen Seminaren. Er war ein beliebter Professor und jemand, dessen Unterstützung förderlich sein konnte. Die Art von Professor, die sich gut im eigenen Dissertationskomitee machte, nicht nur, weil er so viel Einfluss hatte, sondern auch, weil er über die Graduate School hinaus für das Fachgebiet wichtig war. Er war gut vernetzt und könnte nach dem Abschluss bei der Stellensuche behilflich sein.

Den Januar davor, ungefähr zum Zeitpunkt unseres gemeinsamen Theaterbesuchs, wurde ihm klar, dass ich in keinem seiner Kurse eingeschrieben war, und er stellte mich zur Rede und fragte nach dem Grund. Meine Antwort war nicht viel mehr als ein Achselzucken, ein unbekümmertes »Es passte einfach nicht in meinen Zeitplan« und ein unverbindliches »Hoffentlich klappt's beim nächsten Mal«. Ich machte mir *überhaupt keine* Gedanken deswegen. Ich hatte nicht das Gefühl, ihn enttäuscht zu haben, oder dass er mein Verhalten als Enttäuschung seiner in mich gesetzten Erwartung betrachten würde.

Ich erfuhr bald, dass er sehr wohl diese Erwartung in mich setzte, dass er sehr wohl enttäuscht von mir war. Und dass er keineswegs gewillt war, dies vor mir zu verbergen. Vielleicht hielt er mich für undankbar und dachte, dass ich ihm nach all der Zeit, die er im Herbst in seinen Sprechstunden mit mir verbracht hatte, mehr Respekt erweisen sollte, indem ich mich mehr um die Klugheit bemühte, die allein er zu bieten hatte. Vielleicht hat mein mangelndes Bewusstsein dafür, dass ich ihn enttäuscht hatte, ihn erkennen lassen, dass er mir weit mehr Interesse entgegenbrachte als ich ihm, dass ich mehr auf das Programm als

Ganzes setzte als auf einen bestimmten Professor, der ein Teil davon war.

Also passte er in diesem Frühjahr seine Strategie an.

Er wollte sicherstellen, dass es keinen Hinderungsgrund mehr für meine Teilnahme an einem seiner Kurse gab. Er äußerte klar und deutlich, dass er mir in jeder Hinsicht entgegenkommen wolle. Er würde mit seinem Angebot warten, bis ich meinen Stundenplan erstellt hatte, um etwaige Kollisionen zu vermeiden.

»Also, ich überlege, *diesen Kurs* zu unterrichten«, sagte er bei einer Gelegenheit und reichte mir einen Ausdruck mit einer Beschreibung eines Themas und einer Liste von Geistesgrößen. »Was denken Sie? Hätten Sie Lust darauf?«

Der hier ist eine Pflichtveranstaltung für Ihre Promotion. Wie wäre es, wenn ich ihn im Herbst anbiete, damit Sie ihn abhaken können?

Und der hier? Oder dieser hier?

Sie haben mir gesagt, dass diese oder jene Geistesgröße Sie interessiert. Vielleicht könnte ich ein Seminar rund um das Gesamtwerk vorbereiten?

All diese Fragen von ihm, diese Fischzüge, um herauszufinden, welchen Kurs, welche Themen, welche Philosophen und Theologen und Denker ich lesen wollte, fanden kein Ende. Auf der einen Seite war das schmeichelhaft. Ein Teil von mir glaubte, dass sein Drängen und seine Manöver der Tatsache geschuldet waren, ich sei etwas Besonderes.

Aber dieser Moment zählte auch zu den ersten, in denen ich anfing, etwas anderes wahrzunehmen. Irgendetwas stimmte nicht. Hinter seiner beharrlichen Fragerei nach meinem Zeitplan, ob ich einen weiteren Kurs bei ihm belegen wolle, ob ich mich für egal welches seiner Seminare anmelden wolle, witterte ich ein schwelendes Bedürfnis. Er *brauchte* mich in seinen Kursen, auch wenn er sich bemühte, dieses Bedürfnis zu kaschieren. Und es war nicht nur ein Bedürfnis, es war *Bedürftigkeit*. Eine Bedürftigkeit, wie ich sie manchmal bei einem der Jungs wahrnahm, mit denen ich mich verabredete, eine Anhänglichkeit, die über die bisherige Natur der Beziehung hinausging, ein Verlangen, sich schneller aufeinander einzulassen und näherzukommen, als ich bereit war oder es wollte.

Jede und jeder erlebt irgendwann einmal diese Art von Ungleichgewicht in einer romantischen Beziehung. Es ist ein weit verbreitetes Gefühl, das Ergebnis eines Machtgefälles, das manchmal kaum vorhanden oder manchmal ziemlich groß ist. Eine Person ist enthusiastischer als die andere, und das bringt die Beziehung aus dem Gleichgewicht. Während meiner Flirts war mir das ein paarmal passiert, dass eine Person sich plötzlich zurückzieht oder aussteigen will. Aber noch nie zuvor hatte ich dieses Ungleichgewicht mit einem Erwachsenen erlebt, und mit *Erwachsenem* meine ich jemanden, der viel älter ist, jemanden, den ich als Elternteil oder Großelternteil betrachtete, als männliche Autoritätsperson, einen Professor, einen Mentor, einen Priester. Dass mir der Professor nun anhänglich, ja verzweifelt, vorkam, wirkte falsch, es ergab keinen Sinn, oder zumindest konnte ich mir keinen Reim darauf machen. Warum sollte jemand, der so viel älter und mächtiger war, sich so verhalten, als hätte ich Macht über ihn? Für mich war klar, dass aufgrund seiner Stellung und seines beruflichen Formats in meinem Studienfach die ganze Macht bei ihm lag und ich als Studentin keine hatte. Er war mir nicht ebenbürtig, er stand weit über mir, was also, mal ganz ehrlich, wollte er von mir? Ich hatte nichts zu bieten.

Das machte es mir leichter, alles, was mir seltsam vorkam, zu ignorieren. Ich lastete es meiner Einbildung an. Meinem übersteigerten Selbstwertgefühl. Ich dachte, ich müsse mich irren.

Aber ich entwickelte auch eine Form der Abwehr, wie bei einer Allergie.

Ich reagierte allergisch auf seine Erkundigungen nach meinem Stundenplan, nach den Kursen, die ich belegen wollte, und nach meinen Lektürewünschen. Seine ständigen Fragen waren wie Pollen, die überall in der Graduate School in der Luft schwebten, besonders massiv in seinem Büro. Ich begann, mich dagegen zu wehren, mich darauf einzustellen, bevor ich durch seine Bürotür ging, ich achtete darauf, mich nicht so lange dort aufzuhalten, dass ich eine Reaktion erleiden würde. Ich kam vorbei, begrüßte ihn und bemühte mich, wieder zu gehen, bevor ich etwas spürte. Ich besuchte ihn immer seltener. Am Ende des Semesters ging ich gar nicht mehr hin.

Es war einfacher, in die Jungs- und sonstigen Freundschaftsdramen in meinem Leben außerhalb der Graduate School einzutauchen, in das Leben, das nichts mit ihm und seiner Beharrlichkeit, seinem immer stärker werdenden Bedürfnis zu tun hatte. Mehr und mehr gab ich mich dem Strudel dieser willkommenen Ablenkungen hin, streckte meine Hand nach ihnen aus und ließ mich hoffnungsvoll von ihnen mitreißen wie von einer Strömung, glücklich, dorthin zu gelangen, wohin auch immer sie mich führten. Und ich begann, eine Mauer zwischen den guten Seiten meines Lebens und diesem Mann zu errichten, auch wenn mir das damals nicht bewusst war – aber es war eine Mauer, die schließlich undurchdringlich wurde, wie Stahl oder Eisen, so solide, dass ich selbst sie nicht mehr niederzureißen vermochte. Jahrzehnte später würde ich sie immer noch mit dem Hammer bearbeiten und mich abmühen, sie wenigstens so weit zu durchbrechen, dass ich durch sie hindurch auf die andere Seite sehen könnte, in dem Versuch, wieder ganz zu werden, eine Frau, nicht zwei.

Irgendwann in unseren Gesprächen in jenem Frühjahr kam er auch auf meine Dissertation zu sprechen und darauf, dass er unbedingt mein Doktorvater sein wolle. Dass dies der Fall sein würde, nahm er als gegeben an, und Zweifel hatte er keine. Er fragte nicht, ob das auch mein Wunsch sei; er sprach einfach über seine Version der Zukunft, in der wir gemeinsam an diesem zentralen Element meiner Promotion arbeiten würden, als sei das selbstverständlich.

Mitte April rückte der Einschreibeschluss für das Herbstsemester näher – und verstrich. Trotz seiner ständigen Bitten und der Tatsache, dass er seinen Stundenplan tatsächlich nach meinem ausrichtete, meldete ich mich nicht an. Es dauerte nicht lange, bis er herausfand, dass ich auf keiner seiner Kurslisten stand. Ich weiß noch, wie perplex und bestürzt er war, als er das feststellte, und wie er mich mit diesem denkwürdigen Versäumnis konfrontierte.

Nach allem, was er für mich getan hatte, hätte ich seine Bemühungen ignoriert. Vielleicht aus Vergesslichkeit? Vielleicht doch ein Irrtum?

Ich weiß noch, dass ich nicht wusste, was ich sagen oder wie ich mit seiner Verstimmung umgehen sollte.

Warum würde ich mich nicht doch noch nachträglich einschreiben? Das sei immer noch möglich, wenn ich das wolle, sagte er mir.

Ich wollte es nicht. Ich wollte es definitiv nicht.

Ich war mir da ganz sicher, aber ich habe es ihm nicht deutlich gesagt. Und ich wusste nicht, wie ich mit der Hilflosigkeit umgehen sollte, die er ausstrahlte. Hilflos, weil er mich, ganz gleich, was er alles getan und welche Manöver er meinetwegen durchgeführt hatte, nicht selbst in einem seiner Kurse einschreiben konnte. Das war meine Aufgabe, und ich hatte sie nicht erfüllt. Zu diesem Zeitpunkt hatte er bereits mehrmals in meine Akte geschaut, um Informationen über mich, meine Heimatadresse und meine Telefonnummer abzurufen, und jetzt, im Nachhinein, frage ich mich, ob ihm nicht genau das durch den Kopf gegangen war: meine Akte zu öffnen und meinen Stundenplan so zu ändern, dass zumindest einer der Kurse im nächsten Herbst bei ihm wäre.

Allerdings verstand ich auch nicht ganz, warum sich in mir ein derartiger Widerstand gegen ihn aufbaute – ein Widerstand, der von Tag zu Tag größer wurde. Ich war mir nicht sicher, wie ich ihn zum Ausdruck bringen könnte oder was genau die Ursache dafür war. Oberflächlich betrachtet war alles, was er tat, freundlich und wohlwollend, es ging ihm anscheinend darum, mich zu unterstützen oder sich in meine intellektuelle Zukunft einzubringen. Was war also mein Problem? Warum wendete ich mich von ihm ab? Er war so viel älter als ich, und er war nicht nur mein Professor, sondern auch ein im Zölibat lebender Priester. Was stimmte nicht mit mir, dass ich so unfreundlich zu jemandem war, der offensichtlich nur mein Bestes wollte, jemand, von dem *per definitionem* keine Gefahr ausging?

Ihm mehr und mehr aus dem Weg zu gehen, war keine bewusste Entscheidung, ich ertappte mich einfach dabei, dass ich genau das tat. Es ist nicht so, dass ich ihn plötzlich nicht mehr mochte oder ihn für immer aus meinem Leben streichen wollte. Aber im Mai in jenem Frühjahrssemester ging ich auf Distanz. Der Enthusiasmus, den ich einst wegen seines Interesses an meinem Leben, meinem Studium und wegen der mir zuteilwerdenden Aufmerksamkeit verspürt hatte, war verflogen. Das alles begeisterte mich nicht mehr; es war zu etwas geworden, das ich tolerierte. *Er* wurde zu etwas, das ich tolerierte. Ich erwischte mich dabei, dass ich ihm aus dem Weg ging.

Das gefiel mir nicht.

Ich wollte zurück an diesen glücklichen Ort, an dem ich unbedingt seinen Rat haben, von seinem Wissen profitieren, von ihm lernen wollte. Was auch immer in mir vorging und dafür sorgte, dass ich mich davor fürchtete, ihm zu begegnen, sei es nur für fünf Minuten, dass ich mich davor fürchtete, irgendetwas mit ihm zu tun zu haben – ich wollte das nicht mehr. Ich wollte die Dinge zum Besseren wenden, aber ich wusste nicht, wie, ich konnte mich offensichtlich nicht dazu durchringen, mir ein Treffen mit diesem Mann zu wünschen, eine Unterhaltung, so wie ich es noch vor wenigen Monaten gewollt hatte.

Ihm gefiel das noch weniger als mir.

Er muss gespürt haben, dass ich ihn anders behandelte, dass ich ihn auf Distanz hielt, obwohl ich, wenn ich mich außerhalb der Schule mit ihm traf, so tat, als hätte sich nichts geändert, als wäre ich jetzt genauso glücklich, Zeit mit ihm zu verbringen, wie ich es am Anfang gewesen war. Doch je mehr ich mich zurückzog, desto größer wurde seine Bestürzung darüber. Die Tatsache, dass ich immer seltener in seinem Büro vorbeikam, verärgerte ihn sehr, und er fragte mich nach dem Grund.

»Ich bin sehr beschäftigt«, erwiderte ich dann.

»Neulich bin ich vorbeigekommen«, log ich dann. »Aber Sie waren nicht da.«

Er versuchte dafür zu sorgen, dass ich genau wusste, wann er da sein würde, damit ich ihn nicht verpasste, damit ich ihn *niemals* verpassen würde. Es wurde bei ihm zur Manie, dafür zu sorgen, dass er zur rechten Zeit für mich da war.

Meine Allergie verschlimmerte sich. Doch genau wie im Herbst und in der Frühlingssaison, wenn die Blätter sprießen und alle Blumen zu blühen beginnen und die Pollen prall in der Luft schweben, was bleibt einem da anderes übrig, als es über sich ergehen zu lassen?

Ich habe nie wieder einen Kurs bei ihm belegt. Und er hat mir das nie verziehen.

7

Ende Mai fragte er mich, ob ich mit ihm wegfahren wolle. Ich hatte gerade mein zweites Semester an der Graduate School beendet und war bester Dinge. Ich hatte mich gut geschlagen, sprudelte über vor Ideen, und ich war meinem Traum, zu promovieren und Dozentin zu werden, einen Schritt näher gekommen.

Und außerdem hatte ich einen Job im Office of Residence Life der Georgetown University ergattert, worüber ich mich wahnsinnig freute. Die Stelle war für Leute in einem Promotionsstudiengang gedacht. Ich konnte mir meine Zeit selbst einteilen, eng mit den Studenten zusammenarbeiten, die als RAs in meinen Verantwortungsbereich fielen, und an der Programmgestaltung in dem mir zugeteilten Wohnheim mitwirken, während ich gleichzeitig die Möglichkeit hatte, meinen eigenen Kursen Priorität einzuräumen. Und das Beste war, dass ich keine Lebenshaltungskosten haben würde. Als Resident Hall Director, als RD, zahlte man für die Wohnung keine Miete, Strom, Gas, alles war inbegriffen, und ich hatte sie ganz für mich, für mich ganz allein. Der dazugehörige Meal Plan garantierte mir eine gewisse Anzahl freier Mahlzeiten, und die Stelle war mit einem anständigen monatlichen Stipendium verbunden. Mit diesem Job und meiner Lehrtätigkeit als Teaching Assistant an der Graduate School, zu der ebenfalls ein Stipendium gehörte, wäre ich in der Lage, meine Promotion schuldenfrei abzuschließen.

Das Leben war schön. Meine neue Wohnung war perfekt. Sie war groß und umwerfend hell. Eine ganze Wand wurde von Fenstern dominiert. Das Gebäude befand sich neben einem riesigen Parkplatz, aber meine Wohnung lag hoch genug, dass ich, wenn ich auf der Couch saß, keine Autos sah. Nur den endlosen Himmel und die Bäume, die zwischen Georgetown, der Schnellstraße und dem dahinter liegenden Potomac River standen. In den ersten Wochen nach meinem Einzug saß ich manchmal einfach nur da und starrte aus dem Fenster.

Doch inzwischen hatte mein Professor angefangen, mich zu Hause anzurufen. Er hatte vorher ein paarmal in der alten Wohnung angerufen, die ich mir mit einer Mitbewohnerin geteilt hatte, und jetzt rief er auch in meiner neuen Wohnung an. Der Übergang seiner Anrufe von einem Ort zum anderen verlief reibungslos. Meine Nummer hatte ich ihm nie gegeben. Als er mich nach meinem Umzug weiterhin anrief, speicherte sich diese Erkenntnis irgendwo in meinem Kopf ab. Aber ich vergrub sie tief mit dem Rest meines Unbehagens, mit dem damit verbundenen Wissen, dass er auch meine neue Adresse und meinen Kursplan für den Herbst hatte und ich ihm beide Informationen nicht mitgeteilt hatte.

Wenn er anrief und ich abnahm, fing er an, seinen Vornamen zu benutzen, um mir zu sagen, wer dran war.

»Hallo, Donna, hier ist L.«, sagte er.

Ich erinnere mich, dass ich mich sofort unwohl fühlte. Meine Eltern hatten mich dazu erzogen, ältere Menschen mit *Herr, Frau* und *Fräulein*, und *Herr Doktor*, *Herr Professor* und in der Kirche mit *Father Soundso* anzusprechen. Dieser Mann war nicht nur ein älterer Mensch, sondern er konnte zwei Ehrentitel einfordern: *Professor* und *Father*. Ich wollte ihn nicht mit seinem Vornamen ansprechen. Es gehörte sich nicht.

Aber für ihn wurde das ganz normal, was mich betraf.

»Hallo, Father«, erwiderte ich jedes einzelne Mal.

In meiner neuen Wohnung hatte ich zwei Telefone, jedes mit einer eigenen Leitung. Eins befand sich im vorderen Raum, durch den man die Wohnung betrat und der mir als Büro diente. Dieses Büro war durch eine Tür vom Wohnbereich getrennt, dem Bereich, den ich als mein eigentliches Zuhause betrachtete und in dem sich das zweite Telefon befand. Das Bürotelefon und das Privattelefon hatten unterschiedliche Nummern. Beide Apparate waren diese altmodischen, klobigen, hässlichen beigen Dinger mit Wahltasten. Sie hatten riesige, schwere Hörer und diese sperrigen Spiralkabel. Diese Telefone waren nicht auf dem neuesten Stand der Technik, und es gab keine Anruferkennung. Sie klingelten, man wusste nicht, wer anrief, und wenn man es wissen wollte, musste man abnehmen und Hallo sagen.

Arbeitete man für das Office of Residence Life, dann wurde von einem erwartet, dass man immer an beide Telefone ging. Die Erstsemester in meinem Wohnheim bekamen zwar nicht meine Privatnummer und würden sie auch nie bekommen, meine Kollegen aber schon, genau wie meine RAs. Es war Usus, dass Leute von der Arbeit auf dem privaten Anschluss anriefen. Am Anfang war mir das egal, ich fand das in Ordnung. Die Vergünstigungen durch den Job und die Wohnung waren so fantastisch, dass selbst die Feueralarme, die von betrunkenen Studenten um drei Uhr morgens ausgelöst wurden, ein angemessener Preis für meine neue Wohnsituation zu sein schienen.

Und zu Beginn des Sommers war ich damit beschäftigt, umzuziehen und mich einzuleben, meine Wohnung nach meinem Geschmack herzurichten und die vorhandenen Möbel so zu stellen, wie es mir gefiel, damit alles schöner aussah, als es tatsächlich war. Ich fuhr zu Ikea und Bed Bath & Beyond und lud meine Freunde ein, vorbeizukommen und sich meine neue Wohnung anzusehen. Ich war beschäftigt, beschäftigt, beschäftigt.

Vielleicht war mein Professor darüber verärgert. Vielleicht hatte er das Gefühl, ich würde ihm entgleiten. Vielleicht war er frustriert wegen des langen Sommers, der vor ihm lag und den er ohne die Gewissheit ertragen musste, dass ich vor dem Unterricht durch die Flure in der Nähe seines Büros spazieren würde oder in den Pausen vorbeikäme, um Hallo zu sagen. Vielleicht hatte er bemerkt, dass ich immer seltener bei ihm vorbeikam und am Ende des Semesters sogar ganz damit aufgehört hatte. Vielleicht gefiel es ihm nicht, dass ich einen Job angenommen hatte, der mich von der Graduate School weglotste, der meine Zeit in Arbeit und Studium einteilte, der meine Freiheiten beschnitt, so oft im Fachbereich aufzukreuzen wie im ersten Jahr. Vielleicht erinnerte ihn der Eifer, mit dem ich umzog und die Wohnung meinen Freunden zeigte, daran, wie jung ich war, dass ich mich so daran freuen konnte. Vielleicht wurde er neidisch.

Was immer seine Gründe waren, eines Tages rief er mich auf meiner neuen Privatnummer an. Ich nahm ab, und wir begrüßten uns. Ich bin's, L., sagte er und benutzte wieder seinen Vornamen.

»Mein Konvent besitzt ein Exerzitienhaus«, begann er.

Ich erinnere mich, dass ich an dem viereckigen Tisch stand, den ich vor den Fenstern aufgestellt hatte, die Schnur des Telefons bis zum Anschlag gedehnt, als ich mir anhörte, was er als Nächstes vorhatte.

Sein Konvent war im Besitz eines bescheidenen Hauses an einem schönen, abgelegenen Ort, wohin er und seine Mitbrüder sich begeben konnten, um abzuschalten, zu beten und zu arbeiten. Er hatte es Mitte Juni für eine Woche reserviert und meinte, ich solle ihn begleiten, wir würden dort eine wunderbare Zeit und die Gelegenheit haben, zu schreiben, meine Forschung zu besprechen und über meine Dissertation nachzudenken.

»Wer kommt noch mit?«, fragte ich.

Nur er. Nur wir beide und niemand sonst.

Ich hörte ihm zu, nahm zur Kenntnis, wie er alles ganz vernünftig klingen ließ, wie das Aussprechen dieser Einladung absolut nachvollziehbar wirkte. Ich wollte ihm vertrauen, und das tat ich auch, wie schon so oft davor und noch in vielen weiteren Monaten, zumindest versuchte ich es. Ich rief mir ins Gedächtnis, dass er ein im Zölibat lebender Priester war, und zwar mehrmals während des ganzen Telefongesprächs. Er war älter, er war freundlich, er brachte sich in mein Promotionsstudium ein. Ich sagte mir, wie viel Glück ich hätte mit einem Professor, der sich so sehr um mich kümmerte, dass er eine ganze Woche nur mit mir verbringen wollte, um mir zu helfen, über meine Zukunft nachzudenken und darüber, wie ich meine Ziele erreichte. Diese Rechtfertigungen kämpften sich an die Oberfläche meines Denkens und legten sich wie eine harte Schale über die anderen, weniger angemessenen Dinge, wegen derer sich mir der Magen umdrehte, und hielten sie unter Verschluss.

Trotz all meiner vernunftbetonten Erklärungen wusste ich klar und deutlich und augenblicklich, dass ich diesen Mann auf keinen Fall an diesen Ort begleiten würde. Auf gar keinen Fall.

»Das klingt toll«, sagte ich ihm. »Aber ich muss mich deshalb noch mal bei Ihnen melden.«

Die Enttäuschung in seiner Stimme, als er meine Antwort hörte, war deutlich zu hören.

Er begann, mich unter Druck zu setzen. Wann würde ich es wissen? Ich müsse ja nicht die volle Woche mitkommen. Wenn ich nicht die volle Woche mitkäme, wäre die Reise dann einfacher einzuplanen? Er würde fahren. Wäre das eine Erleichterung?

Es sei ein so wundervoller Ort, ein wundervolles Haus, wenn ich nicht mitkäme, würde ich wirklich etwas verpassen. Die Reservierung des Hauses sei eine einmalige Chance, es sei sehr gefragt, besonders im Sommer. Welch ein Glück, dass er es für uns ergattern konnte. Er wollte einfach nicht aufhören, mich zu überreden, und ließ keine Spitzfindigkeit aus, um ein Ja aus mir herauszupressen.

In meinem Inneren brach Krieg aus.

Es war doch schön, dass er mich eingeladen hatte, oder? Nein, es war schräg, dass er es getan hat, nicht wahr? Er war ein Priester, also hatte ich nichts zu befürchten, oder? Nein, es war befremdend, dass ein Professor eine Studentin einlud, mit ihm wegzufahren, selbst wenn er ein Priester war. Ich sollte das Ganze erwachsener angehen, nicht wahr? Ich benahm mich wie ein Kind und fühlte mich seltsam, weil ich mit jemandem wegfuhr, der so alt war, dass er mein Vater oder sogar mein Großvater sein könnte. Er hatte nichts Unangemessenes im Sinn. Nein, natürlich nicht! Er lebte im Zölibat! Er war ein angesehener Professor! Wenn ich mich unbehaglich fühlte, war das allein mein Problem. Ich war diejenige, die diese Einladung schräg und seltsam und unpassend nannte. Er war einfach nur nett. Ich sollte dankbar sein und die Sache auf sich beruhen lassen.

»Ich bin mir wirklich nicht sicher, ob ich mitfahren kann«, log ich. »Aber ich werde mein Bestes tun, damit es klappt.«

Wir beendeten das Gespräch. Vor seiner Abreise rief er noch mehrere Male an und fragte nach. Er schrieb mir auch und erklärte mir dieselben Dinge, die er in unserem Gespräch gesagt hatte. Es erinnerte mich an seine Manöver bezüglich meines Studienplans. Aber während ich mich anfangs von seinem Interesse an meinen Kursen geschmeichelt gefühlt hatte, wich ich ihm jetzt ganz offensichtlich aus. Ich hielt ihn hin, ich widerstand seinen Bitten und Argumenten, wieso ich etwas mit ihm unternehmen, irgendwo mit ihm hingehen sollte. Vom ersten Augenblick an, als er vorschlug, wegzufahren, wusste ich mit absoluter Sicherheit, dass ich niemals Ja sagen würde, dass es kein Argument auf der Welt gab, um meine Meinung zu ändern.

Ich habe *nicht* zugestimmt. So viel steht fest.

Aber ich habe meine Nichtzustimmung für mich behalten.

Ich hatte immer noch zu viel Angst, meinen Widerstand offen zu äußern. Ich hatte Angst, ich würde seine Gefühle verletzen. Ich hatte auch Angst, ihm durch mein klares und unmissverständliches Nein zu verstehen zu geben, dass ich dachte, seine Einladung sei auf Hintergedanken zurückzuführen. Die Möglichkeit, er könnte merken, dass ich solche Gedanken hatte, beschämte mich.

Und ich habe mich so geschämt.

Diese Scham hatte viele Facetten. Ich schämte mich, dass ein Professor auf die Idee gekommen war, mich auf eine einwöchige Reise einzuladen. (Was hatte ich getan, um diesen Wunsch in ihm zu wecken? Lag es an der Art, wie ich lächelte? Der Art und Weise, wie ich mich in der Schule verhielt?) Ich schämte mich dafür, was das bedeuten könnte. (Hatte ich ihm falsche Hoffnungen gemacht? Hatte ich etwas gesagt, das ihn glauben ließ, ich würde ihn anbaggern?) Ich schämte mich, dass es an den Klamotten liegen könnte, die ich in der Schule trug. (Lag es an meinen Stiefeln? Oder an meinen kurzen Röcken? Meinen engen Jeans?) Ich schämte mich, dass ich überhaupt darüber nachdachte, ob er meine Outfits falsch verstanden hatte. (Wie konnte ich nur so arrogant sein, mich für *so* attraktiv zu halten, dass er gar nicht anders konnte, als mich auf diese Art wahrzunehmen?) Ich schämte mich, dass ich Gedanken hatte, die sein Zölibatsgelübde herabsetzten. (Ein Priester würde diese Grenze nie überschreiten, nicht? Oder erotische Gedanken für eine seiner Studentinnen hegen?) Ich schämte mich, dass allein ich ihn dazu veranlasst hatte, mich zu dieser gemeinsamen Reise einzuladen. (*Offensichtlich* hatte ich ihm falsche Hoffnungen gemacht, so wie ich manchmal den Jungs, mit denen ich ausging, falsche Hoffnungen machte. Und ich *war* schuldig, gelegentlich Leuten falsche Hoffnungen zu machen. Ich flirtete bei Gelegenheit *gerne* schamlos, also hatte ich vielleicht mit ihm geflirtet und es nicht einmal bemerkt?)

Die Zeit bis zur Abreise verging, ohne dass ich mich dazu äußerte – dies war meine Antwort. Der Termin rückte näher, dann war er da, und noch immer hatte er mich nicht zum Mitfahren überreden können. Jedes Mal, wenn er mich nach dem Exerzitienhaus fragte, druckste ich herum und sagte: »Vielleicht, vielleicht, vielleicht?« Kein Entgegenkommen seinerseits – die Reise zu verkürzen, sich ans Steuer zu setzen, das Angebot, zwei Autos zu nehmen statt eins gemeinsam, mir bei den Überlegungen zu meinem Dissertationsvorhaben zu helfen – hatte ein klares Ja meinerseits zur Folge. Nur weitere Ausweichmanöver. Als letzten Ausweg schlug er aus purer Verzweiflung vor, ich könne, wenn ich wolle, jemanden mitnehmen. Aber nichts funktionierte, nicht einmal das. »Vielleicht …«, sagte ich ihm. Es ließ sich nicht länger leugnen, dass ich tatsächlich nicht mitkommen würde, denn es war an der Zeit für ihn, loszufahren, und ich hatte ihm weder abnoch zugesagt, ob ich es schaffen würde. Mein Nein bestand aus halbherzigen Ausreden, aus unschlüssigen Lügen. Aus Untätigkeit, denn ich unternahm nichts, um die Reise zu ermöglichen.

Er fuhr allein.

Ich atmete erleichtert auf. Ich hatte es erfolgreich vermieden, etwas zu tun, was ich auf keinen Fall tun wollte, und ich hatte es ohne das Aussprechen eines deutlichen Neins geschafft, als wäre mein Professor ein lästiger Freund oder, noch schlimmer, ein lästiger Typ, der mit mir ausgehen wollte. Ich war nicht gerade subtil oder geschickt in meinen Ausreden und Vermeidungstaktiken gewesen, aber wenigstens lag die Entscheidung hinter mir. Jetzt konnte ich den Rest des Sommers in meiner neuen Wohnung genießen.

Aber dann rief er vom Exerzitienhaus aus an, um mir mitzuteilen, ich könne es mir immer noch anders überlegen und ins Auto steigen, losfahren und ihn dort treffen. Er rief wieder an, um mir zu sagen, was ich verpassen würde, wenn ich das nicht täte, wie wunderbar es wäre, dort zu sein, wie sehr ich es lieben würde, wenn ich zu ihm ins Haus käme. Wie viel wir bewerkstelligen könnten, wie wir gemeinsam kochen könnten, wie wir spazieren gehen könnten.

Meine Erleichterung verflog. Die Verzweiflung in seiner Stimme war unüberhörbar. Und je öfter er anrief, desto deutlicher wurde, dass er, obwohl der Abreisetermin verstrichen war, obwohl er sich gerade dort, in dem Exerzitienhaus, befand, immer noch glaubte, er könne mich überzeugen loszufahren. Er bot mir diese Chance so lange an, bis auch diese Gelegenheit verstrichen war und er von der Reise zurückkehrte. Doch dann ergab sich unmittelbar danach eine neue Gelegenheit, an einen *anderen* Klausurort zu reisen, und das Hin und Her um mein Mitfahren begann von Neuem.

Dies würde zu einem Muster werden.

Vielleicht waren es die Anrufe aus dem Exerzitienhaus, die mir den ersten richtigen Schlag gegen die Knie versetzt hatten und mich von da an lähmten. Jene Anrufe machten mir klar, dass sein Bedürfnis nie enden würde. Dass seine Bitten niemals aufhören würden. Dass es keine Ausreden oder Ausweichmanöver gab, die zu ihm durchdringen würden. Dass ich auf diese Weise einfach nicht zu ihm durchdringen konnte. Wenn es nicht diese Klausur war, dann die nächste, an der er nur ein paar Wochen später teilnehmen wollte, oder die übernächste. Oder eine Veranstaltung im Theater oder ein Museum oder das Kennedy Center oder ein Abendessen oder ein Kaffee oder ein Besuch bei mir zu Hause oder die Möglichkeit, dass ich mich *doch immer noch* für einen seiner Herbstkurse einschreiben könnte, denn ich wüsste ja bestimmt, dass erst Sommer war und das Semester noch gar nicht begonnen hatte? Mir bliebe genügend Zeit, meine Meinung zu ändern, dieses Versäumnis meinerseits zu korrigieren und überhaupt all das zu tun, was ich bisher nicht getan hatte, eine Liste, die von Tag zu Tag länger wurde, weil er mich inzwischen täglich kontaktierte. Seiner Meinung nach, das fand ich schnell heraus, würde es immer einen Zeitpunkt für mein Ja geben. Dieses Ja war die einzige Antwort, die zu hören er gewillt war.

Die meisten Menschen hätten mein Verhalten so aufgefasst, wie es gemeint war – als die höflichste und angemessenste Art und Weise, die ich mir vorstellen konnte, um zu einem älteren Menschen, einem Professor, einem Priester Nein zu sagen, ohne tatsächlich Nein zu ihm zu sagen. Die meisten Menschen mit Sozial- und Beziehungskompetenz, Menschen mit der Fähigkeit, auf die Signale und Gefühle anderer zu achten, hätten es kapiert und erkannt, dass ich ihre Aufmerksamkeit auf die netteste Art und Weise ablehnte, die mir möglich war. Und die meisten Menschen wären nicht so hartnäckig gewesen, so aufdringlich, um genau zu sein, so unfähig, zu hören oder wahrzunehmen, dass meine Ausreden in Wirklichkeit Neins waren, dass mein ausweichendes Antworten in Wirklichkeit ein »Tut mir leid, aber nein, nein danke« war. Die meisten Menschen wären gewillt gewesen, mein Verhalten so zu deuten, wie es gemeint war. Aber was macht man, wenn jemand nicht gewillt ist? Wenn er oder sie sich weigert, es einzusehen? Ich weiß es immer noch nicht. Ich wünschte, ich wüsste es.

Ich möchte über meine Unfähigkeit sprechen, Nein zu sagen.

Wenn wir über das Thema Einvernehmen reden, vor allem an der Highschool und am College, erwecken wir den Anschein, als wäre es so einfach, die Worte *Nein* oder *Ja* auszusprechen. Wir ermutigen junge Erwachsene, diese Worte mit Inbrunst von sich zu geben. Resolut. Entschlossen. Tatsächlich verwenden wir das Wort *enthusiastisch*, wenn wir zu diesem Thema unterrichten. Enthusiastische Jas als Zeichen, mit etwas einverstanden zu sein, und entschiedene Neins als Zeichen, das etwas nicht einvernehmlich passiert.

Wenn ich in meiner Situation über diese Worte nachdenke, *Ja* und *Nein*, dann muss ich lachen, und ich denke: *Macht ihr Witze*? Wie um alles in der Welt antwortet eine Studentin einem Professor mit einem klaren Nein? Jemandem, der so viel älter ist als sie? Jemandem, der möglicherweise über ihre Zukunft bestimmt? Jemandem, von dem ihre Zukunft abhängt? Wie um alles in der Welt antwortet eine junge Frau einem katholischen Priester mit einem entschiedenen Nein?

Wenn ich jemandem mit einem entschiedenen und enthusiastischen Ja oder Nein antworte, gehe ich davon aus, dass die Person, zu der ich Ja oder Nein sage, mir ebenbürtig ist, oder zumindest jemand, dem ich mich bei einem Ja oder Nein als Antwort ebenbürtig fühle, also ein Partner, ein Freund, jemand, mit dem ich mich auf Augenhöhe befinde. Es setzt voraus, dass ich eine gewisse Kontrolle über die Situation habe. Es setzt voraus, dass die andere Person mich als gleichwertig oder als gleichrangig ansieht und abwartet, ob sie ein Ja oder ein Nein erhält, bevor sie mit dem fortfährt, was sie als Nächstes tun möchte. Es setzt voraus, dass die andere Person mich überhaupt wahrnehmen kann oder möchte; dass sie mich respektiert, als wären wir einander ebenbürtig.

Hätte ich diesem Professor mit einem entschiedenen Nein geantwortet, hätte ich gleich Nein gesagt – es wäre mir wie eine Zurechtweisung vorgekommen. Als wäre mein Professor ein x-beliebiger Junge in meinem Alter, der mich anbaggert und den ich abweise. Die junge Studentin, die ich war, war unfähig sich vorzustellen, dass ein Professor sie anbaggert, geschweige denn, sich einen Ort vorzustellen, an dem sie ihn so behandeln würde, als wäre er lediglich ein x-beliebiger Typ, der sie in einer Bar anmacht. Nicht nur, dass zu viel auf dem Spiel stand, es kommt noch hinzu, dass die Wertschätzung einer Studentin für einen Professor nicht einfach verschwindet, wenn sein Verhalten sie verunsichert oder ihr in irgendeiner Weise unangenehm ist.

Das Wort *Nein* auszusprechen, war in meiner Situation viel zu viel verlangt. Das Einzige, was mir machbar erschien, war, bei so gut wie allem, was dieser Professor vorschlug, mitzumachen – sofern es mir möglich war – und mich zu sträuben und Situationen hinauszuschieben, in denen ich seinen Wünschen nicht nachkommen wollte. Während in meiner anfänglichen Begeisterung für den Professor meine Jas ihm gegenüber vielleicht tatsächlich enthusiastisch waren, wurden sie mit der Zeit immer leiser und leiser, bis sie weniger als Jas gemeint waren und eher als eine Duldung dessen, was er zu diesem Zeitpunkt gerade brauchte. Oder, anders ausgedrückt, sie verwandelten sich in ein Aufschieben meiner Neins, in ein Hinauszögern, so lange es mir möglich war, damit das Problem vorüberging und ein richtiges Nein nie nötig wurde.

Doch Nein zu sagen, es wirklich entschieden zu sagen, kam lange, lange Zeit nicht infrage – bis sein Verhalten so unerträglich, so unkontrollierbar, so zwanghaft und eisern wurde, dass ich mich nicht mehr um meine Zukunft scherte oder darum, was passieren könnte, wenn ich ihn verärgerte. Bis ich so verzweifelt und gebrochen war, dass ich überhaupt keine Zukunft mehr wollte.

Das Machtgefälle zwischen Alt und Jung, zwischen einem großen Mann und einer kleinen Frau, zwischen einem renommierten Professor und dir, die du gerade erst anfängst, zwischen jemandem, den alle lieben und bewundern, und dir als ein Niemand, zwischen jemandem, der so ist, wie du werden willst, und der Person, die du momentan bist, dieses Machtgefälle kann unüberwindbar erscheinen. So ein Verhalten als inakzeptabel zu bezeichnen, es ausdrücklich und mit Nachdruck zu tun, mag unmöglich erscheinen. Du weißt, dass es eher dich und deine Zukunft als seine zerstören wird, wenn du es offen ansprichst.

Und das ist doch das Muster in unserer Kultur, nicht wahr? Die Frau zahlt den Preis mit ihrer Zukunft, und der Mann behält seine Gegenwart *und* seine Zukunft, als hätte er nichts falsch gemacht. Das ist der Deal, den wir eingehen, wenn wir hervortreten und etwas sagen, nicht wahr?

Also sprichst du es nicht an. Du sagst nichts. Du hältst einfach still und hoffst, dass nichts allzu Schreckliches passiert. Dass du, egal was passiert, mit den Konsequenzen leben lernst. Und vor allem hoffst und betest du, dass niemand anderes es jemals herausfindet.

* * *

Danach ging alles, was mit ihm zu tun hatte, wahnsinnig schnell.

Innerhalb eines Semesters hatte sich das Blatt gewendet. Im Januar hatte ich noch gerne Zeit mit ihm verbracht, im Februar war ich froh gewesen, dass er mir Notizen und Zeitungsausschnitte hinterließ, doch im März bereits überforderte mich das schiere Ausmaß an Aufmerksamkeit, mit der er mich bedachte, es ging zu schnell, als dass ich mich hätte darin zurechtfinden können. Ich war plötzlich mittendrin, darunter begraben. Ich weiß nicht einmal, wann das Ganze kippte, ob es schlicht und ergreifend an jenem Tag passierte, als er durch das Fenster meiner Wohnungstür glotzte und mir ohne Einladung einen Besuch abstattete, oder ob es das Manövrieren in Hinblick auf meinen Unterrichtsplan war oder die Besessenheit mit dem Exerzitienhaus, oder ob es an der Ballung all dieser Dinge lag. Aber das Grauen in mir, die Abscheu, die ich für ihn empfand, wuchs, bis sie monströs wurde. Er wurde monströs. Und wie im Leben jeder armen Seele in einem schrecklichen, hässlichen Märchen ging es von nun an auch in meinem Leben darum zu lernen, wie man das Monster austrickst.

8

Die Briefe, die er schickte, stapelten sich.

Im Sommer war viel los. Ich hatte Schulungen für meine neue Stelle. Die Arbeit für Student Affairs ist sehr anstrengend, ich war oft rund um die Uhr involviert. Außerdem war ich inzwischen mit Christopher zusammen, und ich war wirklich in ihn verliebt. Wenn ich nicht arbeitete, waren wir zusammen. Er brachte mich zum Lachen wie niemand sonst, den ich je kannte.

Und dabei war er gar nicht mein Typ. Christopher hatte einen so starken, alles in die Länge ziehenden Südstaatenakzent, dass ich ihn manchmal kaum verstehen konnte, und er kreuzte überall mit einem riesigen roten Truck auf und ließ den Motor aufheulen. Er stammte aus Tennessee, und bei unserem ersten Treffen äußerte ich eine Million Vermutungen über seine politische Einstellung, die sich alle als falsch herausstellten. Er war Lehrer, ein ausgezeichneter Lehrer, und dafür habe ich ihn von Anfang an bewundert. Er konnte flirten, was das Zeug hielt, aber als wir uns kennenlernten, hakte ich ihn in meinem Kopf ganz klar und deutlich ab: *Nö. Mit dem nicht.* Aber Christopher ließ nicht locker und brachte mich dazu, ihm eine Chance zu geben – und kaum war es so weit, verliebte ich mich, und schon bald war ich es, die mit

Christopher in dem großen roten Truck durch die Stadt kutschierte und gelegentlich sogar lange Fahrten nach Tennessee unternahm, um seine Familie zu besuchen.

Christopher wohnte zufällig mit Dan zusammen, meinem engsten Freund an der Graduate School. Dan war mir mit seiner Doktorarbeit ein paar Jahre voraus. Er und ich freundeten uns schnell an, obwohl er mir immer eher wie ein Bruder vorkam. Wir gingen nach den Vorlesungen gemeinsam etwas trinken, sprachen über das, woran wir gerade schrieben, über Ideen und Bücher, die wir liebten, und über unsere jeweiligen Beziehungsdramen. Er und Christopher spielten in einer Fußballmannschaft und verstanden sich so gut, dass sie beschlossen hatten, Zimmergenossen zu werden. Dass ich mit Christopher zusammenkam, hatte nichts mit seiner Freundschaft zu Dan zu tun und war für uns alle ein glücklicher Zufall. Ich ging zu ihren Fußballspielen, wir trafen uns danach bei ihnen, gingen essen, ins Kino, spielten Videospiele. Zeit mit Christopher und Dan zu verbringen, war das perfekte Gegengift für die Bereiche meines Lebens, die immer mehr Anlass zur Besorgnis boten.

Unterdessen schrieb mir mein Professor. In diesem Sommer unternahm er eine Reise nach der anderen. Er war ein gefragter Redner, ein Gelehrter, der in bestimmten Kreisen für seine Klugheit berühmt war. Er wollte sichergehen, dass ich von all diesen Unternehmungen wusste, also schrieb er mir, um mir von jeder einzelnen zu berichten. Er unterzeichnete seine Briefe ausschließlich mit seinem Vornamen.

Seine Briefe kamen an meiner neuen Adresse an, einem Postfach im Büro der Student Affairs. Ich gewöhnte mich an den ständigen Strom der Briefe. Zuerst öffnete ich sie und las sie. Sie klangen immer so wohlwollend, kurze Mitteilungen, womit er gerade beschäftigt war, wohin er reiste, auf welchen Konferenzen er sprach, welche interessanten Leute er getroffen hatte. Vielleicht auch eine Kopie eines Vortrags, den er gehalten hatte, oder ein Artikel, den ich seiner Meinung nach lesen sollte. Ich nahm sie entgegen, sah nach, was drinstand, und legte sie auf der Fensterbank meines neuen Büros beiseite.

Und er rief mich an. Manchmal jeden Tag, wenn er etwas von mir wollte. Manchmal auch mehr als einmal am Tag.

Ich versuchte, mir deshalb nicht den Kopf zu zerbrechen. Versuchte mir einzureden, es sei doch schön, dass er den Kontakt halten wollte. Ich war fest entschlossen, es so zu sehen. Es lief gerade vieles sehr gut bei mir, ich konnte mich in diesem Sommer von anderen Dingen vereinnahmen lassen als von ihm. Im Laufe des Sommers verdrängte ich seine Einladungen ins Exerzitienhaus, bis sie in weiter Ferne zu liegen schienen, fast so, als hätte es sie nie gegeben. Ich arbeitete viel und gern, es war immer etwas los, und ich liebte meine neuen Kollegen, von denen einige meine Freunde werden würden. Meine Studierenden würden bald ankommen, und mein Wohnheim würde allen offen stehen und voller Leben sein.

Seine Briefe häuften sich. Manchmal kamen drei an einem Tag an.

Ich stopfte sie in meine Handtasche, zusammen mit der restlichen Post, und trug sie über den Campus in meine Wohnung. Ich öffnete sie nicht mehr sofort, die meisten gar nicht. Stattdessen stapelte ich sie auf der Fensterbank in meinem Arbeitszimmer zu Hause. Der Stapel wuchs.

Es fällt mir schwer, mich nicht zu fragen, was ich wohl anders gemacht hätte, wenn er kein Priester gewesen wäre. Hätte ich früher etwas über sein Verhalten verlauten lassen? Wäre ich weit weniger nachsichtig gewesen? Hätte ich alles viel weniger schöngeredet und vernünftig begründet, als ich es tatsächlich getan habe?

Manchmal denke ich, dass es der Zölibatsaspekt war, der mich am ehesten aufs Glatteis geführt und es unmöglich gemacht hat, zu irgendjemandem etwas zu sagen. Selbst als ich anfing, mir Sorgen zu machen, dass sein Gebaren auf etwas anderem beruhte als auf einem wohlwollenden und selbstlosen Interesse an meinem Intellekt, dämpfte das Zölibatsgelübde, das er abgelegt hatte, all diese Bedenken.

Es waren die Neunzigerjahre, die Nachrichten über den Missbrauchsskandal in der katholischen Kirche hatten noch nicht die Runde gemacht. Niemand – weder katholische Gläubige noch nicht religiöse Menschen – wusste etwas, beziehungsweise niemand redete offen über Priester, die Kinder missbrauchten oder sie bedrohten. Niemand wusste, dass die katholische Amtskirche alles vertuschte, dass sie einem bewährten Modus Operandi folgte. Während meines Promotionsstudiums waren Priester noch Heilige, unbefleckte Vorbilder, die nur Gutes in der Gemeinde taten, die ihr Leben opferten, um sich um andere zu kümmern. Priester waren Repräsentanten Gottes, und war man katholisch, stellte man dies nicht infrage. Genauso wenig stellte man ihre Autorität infrage.

Der Katholizismus, katholische Gläubige, sogar katholische Geschichten, waren in meiner Kindheit allgegenwärtig. Mein Vater ging auf eine öffentliche Schule, aber meine Mutter besuchte eine katholische Schule und traktierte mich regelmäßig mit lustigen Anekdoten über die Nonnen ihrer Jugend, wie sie die Länge ihrer Röcke abmaßen, wie sie während des täglichen Gottesdienstes »Zierdeckchen« aus Papier auf dem Kopf tragen musste, falls sie ihre Haarbedeckung vergessen hatte. Sie erzählte von den Jahren, in denen sie Latein lernte, von den Heiligen, die ihre Tage und schließlich auch meine Jugend bevölkerten, indem sie überall in unserem Haus Messkarten und Statuen aufstellte. Meine Mutter war auch eine katholische Lehrerin. Sie hatte zwei beste Freundinnen, eine war Nonne, die andere eine ehemalige Nonne, die ihr Gelübde in jungen Jahren abgelegt hatte, dann austrat, heiratete und eine Familie gründete. Im Sommer saßen sie zusammen am Strand, diese beeindruckenden, komplizierten katholischen Damen, und ich spielte während meiner gesamten Kindheit mit den Kindern der Ex-Nonne. Auch während des Schuljahres war mein Leben von Nonnen und Priestern geprägt, vor allem von der besten Freundin meiner Mutter, die uns zu Hause besuchte, Kaffee trank und sich mit meiner Mutter unterhielt, während ich im Wohnzimmer saß und fernsah oder mich zu ihnen an den Küchentisch setzte. Ich liebte die Schwestern, die in der Schule meiner Mutter und auch in meiner Schule unterrichteten. Wir gingen sonntags zur Messe und dankten Gott am Sonntagnachmittag bei unserem wöchentlichen Sonntagsessen, für das meine Mutter und meine Großmutter stundenlang in der Küche gestanden hatten. Als ich klein war, ging ich jede Woche in die Sonntagsschule, und als ich älter wurde, besuchte ich den Katechismus-Unterricht. Irgendwann unterstützte ich meine Mutter in der Sonntagsschule, wo sie jahrelang jede Woche lehrte. Ich hatte meine Erstkommunion, das Bußsakrament, und man erteilte mir als Jugendliche die Firmung. Ich besuchte die katholische Kinderkrippe und Vorschule, die katholische Grund- und Mittelschule und die katholische Highschool. Zum Studieren ging ich auf das College einer katholischen Universität. Mein Leben, mein ganzes Dasein, war vom Katholizismus durchdrungen. Katholisch zu sein bedeutete, ein Teil meiner Familie zu sein, halb Italienerin, halb Portugiesin. Der Schulbesuch, jede Schule, jede Art von Schule, war eine Erweiterung davon, denn jede Schule, die ich besuchte, war katholisch.

Wie eine Million anderer Kinder, die auf diese Weise groß wurden, hasste ich viele Dinge, die mit dem Aufwachsen als Katholikin zusammenhingen, und ich rebellierte dagegen. Während ich die Sonntagsschule geliebt hatte, hasste ich den Katechismus-Unterricht, und ich gab vor, krank zu sein, wann immer ich damit durchkam, was nicht oft der Fall war. Ich setzte mich bei meinen Eltern dafür ein, in eine bestimmte Messe zu gehen und nicht in eine andere, denn in unserer Gemeinde gab es zwei Priester, und der eine war dafür bekannt, dass er uns alle mit seiner endlosen Predigt über eine Stunde lang gefangen hielt, während der andere dafür berühmt war, schnell wie der Blitz zu sein. (Einmal hielt er an einem mörderisch heißen und schwülen Sommertag gar keine Predigt, sondern lächelte, schaute auf uns alle, die wir schwitzend in den Kirchenbänken saßen, und sagte: »Nun, Gott hat uns einen wunderbaren Strandtag geschenkt! Lasst uns ihm dafür danken, und das ist genug für heute Morgen!« und ließ uns von dannen ziehen.)

Als ich an der Georgetown auch die Jesuiten kennenlernte, entwickelte sich in mir ein neuer Respekt für akademisch ausgebildete Priester. Im Gegensatz zu den beiden Pfarrern in meiner Heimatstadt hatten diese Jesuiten einen Doktortitel; viele von ihnen hatten sogar zwei. Ich war umgeben von Priestern, die mich akademisch herausforderten. Ich begann, mit den Jesuiten über Theologie zu sprechen, über die Existenz oder Nichtexistenz Gottes, und ich lernte die Art und Weise zu lieben, auf die sie mich, was meine Ideen, meine Überzeugungen, meine Meinungen über die katholische Tradition betraf, antrieben. Mein Austausch mit den Jesuiten beeinflusste meine Haltung zum Priestertum positiv. Die Priester waren ein wesentlicher Bestandteil dessen, was die Georgetown zu einer wunderbaren Erfahrung machte, sie waren ein wesentlicher Bestandteil meines intellektuellen Erwachens an diesem Ort.

Als ich dann an der Graduate School ankam, war es nicht nur normal, einen Priester zu haben, der auch Professor war, im Gegenteil, ich freute mich darauf, ich war davon regelrecht begeistert.

Jemand, der nicht katholisch ist, der nie katholisch war, jemand, der außerhalb der katholischen Tradition steht, kann vermutlich kaum verstehen, warum es für mich so schwer war, den Priesterteil der Identität meines Professors zu umschiffen. Sie erkennen vielleicht schon denjenigen in ihm, der er ist, nämlich ein Mann, der sich gegenüber einer jungen Frau in seinem Studiengang unangemessen verhält. Aber ich konnte das nicht erkennen, weigerte mich. Es war ein Verrat an allem, was ich je gekannt hatte, und wie so viele Katholiken in der Zeit vor dem Skandal neigte ich allzu sehr dazu, den Vertretern der Kirche im Zweifelsfall einen Vertrauensvorschuss zu gewähren.

Sein Zölibatsgelübde war wie eine Mauer, die ich nicht durchbrechen konnte, die ich nicht einmal im Traum überwinden konnte. Das Zölibat war seit jeher diese eine Besonderheit gewesen, die aus einem gewöhnlichen Mann einen Mann Gottes machte, es definierte einen katholischen Priester auf einer ontologischen Ebene. Es kam mir nie in den Sinn, dass ein Priester dieses Gelübde brechen könnte. Vielleicht war ich naiv, aber schon die Vorstellung, dass ein Priester so etwas tun könnte, war so frevelhaft, so ungeheuerlich, dass mir bei dem Gedanken daran übel wurde. Ich hasste mich selbst dafür, dass ich diese Möglichkeit überhaupt in Betracht zog. Ich schämte mich dafür, und ich fürchtete mich davor. Es auch nur mir selbst gegenüber auszusprechen, geschweige denn gegenüber jemand anderem, bedeutete, an dem maßgeblichen Baustein zu rütteln, der die gesamte katholische Kirche zusammenhielt, als würde man den entscheidenden Baustein aus einem Jenga-Turm lösen, der ihn zum Einsturz brächte, und meine Familie läge darunter begraben.

Die Absichten dieses Professors mir gegenüber infrage zu stellen, bedeutete, das Priestertum selbst infrage zu stellen, und ich war dieser Aufgabe nicht gewachsen. Ich hatte keine Ahnung, dass ich damit nicht allein war, ganz im Gegenteil, dass amerikanische Priester sich seit Jahrzehnten so verhalten hatten, dass Priester auf der ganzen Welt sich seit Jahrzehnten so verhalten hatten, weil sie wussten, dass sie sich auf die Amtskirche stützen konnten, um zu vertuschen, was sie getan hatten, sollte es jemand wagen, hervorzutreten. Ich dachte, ich sei sicher der einzige Mensch im Universum, mit dem ein Priester so umgeht. Je mehr mir dieser Mann Aufmerksamkeit schenkte, Aufmerksamkeit, die mir langsam unangenehm wurde, desto mehr fühlte ich mich allein. Desto schweigsamer wurde ich. Was ich über ihn dachte, war hässlich und unaussprechlich, sodass ich mich nicht traute, meine Gedanken vor irgendwem auszusprechen.

Ich habe absolut niemandem von ihm erzählt. Weder Christopher noch Dan, noch irgendjemand anderem aus meinem Freundeskreis.

Keiner Menschenseele. Nicht einen Mucks. Nicht von den Briefen, nicht von den Anrufen, von gar nichts.

Der Missbrauch, den ich erlitt, war psychischer, nicht physischer Natur, wie die meisten Verbrechen im Missbrauchsskandal. Wenngleich es für mich persönlich auch eine körperliche Erfahrung war, die Art und Weise, wie er allmählich in alle Bereiche meiner physischen Umgebung eindrang, so heftig, dass es irgendwann schwierig für mich wurde, meinen Alltag zu leben, ohne mir seiner ständigen Präsenz bewusst zu sein und mich seinem stets wachsamen Blick unterwerfen zu müssen.

Ich weiß nicht, ob er sich ganz bewusst gerade noch bremsen konnte, die körperliche, sexuelle Grenze zu überschreiten. Ob er meinte, dass er, indem er das Körperliche knapp verfehlte, weiterhin sein katholisches Gelübde in Ehren halten und mit gutem Gewissen behaupten konnte, er habe mir nie etwas angetan. Bis heute bin ich mir nicht im Klaren darüber, was schlimmer ist: die anhaltende unerwünschte Aufmerksamkeit, die ich stillschweigend ertrug, bis ich nicht noch mehr ertragen konnte, bis mir an nichts mehr etwas lag, nicht einmal an meinem Leben, oder aber die Möglichkeit, dass er eines Tages vielleicht beschließen würde, die Grenze zum körperlichen Missbrauch zu überschreiten. Es gab Momente, in denen ich mich danach sehnte, er möge genau dies tun, denn – so abscheulich das auch klingen mag – körperlicher Missbrauch würde vielleicht eine Spur auf meinem Körper hinterlassen, eine Spur, auf die ich hinweisen und die ich der Polizei zeigen könnte. So wie es aussah, hatte ich nichts, was ich irgendwem zeigen konnte. Briefe auf einem Stapel schienen mir nichts zu sein, was die Alarmglocken schrillen ließ. Also schwieg ich weiterhin. Und bald wurde mir schlecht davon.

Es dauerte nicht lange, bis er merkte, dass ich seine Post nicht las.

Ich hatte keine Ahnung, was in seinen Briefen stand oder was er mir überhaupt geschickt hatte. Er sprach über den Inhalt und ging davon aus, dass ich davon Kenntnis hatte. Ich wurde verlegen, und das war die Bestätigung, dass ich mir nicht die Mühe gemacht hatte, seine Briefe zu öffnen. Das veranlasste ihn dazu, mir im Voraus zu sagen, was er mir schicken würde, etwas, das ich auf jeden Fall öffnen sollte.

Wenn er mich bedrängte, damit ich erfuhr, was auf dem Weg war, und mir sagte, wie wichtig es sei, dass ich es las, versprach ich ihm, es zu tun. Aber im Laufe des Sommers scherte ich mich immer weniger darum, ob ich seinen Wünschen nachkam oder ihn verärgerte. Er konnte mir tausendmal sagen, ich solle einen Brief öffnen, und ich warf ihn trotzdem einfach auf die Fensterbank meines Büros zum Rest des Stapels.

Seine Frustration darüber wuchs, genauso wie seine Wut und seine Bestürzung darüber, bis das Ganze so riesig und ineinander verstrickt war, dass er immer größer und grotesker erschien, obwohl er ein kleiner Mann war. Klein und unterwürfig. Aber auf mich wirkten seine Gesichtszüge verzerrt, sein unschuldiger Blick bekam etwas Bedrohliches, seine elfenhafte Gestalt – nicht muskulös, nicht stark, sondern eher zerbrechlich – etwas Einschüchterndes. Sein dichtes, grau meliertes Haar wurde immer grauer, als würde er vor meinen Augen schnell altern, und der Abstand der Jahre zwischen uns wurde von Tag zu Tag größer.

Der Stapel in meinem Büro wuchs auf vielleicht hundert Briefe an, fast alle ungeöffnet. Sie lagen kreuz und quer über die Fensterbank verteilt. Ich hasste ihren Anblick. Sie lösten einen Cocktail aus Schuldgefühlen, Abscheu und Angst in mir aus. Ich tat mein Bestes, um diese Gefühle zu verdrängen, sie wegzuschieben und die Übelkeit erregende Sorge zu ignorieren, die sie jedes Mal auslösten, wenn mein Blick zu den Stellen wanderte, wo sie herumlagen. Es schien, als würden sie mich verhöhnen. Irgendwann waren es so viele und der Berg so schwer kontrollierbar, dass ich eines Tages den Mülleimer in meinem Büro holte, zur Fensterbank trug und mit einem Arm alle auf einmal in den Müll beförderte.

9

Ich versuchte, ihm von meinem Freund zu erzählen.

Es war Juli, mitten im Sommer. Ich saß mit ihm im Untergeschoss seines Klosters und trank Tee. Zwischen uns war eine Art Abrechnung im Gange. Er ließ sich über die Dinge aus, die ich nicht mehr tat oder nicht mehr bereit war, für ihn zu tun, und zählte meine Versäumnisse auf. Ich wartete mit allen möglichen Ausflüchten auf, warum ich diese Dinge nicht mehr tat, und wollte ihn unbedingt dazu bringen, meine Lügen zu glauben. Schließlich brauchte ich immer noch die Zustimmung und Unterstützung dieses Professors für meine Doktorarbeit.

Ob ich meine Promotion abschließen konnte, hing von seiner Bereitschaft ab, mir bei meiner Kandidatur den Rücken zu stärken und die umfassenden Prüfungen, mein Dissertationsvorhaben und die eigentliche Dissertation durchzuziehen. Meine Abhängigkeit von ihm war groß. Er würde in dem Ausschuss sitzen, der meine beiden Prüfungen bewertete, und er würde wahrscheinlich in meinem Promotionskomitee sitzen, wenn nicht sogar, als mein Doktorvater, den Vorsitz innehaben. Den Beifall dieses Mannes in Missbilligung umzuwandeln, hätte katastrophale Auswirkungen für mein Studium. Ich musste sicherstellen, dass ich nichts tat, was sein Wohlwollen aufs Spiel setzte.

Also bemühte ich mich, ihn zwischendurch zu besänftigen, indem ich einwilligte, ihn zu treffen. Ich siebte seine fortwährenden Einladungen akribisch aus und versuchte, klug und sparsam zu wählen, um die Zeit, die wir miteinander verbrachten, zu begrenzen. Ich merkte, dass er, wenn ich ihn komplett mied, langsam durchdrehte, dass es sein Bedürfnis, mich zu sehen, nur noch mehr anheizte, also versuchte ich, das Ganze auf Sparflamme am Köcheln zu halten. Fast verhielt er sich so, als wäre er mein Freund, der eifersüchtig wurde, wenn ich keinen Riesenaufwand betrieb, um ihn zu sehen, mich um ihn zu kümmern, etwas mit ihm zu unternehmen. Ich gab mir alle Mühe, diesen Vergleich nicht zu ziehen. Es fühlte sich so falsch an – aber falsch von meiner Seite aus, nicht von seiner.

Die Abrechnung zwischen uns war eine Abrechnung der Bemühungen. Er hatte das Gefühl, dass er sich ständig um mich bemühte, mir eine helfende Hand reichte, mir schrieb, an meinem Leben teilnahm, präsent und verfügbar war, doch ich hätte in den letzten Monaten praktisch keinerlei Anstrengungen unternommen, dasselbe für ihn zu tun. Diese Erkenntnis brachte ihn aus der Fassung. Ihm war klar, dass sich seit Anfang Mai oder sogar schon seit April etwas verändert hatte, und das ließ ihn verzweifeln, und umso verzweifelter versuchte ich, die Dinge wieder ins Lot zu bringen.

Ich wollte ihn beruhigen. Ich lernte, dass ein einziges, verlässliches Ja auf eine seiner Bitten das Gleichgewicht für eine Weile wiederherstellte. Danach schien er wieder mit den Dingen, mit mir, im Reinen zu sein, und vergaß für ein paar Tage die wachsende Liste meiner Fehler, die ihn plagten.

So meisterte ich diese Situation.

Und so kam es letztendlich dazu, dass ich in meinem traurigen kleinen Mazda quer durch die Stadt zu dem Kloster fuhr, in dem er mit seinen Mitpriestern lebte, damit wir im Untergeschoss Tee trinken konnten. Genau wie alle seine vorherigen Vorschläge schien es eine harmlose Bitte zu sein oder eine der harmloseren Bitten im Vergleich zu den Einladungen, gemeinsam wegzufahren, die in diesem Sommer immer wieder bei mir landeten. Es war ja nicht so, dass ich ihn in meinem Auto irgendwohin fahren würde. Ich würde allein dort hingehen und allein wieder aufbrechen. Ich würde mich in einem Gebäude voller Priester und Mönche aufhalten. Alles wäre in Ordnung.

Es gibt Momente, an die ich mich erinnere und von denen ich heute weiß, dass sie Wendepunkte waren – Dinge, die er tat und die alles veränderten, oder Dinge, die sich ereigneten und die ich danach nicht mehr aus meinem Kopf verbannen konnte. Der Tee im Untergeschoss seines Klosters ist einer dieser Momente.

Als ich am Kloster ankam und aus dem Auto stieg, war ich sogar ein bisschen aufgeregt, ihn zu treffen. Fast schon ungeduldig eilte ich zum Vordereingang. Ich hatte einen Plan für heute, und es war ein guter Plan. Ich wollte ihn in die Tat umsetzen, es hinter mich bringen. Später am Nachmittag, wenn ich wieder gehen würde, wäre ich sicherlich enorm erleichtert. Ich würde mich darüber freuen, ihn in meinem Leben zu haben. Alles wäre wieder in Ordnung.

Der Plan lautete, ihm von Christopher zu erzählen.

Ich hatte darüber nachgedacht, als ich dem Besuch zustimmte, und ich hatte auf der Fahrt zu ihm darüber nachgedacht, bei laufender Klimaanlage und voll aufgedrehtem Radio, und mich selbst davon überzeugt, dass es funktionieren würde. Ihm von meinem Freund zu erzählen, schien mir geeignet, das krängende Schiff, auf dem wir uns befanden, wieder auf Kurs zu bringen. Es würde etwas in unsere Beziehung einbringen, wodurch alles wieder so ungefährlich werden würde, wie es sich am Anfang angefühlt hatte. Es würde die seltsame Spannung herausnehmen, die sich wie ein unwillkommener Gast, der nicht gehen will, bei uns eingenistet hatte.

Ich klopfte an die Vordertür, und ein anderer Priester machte auf. Er schien nicht überrascht zu sein, mich zu sehen, und auch nicht, dass ich eine junge Frau war, die einen anderen Priester seiner Gemeinde besuchen wollte. Das ermutigte mich. Es war eine gute Entscheidung gewesen, meinen Professor in seiner Residenz zu treffen, wo es viele andere Priester gab, die alle im Zölibat lebten. Ich würde von Menschen umgeben sein, die das Gelübde abgelegt hatten, ungefährlich zu sein.

Ich wurde zu einem Platz geführt, wo ich auf meinen Professor warten konnte. Ich setzte mich hin, faltete die Hände im Schoß und wippte mit dem Fuß. Ich war bereit, die Sache hinter mich zu bringen, bereit, die Distanz zu überwinden zwischen einem Leben mit dem Gefühl konstanter Unruhe und einem Leben mit dem genialen Gefühl von Erleichterung, alles würde wieder gut werden.

Er erschien und führte mich hinunter ins Untergeschoss, das als eine Art Wohnzimmer eingerichtet war, in dem die Mönche Gäste zu Kaffee, Tee und Snacks empfangen konnten. Es gab einen kleinen Tisch mit Stühlen. Er machte uns Tee und füllte einen kleinen Teller mit Keksen. Wir setzten uns fast nebeneinander, der kleine Tisch stand seitlich von uns. Wir begannen eine Unterhaltung. Ich habe keine Ahnung, worüber. Fünfzehn Minuten vergingen. Dreißig. Fünfundvierzig.

Ich habe mir immer wieder gesagt: *Jetzt, Donna. Tu es. Jetzt ist der richtige Moment. Sag es.*

Aber ich wusste nicht so recht, wann oder wie ich eine Bemerkung über meinen Freund in das Gespräch einflechten sollte. Es ist kein Thema, über das ich offen mit meiner Familie redete, kein Thema, über das ich mit meinem eigenen Vater reden würde, da wir in meiner Familie grundsätzlich nicht über Freunde oder meine aktuellen romantischen Gefühle für jemanden sprachen. Aber ich wusste, dass ich tief durchatmen und loslegen musste. Ich war überzeugt, dass die Belohnung es wert sein würde. Die Belohnung wäre die Befreiung von all meinen Ängsten.

»Also«, setzte ich an, nachdem etwa eine Stunde vergangen war. Ich fixierte den halb leeren Keksteller. »Ich habe Ihnen etwas Aufregendes zu erzählen!« Meine Stimme klang übermäßig enthusiastisch, schrill, nervös.

Ich sah auf.

Er lächelte, während er an seinem Tee nippte.

Er schien glücklich zu sein, denn er wartete auf die Neuigkeiten, die ich ihm überbringen wollte. Er freute sich immer, wenn ich ihm etwas Wichtiges, etwas Persönliches mitteilte, besonders in letzter Zeit. Die geschenkten Informationen, die ich ihm im ersten Semester meines Studiums so bereitwillig überlassen hatte, waren selten geworden. Mittlerweile musste er nach ihnen graben, sie aus mir herauspulen, und hier saß ich nun, im Begriff, ihm eine zu schenken, ohne dass er mich dazu drängte.

»Was gibt's?«, fragte er.

»Ich bin verliebt! Ich habe einen Freund, und er ist wunderbar! Sein Name ist Christopher!«

Selbst jetzt, beim Niederschreiben, winde ich mich vor Peinlichkeit, wenn ich mich an die Situation erinnere, und meine Wangen brennen vor Scham über die gekünstelte, naive Manier, in der ich das Thema ansprach, wie ein kleines aufgeregtes Mädchen und nicht wie eine junge Frau; eher wie ein Teenager.

Ich beobachtete ihn. Ich wartete darauf, dass er etwas sagte, dass er mir sagen würde, wie wundervoll diese Neuigkeit war, dass er mich wie ein vernarrter Elternteil über diesen Freund ausfragen würde, dass er mich fragen würde, wie ich diesen jungen Mann kennengelernt hatte, wo er aufs College gegangen war, was er studiert hatte, ob er einen Job hatte oder ebenfalls an der Graduate School war. Ich stellte mir vor, dass wir ein bisschen schwatzhaft wären, wie mit einer Freundin, die neugierig ist, alles über diese erfreuliche Wendung in meinem Leben zu erfahren. Ich war so eine Idiotin, mir vorzustellen, dass irgendetwas davon eintreten könnte.

Sein Lächeln erlahmte. Sein glücklicher Gesichtsausdruck zerbröckelte. Es gab einen Moment, in dem es schien, als hätte er zu atmen aufgehört, das Schweigen zog sich unangenehm in die Länge. Dann, endlich, sagte er etwas.

Er wechselte das Thema.

Ich weiß nicht einmal, worauf. Ich weiß nicht mehr, was er sagte, aber die Erinnerung an ihn, als er das Thema wechselte, ist eine der klarsten, die ich in meinem Leben habe.

Er lenkte das Gespräch in eine neue Bahn, als hätte er nichts gehört, als hätte ich ihm nicht gerade offenbart, dass ich jemanden kennengelernt hatte, dass ich mit dieser Person zusammen war, dass ich mich in ihn verliebt hatte. Diese Enthüllung hatte sich wie eine irre große Sache angefühlt, ein Versuch, eine gewisse familiäre oder kindliche Intimität herzustellen. Aber statt einer Gratulation hatte ich eine Ohrfeige bekommen.

Ich hatte wirklich geglaubt, er würde mir antworten, wie sehr er sich für mich freue und wie gerne er diesen jungen Mann sogar kennenlernen wolle. Auf der Fahrt zum Kloster hatte ich mir ausgemalt, wie wir drei, mein Freund, mein Professor und ich, uns bald auf einen Kaffee treffen würden. Wie er meinem Freund wie ein Vater – wenn auch spielerisch – auf den Zahn fühlen würde, um sich zu vergewissern, dass sein Interesse an mir echt war. Wie wir drei lachen und uns gut amüsieren würden. Wie ich später begreifen würde, wie lächerlich mein Unbehagen diesem freundlichen, großväterlichen Mann gegenüber gewesen war, den ich irgendwann zu meiner Hochzeit einladen würde und der die Zeremonie vielleicht sogar leiten würde.

Er nippte immer mal wieder an seinem Tee und redete einfach weiter.

Ich saß da wie betäubt. Mein Plan war auf die denkbar schlechteste Weise nach hinten losgegangen. Er war nicht nur fehlgeschlagen, sondern die Aussicht auf Erleichterung war so weit in die Ferne gerückt, dass sie verschwand. In Wirklichkeit hatte mein Plan alles noch schlimmer gemacht. *Ich* war jetzt am Boden zerstört. Ich wollte nur weinen.

Irgendwoher wusste ich, dass sein Themenwechsel, seine Weigerung, meine Worte über einen Freund und meine Verliebtheit auch nur zur Kenntnis zu nehmen, für sich genommen eine Art Geständnis war – und bedeutete, dass er es nicht ertragen konnte, diese Informationen aus meinem Mund zu hören. So unerträglich, dass er vorgab, er würde sie nicht hören. Dass er buchstäblich so tat, als wären sie nicht laut ausgesprochen worden. Seine Antwort war, sie zu löschen. Ich wusste, was dieses Verhalten verriet, aber wie bei allem anderen im Zusammenhang mit ihm häufte ich so viele Ausreden an, warum er auf diese Art reagierte, dass die Erkenntnis bald darunter begraben war.

Und ich gab mir die Schuld für das, was an diesem Nachmittag geschah. Ich stellte alles, was meine Entscheidung, das Thema anzusprechen, betraf, infrage. Vielleicht war es meine Schuld, dass die Situation schwierig geworden war. Vielleicht war es unangemessen, mit einem im Zölibat lebenden katholischen Priester über einen Freund zu sprechen. In der Gemeinde, in der ich aufgewachsen war, hatte ich kaum Erfahrungen mit Freundschaften zu Priestern gemacht, jedenfalls nicht so, als dass ich ihnen von meinem Liebesleben erzählt hätte. Es stimmte allerdings auch, dass ich gerne, gemeinsam mit meinen Kommilitonen von der Georgetown, mit den Jesuiten in ihrem Wohnheim auf dem Campus Mahlzeiten einnahm, und ich könnte mir durchaus vorstellen, beim Abendessen einen neuen Freund als Gesprächsthema anzubringen und mich von ihnen freundlich über ihn ausfragen zu lassen. Aber faktisch war so etwas noch nie vorgekommen, und es wäre mir nicht eingefallen, einem Jesuiten von meinem Freund zu erzählen.

Ich starrte meinen Professor an, der immer weiterschwafelte, die Finger um den Henkel seines Bechers geklammert, seine unverhältnismäßig süße Stimme erfüllte das Untergeschoss des Klosters wie zu viel Zucker, die beharrlich vorgebeugten Schultern übten Zug nach vorne aus, immer weiter nach vorne, immer stärker in meine Richtung, immer näher. Ich setzte ein falsches Lächeln auf. Ich hörte auf, meinen Tee zu trinken und die Kekse zu essen. Schließlich verließ ich das Kloster und fuhr nach Hause.

Ich hatte ein Geheimnis.

Er war mein Geheimnis.

»Wo warst du den ganzen Nachmittag?«, fragte Christopher später am Abend.

Er war zu mir in die Wohnung gekommen, um bei mir zu übernachten. Ich fuhrwerkte mit allem herum, was mir in die Finger kam. Wusch das schmutzige Geschirr ab, putzte Oberflächen, ordnete Bücher in meinen Regalen.

»Ich war einkaufen«, antwortete ich ihm.

»Und du hast nichts gekauft?«

»Nein.«

Christopher lachte – ein gutmütiges, fröhliches Lachen. »Das sieht dir gar nicht ähnlich.«

Ich versuchte es auch mit Lachen. »O doch. Ich kann einkaufen gehen und nichts kaufen!«

Jetzt log ich also meinen Freund über meinen Aufenthaltsort an. Einige der Dinge, die mein Professor tat, konnte ich nicht verbergen. So reichte schon ein Blick auf die Post auf meiner Fensterbank, und es war ein Leichtes festzustellen, dass sie von einer einzigen Person stammte. Die Anrufe in meiner Wohnung erfolgten egal zu welcher Uhrzeit, auch wenn Christopher bei mir übernachtete oder wenn andere Freunde mich besuchten. Die Einladungen blieben weitgehend unbemerkt, es sei denn, ich nahm sie an und ging irgendwohin, was ich nicht mehr tat – jedenfalls nicht mehr oft. Aber bislang hatte ich nicht aktiv verheimlicht, was ich tat und wohin ich ging. Ich hatte den Menschen, die mir etwas bedeuteten, nicht offen ins Gesicht gelogen – ich hatte lediglich Halbwahrheiten von mir gegeben.

Aber mein Nachmittag bei Tee und Keksen mit meinem Professor fühlte sich schmutzig an.

Als hätte ich etwas falsch gemacht.

Als hätte *ich* eine Grenze überschritten.

Also erzählte ich Christopher nicht, wo ich gewesen war. Ich merkte, dass ich es nicht konnte. Ich habe mich zu sehr geschämt.

Die Mauer, die ich zwischen meinem Professor und allem anderen in meinem Leben errichtet hatte, wurde höher, breiter und undurchdringlicher. Mein Gehirn arbeitete unermüdlich an dieser Baustelle, wie ein Bauunternehmer, der eine Frist einzuhalten hatte.

»Hast du Hunger?«, fragte ich ihn und öffnete den Kühlschrank.

»Immer«, erwiderte Christopher.

Nicht lange nach meinem Besuch im Kloster schickte mir mein Professor diesen mattgelben Umschlag mit seinem Artikel, verlangte, ich solle ihn lesen, und ließ mich wissen, wir würden ihn nach seiner Rückkehr von seiner Reise besprechen. Er ließ mich wissen, dass dies unbedingt erforderlich war.

Die Last zweier Personen zu tragen ist anstrengend.

Zwei Menschen zu sein, zwei Gehirne zu haben, ist anstrengend.

In jenem August versuchte ich, während seiner Abwesenheit so zu tun, als würde er nicht existieren. Doch die Energie, die mir mein neuer Job an der Georgetown gab, all die tatkräftigen Menschen, die ich dadurch kennenlernte, all die geschäftige Ablenkung durch die Arbeit und den Studienplan, all der Spaß mit meinem Freund, mit Christopher und Dan, weil sie zusammenwohnten, würde in dem Moment schwinden, in dem ich diesen Umschlag auf meinem Couchtisch entdeckte. Ich würde von vorne anfangen müssen, von Grund auf, würde seine Existenz aus meinem Kopf und dem Leben, das ich lebte oder zu leben versuchte, auslöschen.

Ich habe probiert, meine Erinnerungen an ihn zu beseitigen, vor allem die kraftvollsten, wie die von dem Tag, an dem ich endlich diesen Artikel las. Überaus plastische Schnappschüsse, die Farben unverhältnismäßig gesättigt und hell, grelle Bilder, die feuerfest und unzerstörbar sind.

Das Licht war gelb, an den Rändern fast orange, und die Feuchtigkeit ließ die Luft schmutzig werden.

Der Couchtisch war rechteckig, lang, fast so lang wie die Couch, von der Farbe eines Milchkaffees, glatt und mit dürftigen falschen Maserungen durchzogen, damit er nach echtem Holz aussah.

Der Umschlag war an einigen Stellen durch den zurückgelegten Postweg ausgefranst. Er lag in der linken oberen Ecke des Tisches, etwa zehn Zentimeter von beiden Kanten entfernt. Mit der Vorderseite nach unten, damit ich nicht meine Adresse in seiner Handschrift sehen musste, meinen von ihm geschriebenen Namen, die Anschrift seines Klosters, des Ortes, an dem ich kürzlich versagt hatte, die Dinge ins Lot zu bringen.

Der Fernseher stand schräg in der Ecke an der Fensterwand, gleich hinter dem Couchtisch. Ich hatte die Möbel so nah wie möglich an die Fenster geschoben, denn ich liebte diese Fenster, den Himmel dahinter, die warme Brise, die sie hineinließen, all das Sonnenlicht. Ich saß auf der Couch, die Füße auf der Tischkante, mit Blick auf die Fenster und den Fernseher, und drehte mich vom Umschlag weg – immer nur weg.

Im Nachhinein wäre es so einfach gewesen, den Umschlag wegzuwerfen, ohne ihn zu öffnen. So war ich bereits mit so vielen anderen Dingen verfahren, die er mir geschickt hatte. Nur dass er es dieses Mal merken würde. Er würde es herausfinden, weil er genau von dieser einen Sache so besessen war, und ich würde Ärger kriegen, sobald klar wäre, dass sie im Müll gelandet war. Ich vermute, er wollte mich unbedingt dazu bringen, diesen Artikel zu lesen, weil er ein Liebesgeständnis war, und er wollte meine Reaktion darauf ermessen, wollte unbedingt wissen, was ich ihm darauf antworten würde.

Ich erinnere mich so deutlich daran, wie mein Herzschlag aussetzte und sich wieder beschleunigte, wie ich das Blut in meinen Ohren rauschen hörte, wie ich meine nackten Füße gegen die Kante des Couchtisches presste, mich in die Sofakissen sinken ließ; ich erinnere mich an den Artikel auf meinen Knien, an meine nackten Oberschenkel, während ich eine Seite nach der anderen umblätterte. Ich erinnere mich noch genau daran, wie später das Telefon klingelte, wie sehr es mir davor graute, den Hörer abzunehmen, und wie dann – obschon es nicht wie befürchtet *er* war – mein Vater eine neue Variante des Grauens in mein Leben einschleuste. In unser Leben.

»Deine Mutter hat Krebs.«

Doch *dieser* Schmerz – die Konfrontation mit dem bevorstehenden Tod meiner Mutter, die Wahrscheinlichkeit ihres Todes – wurde durch das andere, ihn übertönende Entsetzen hinausgezögert und betäubt. Der Artikel, das Gerede von Liebe, von Priestern, die sich in Jahrzehnte jüngere Frauen verlieben, davon, wie schön und wundervoll ein solches Ereignis sei, wahrhaft ein Geschenk Gottes, diese Liebe sexuell zu erfüllen, mit Küssen und Umarmungen, verursachte mir derartig starke Magenschmerzen, dass ich die Nachricht zurückdrängte, die mein Vater mir überbracht hatte.

Ich schäme mich, wenn ich mich daran erinnere, wie der Anruf meines Vaters eine neuartige Energie in mir erzeugte, eine neue Zielstrebigkeit, eine Redlichkeit in meinem weiteren Vorgehen, und jede dieser beiden Eigenschaften würde mich fortbringen, fort, fort von diesem Professor und seinem bescheuerten Bedürfnis nach einem Gespräch über seinen Essay. Inzwischen trug ich, wohin ich auch ging, einen Mantel der Schande. Manchmal habe ich ihn immer noch an – für das bloße Auge unsichtbar, aber für mich so offensichtlich wie die hochhackigen Stiefel, in denen ich während des Semesters durch die Gegend stapfte und deren Klack, Klack, Klack jeden um mich herum darüber informierte, dass ich im Anmarsch war.

Nach Beendigung des Gesprächs mit meinem Vater tätigte ich zwei Anrufe.

Als Erstes rief ich Christopher an.

»Meine Mutter hat Eierstockkrebs. Ich muss nach Rhode Island fahren. Und zwar jetzt sofort.«

»Gib mir dreißig Minuten«, sagte Christopher ohne die übliche Verspieltheit in seiner Stimme. »Ich bin gleich da.«

Als Nächstes *ihn*.

Ich hinterließ eine Nachricht in seinem Kloster.

»Ich werde bei Ihrer Rückkehr nicht da sein. Ich fahre nach Hause. Meine Mutter hat Eierstockkrebs. Sie wird morgen operiert. Sie könnte *sterben*«, fügte ich hinzu und wiederholte die an mich gerichteten Worte meines Vaters.

Dann legte ich auf.

Innerhalb von fünf Minuten hatte ich meinen neuen Refrain bereits zweimal geübt.

Meine Mutter hat Eierstockkrebs. Sie könnte sterben.

Es war die Älteste aller Ausreden, und ich würde sie in den kommenden Monaten so oft hervorholen und als Rechtfertigung ihm gegenüber einsetzen, gegen den Stress, den er in mein Leben brachte – so oft während der kommenden Monate, dass bei der Erinnerung daran mein ganzer Körper zu glühen beginnt.

Ich fing an, mich selbst zu hassen.

Das Schlimmste ist, dass ich dachte – dass ich wirklich glaubte –, die Tatsache der Krebserkrankung meiner Mutter würde ausreichen, um das Problem aus der Welt zu schaffen, dass es das Gespräch mit ihm über den Essay für immer beenden und seine Annäherungsversuche entschärfen würde, denn wer rückt einer jungen Frau zu Leibe, die verletzlich ist, die trauert und zusieht, wie der Krebs ihre Mutter allmählich zerstört? Wer tut so etwas?

Er tut so etwas. Er tat es.

Wie ich schon zu Beginn sagte, dachte ich, ich sei erlöst. Aber ich war nicht erlöst, ganz und gar nicht. Das Schlimmste stand mir erst noch bevor.

ZWEITER TEIL

10

Bei meiner Ankunft zu Hause in Rhode Island war es dunkel. Meine Mutter lag wimmernd im Schlafzimmer. Meine Mutter, die nie weinte.

Die Fahrt war lang und schweigsam gewesen. Uns fiel selbst während der acht Stunden, die Christopher und ich im Auto verbrachten, nicht viel ein, was wir hätten sagen wollen. Was konnte man denn schon sagen, wenn man die Nachricht über das Todesurteil für die eigene Mutter erhielt?

Im Wohnzimmer saß mein Vater in sich zusammengesunken in einem der weichen braunen Ledersessel, die sich in unserem Haus befanden, seit ich denken konnte. Die Ellbogen auf den Armlehnen aufgestützt, bedeckte er mit beiden Händen sein Gesicht und hörte dem Schluchzen meiner Mutter zu.

Wir haben uns kaum begrüßt.

»Geh zu deiner Mutter«, war alles, was er sagte.

Ich fürchtete mich davor, ihr gegenüberzutreten, der Tatsache, dass sie Krebs hatte, ins Auge zu sehen. Ihr Zimmer war dunkel, meine Mutter lag in der Embryohaltung auf dem Bett, ein schemenhaftes Päckchen. Als sie mich reinkommen hörte, sagte sie zwischen ihren Klagelauten immer und immer wieder dasselbe.

»Ich dachte, ich wäre dabei, wenn du deinen Doktortitel erhältst! Ich wollte mitbekommen, wie du deinen Abschluss machst und Doktorin wirst!«

Ich stand da und hörte zu, stand noch in der Tür, mir war zum Heulen zumute wegen allem, was gerade passierte, wegen der Angst und des Kummers, beides so deutlich in der Stimme meiner sonst so starken Mutter zu hören, meiner Mutter, die der Fels in der Brandung unserer Familie war. Es war unerträglich, das mit anzusehen. Ich begann im Geiste auszurechnen, wie viel Zeit nötig wäre, damit sie dabei sein könnte, wenn ich meinen Doktortitel erhalte. Ich wollte ihr diese Gelegenheit ermöglichen, wegen der sie immer wieder in Tränen ausbrach, ich wollte sie ihr mit jeder Faser meiner Existenz ermöglichen.

In all dem Schrecken dieser Nacht hat es mich kalt erwischt, dass das Einzige, was meine Mutter beweinte, die Aussicht darauf war, nicht dabei zu sein, wenn ich meine Doktorwürde erhalte. Sie weinte nicht wegen meiner Hochzeit oder meiner zukünftigen Kinder, sondern wegen meines Anblicks, wenn ich über ein Podium gehe, um mein Diplom zu erhalten, wegen des einen Augenblicks. Das berührte mein Herz und brach es zugleich. Es bedeutete, dass meine Mutter endlich begriffen hatte, wie ich tickte, dass sie diese Seite von mir wahrgenommen hatte, die ich am meisten an mir schätzte, und dass sie sich entschlossen hatte, sie ebenfalls wertzuschätzen. Sie wollte an meinem Doktortitel teilhaben, weil sie wusste, dass es das war, was mich am meisten mit Stolz auf mich selbst erfüllen würde. Es war das erste Mal, dass meine Mutter offenbarte, dass sie diese Seite an ihrer Tochter ergründet hatte, dass sie ihr genauso wichtig war wie mir. Es war dieselbe Frau, die mir, genau wie mein Vater, ein paar Jahre zuvor gedroht hatte, mich von der Georgetown zu nehmen, weil ich Philosophie studieren wollte. Sie hatte eine Kehrtwende gemacht. Ich war gerührt, aber gleichzeitig auch erschüttert deswegen.

Die Chancen, dass sie bei diesem Anlass an meiner Seite sein würde, waren verschwindend gering. Es würde mehr oder weniger ein Wunder erfordern. Ich hatte noch mindestens vier Jahre an der Graduate School vor mir. Und auch nur dann, wenn alles glattlief. Meine Mutter müsste Eierstockkrebs im fortgeschrittenen Stadium überleben, damit ich ihr diesen Wunsch erfüllen konnte, und im Moment erschien das unmöglich.

Aber ich würde mein Bestes tun. Ich würde versuchen, es zu schaffen. Ich würde alles perfekt hinkriegen, alles rechtzeitig fertigstellen, sogar vor Abgabetermin, ich würde meine Professoren und Professorinnen überreden, mir zu helfen, und Gott würde seinen Teil dazu beitragen und meine Mutter den nächsten Tag überstehen lassen. Mein Glaube an Gott war nicht sonderlich groß, aber der meiner Mutter sehr wohl, und mehr noch als an Gott glaubte ich an sie. Wenn sie diese Operation überlebte, würde sie wieder der Fels in der Brandung werden, der sie immer gewesen war, und den Krebs als die beeindruckende italienische Dame bekämpfen, die sie war.

»Bitte hör auf, Mom«, sagte ich, ging an ihr Bett, kletterte hinauf und legte meine Arme um sie. »Man weiß nie, was passieren wird. Das hast du mir immer gesagt.«

Der Tag, an dem meine Mutter operiert wurde, war der längste Tag meines Lebens und wahrscheinlich auch der längste im Leben meines Vaters, zumindest bis zu diesem Zeitpunkt. Ihre Ärzte sprachen in aller Deutlichkeit über die große Wahrscheinlichkeit, dass sie nicht überleben würde, und dass, falls sie doch überlebte, der Krebs so gestreut hatte, dass eine Operation möglicherweise nichts mehr brachte. Mein Vater und ich ließen Christopher im Haus zurück, damit er auf meine verwirrte Großmutter aufpasste und sichergestellt war, dass sie versorgt wurde, während wir den Tag im Krankenhaus verbrachten. Meine Großmutter zeigte zu diesem Zeitpunkt bereits Anzeichen von Alzheimer, und meine Mutter hatte sich um sie gekümmert.

Im Warteraum war es eng, das Sonnenlicht fiel durch die Fenster an der Wand hinter uns auf unsere Rücken. Freunde besuchten uns im Laufe des Vormittags, dann um die Mittagszeit und am Nachmittag wieder. Sie brachten uns Essen und leisteten uns Gesellschaft. Meistens aber saßen mein Vater und ich schweigend da, während sich die Stunden hinzogen. Aus Morgen wurde Nachmittag und dann früher Abend, und wir sehnten uns verzweifelt nach Neuigkeiten, nach jeder noch so kleinen Nachricht. Ich machte mich auf die Suche nach den Krankenschwestern, um zu erfahren, ob sie mir etwas über den Zustand meiner Mutter sagen konnten. Mein Vater und ich rechneten schließlich mit dem Schlimmsten, dass die Operation schlecht laufen müsse, weil sie so lange dauerte. Wir waren bereits fast zwölf Stunden hier. Die Krankenschwestern waren freundlich, sie hörten zu, sie taten ihr Bestes, um an Informationen zu kommen, auch wenn ich mittlerweile alle fünfzehn Minuten nach einem Lagebericht fragte.

Ich hielt mich nicht mehr im Wartesaal auf. Ich schaffte es nicht mehr, still auf einem Stuhl zu sitzen. Ich tigerte durch die Gänge des Krankenhauses und kam immer wieder am Schwesternzimmer vorbei. Wir waren schon seit vier Uhr morgens im Krankenhaus.

Weit nach fünf Uhr abends, gegen sechs, kam der Arzt meiner Mutter zu uns.

»Ihre Mutter hat die Operation überstanden«, sagte er uns.

Mein Vater ist ein stoischer Mensch, der, genau wie meine Mutter, niemals weint. Er ist der Inbegriff an Zurückhaltung. Doch jetzt weinte er, als hätte er alle Tränen seines Lebens bis zu diesem Augenblick zurückgehalten. Er und ich saßen da und umarmten uns, als der Arzt die weniger gute Nachricht überbrachte. Sie hatten einen Großteil des Krebses entfernt, aber es war noch viel übrig. Sie durften ihn nicht tangieren, dort wo er ihr ganzes Zwerchfell bedeckte; es war zu riskant, diesen wichtigen Atemmuskel zu perforieren. Ihre Prognose lautete etwa sechs Monate, mit etwas Glück vielleicht ein Jahr. Eierstockkrebs ist ein aggressiver Krebs. Er hatte Metastasen gebildet, und ihre Überlebenschancen waren gering. Aber man würde versuchen, ihn mit Chemotherapie und Bestrahlung zu bekämpfen. Es würde ein langer Weg für meine Mutter sein. Für uns alle.

Während des gesamten Gesprächs stellte ich ihm »Was-wäre-wenn«-Fragen – über den Krebs, darüber, wie man ihn verschwinden lassen könnte, darüber, was passieren würde, wenn er verschwinden würde. Er war geduldig, aber irgendwann, nachdem ich wieder eine Frage gestellt hatte, hielt er inne, holte tief Luft und sagte mir etwas, das ich schon wusste, das jeder weiß, das ich schon eine Million Mal gehört hatte, aber das war das erste Mal, dass sich seine Bedeutung wirklich in meinem akademischen Gehirn festsetzte.

»Es gibt keine Heilung für Krebs«, sagte der Chirurg. »Ihre Mutter wird immer Krebs haben. Und selbst wenn wir ihn jetzt entfernen, wird er zurückkommen. Eierstockkrebs kommt immer zurück.«

Mein Vater und ich warteten eine weitere Stunde, bis wir sie sehen durften, nur für ein paar Minuten, denn sie war erschöpft und brauchte Ruhe. Sie war noch nicht ganz wach, aber sie stöhnte ein wenig, als sie uns sah. Ihr Mund war völlig ausgetrocknet, ihre Haut rissig und beinahe blutig, ihre Lippen waren weiß. Wir fütterten sie mit Eiswürfeln aus einem kleinen Pappbecher, den eine der Krankenschwestern uns gab.

Auf der Heimfahrt waren mein Vater und ich etwas gesprächiger, etwas hoffnungsvoller. Ihre Prognose war nicht gut, aber wir wussten, dass meine Mutter, die uns mit ihrer permanenten Umtriebigkeit und ihren Ideen und Projekten oft in den Wahnsinn trieb, ganz bestimmt auch ihren Krebs in den Wahnsinn treiben und ihn vielleicht zum Abtauchen bewegen würde. Meine Mutter war sagenhaft, lachte immer und bereitete Soßen und Nudeln und italienische Kekse nach Rezepten zu, die aufzuschreiben sie sich weigerte. Sie sprach zu laut, sodass man sie schon von Weitem hören konnte und damit man immer wusste, dass sie da war. Sie hatte mehr Energie als wir alle zusammen und unterrichtete ihre Vorschulkinder mit einem Elan, den nur wenige der Eltern aufbringen konnten. Sie war eine Naturgewalt. Sie würde die Kraft eines Hurrikans aufbieten, um den Krebs, der in ihrem Körper verblieben war, zu besiegen.

Als mein Vater und ich in die Garage fuhren und zur Haustür hereinkamen, merkten wir, dass wir am Verhungern waren, und beschlossen, eine Pizza zu bestellen.

Der arme Christopher saß auf dem hässlichen Kunstledersofa vor dem Fernseher und war erleichtert, uns zu sehen. Meine Großmutter kauerte schlaftrunken in einem der Sessel. Er sprang auf und nahm die zwei Stufen, die in die Küche führten, mit einem Satz. Wir informierten ihn über den Zustand meiner Mutter. Ich bin sicher, er konnte heraushören, dass trotz ihrer Prognose eine gewisse Hoffnung in meinem Vater und mir aufkeimte. Die Stimmung unterschied sich deutlich von der bedrückenden Verzweiflung, die das Haus am Abend zuvor und am Morgen vor unserem Aufbruch ins Krankenhaus erfüllt hatte.

»Wie ist es heute gelaufen?«, fragten wir ihn und meinten damit meine Großmutter.

»Na ja«, meinte Christopher, »sie wollte immer wieder wissen, wer ich sei und ob etwas mit Concetta passiert sei. Ich habe ihr immer wieder gesagt, dass Concetta im Krankenhaus operiert wird, aber dann hat sie es vergessen und wieder gefragt. Und dann hat deine Großmutter ungefähr fünfzehn Mal das Haus gesaugt.«

Ja, das macht sie, erklärten wir ihm kichernd. Als mein Vater den Hörer abnahm, um die Pizza zu bestellen, fiel Christopher noch etwas ein. Er drehte sich zu mir um. »Ach ja, dein Professor hat angerufen. Father L.?«

Ich erinnere mich, wie sich daraufhin alles in mir zusammenzog, wie mein leerer Magen schmerzte und mir diese Worte die Kehle zuschnürten. Ich erinnere mich an die Dunkelheit der Nacht draußen im Kontrast zu den hellen Lichtern in der Küche. Ich erinnere mich, wie Christopher auf der einen Seite der Kochinsel stand und ich auf der anderen. »Er hat mich *hier* angerufen?«

Christopher nickte.

Alles kollabierte. Meine Lunge, die Muskeln in meinen Beinen. Ich klammerte mich an den Rand der Kochinsel, lehnte mich dagegen, um mich aufrecht zu halten. »Was wollte er?«

»Er macht sich Sorgen um deine Mutter und wollte wissen, wie die Operation verlaufen ist. Ich soll dir ausrichten, dass er von seiner Reise zurück ist und mit dir sprechen muss. Er will, dass du ihn sofort anrufst.«

»In Ordnung.« Ich wandte mich an meinen Vater. »Wie lange dauert es noch, bis die Pizza kommt?«, fragte ich, und das Gespräch verlagerte sich auf andere Dinge.

Zum zweiten Mal geriet ich in Panik, in echte Panik.

Die erste Panikattacke kam, als ich diesen Briefumschlag auf meinem Couchtisch geöffnet und seinen Artikel gelesen hatte. Es war erst einen Tag her, aber es kam mir wie ein Jahr vor, nach allem, was ich in den vergangenen vierundzwanzig Stunden durchgemacht hatte. Aber sein Anruf im Haus meiner Familie in Rhode Island schien auf eine neue Dimension hinzuweisen, eine Steigerung seiner Aufmerksamkeit, seiner Verzweiflung. Als ich ihm die Nachricht in seinem Kloster hinterlassen hatte, hatte ich tatsächlich geglaubt, dass ich durch die Krebserkrankung und die

Operation meiner Mutter jede Menge Zeit gewinnen und mich befreit fühlen würde, was ihn betraf. Wer würde jemanden bedrängen, der so schreckliche Nachrichten zu verkraften hatte? Wer würde jemanden behelligen, wenn er mit seiner Familie zusammen war und versuchte, mit dieser schrecklichen neuen Realität fertigzuwerden? Wer würde dieser Person nicht ihren Freiraum lassen?

Nie und nimmer wäre mir in den Sinn gekommen, dass er in dem Haus in Rhode Island, in dem ich aufgewachsen war, im Haus meiner Familie anrufen würde. Nie und nimmer wäre mir in den Sinn gekommen, dass er auf so eine Idee kommen könnte. Natürlich hatte ich ihm die Telefonnummer nicht gegeben. Aber natürlich besorgte er sie sich. Wie all die anderen Nummern und Adressen, die er sich besorgt hatte, war auch die Adresse meiner Familie in Rhode Island in meiner Akte an der Graduate School enthalten.

Ich war wütend – auf ihn, auf mich selbst –, aber wenn ich das laut sagen würde, wenn auch nur zu Christopher, würde ich die Kontrolle darüber verlieren, es würde sich in meinem Körper einlagern wie Kalk, wie ein neuer Knochen. Darüber zu schweigen, meine Ängste nie laut auszusprechen, bedeutete, dass die Situation ein Fantasiegebilde bleiben würde. Nicht wirklich real und daher möglicherweise nur eine Fiktion, die sich in meinem Kopf festgesetzt hatte. Wenn sie nur in mir lebte, wenn ich sie nie nach außen dringen ließ, dann war ich immer noch in der Lage, Macht über sie auszuüben, sie zu verzerren, sie meinem Willen zu unterwerfen, und mein Wille war es, ihr Wahrsein abzustreiten.

Also gab ich mir, wie mit allem anderen, was er getan hatte und weiterhin tat, die allergrößte Mühe, um diese neueste Tat zu verdrängen. Ich hatte keine Zeit, mich mit ihm und seinen dummen Bedürfnissen zu beschäftigen. Ich hatte nicht das Zeug dazu, mich mit ihm zu befassen, Christopher oder meinen Freunden irgendetwas von seinem Verhalten zu erzählen, und ganz sicher wollte ich nichts davon meinem Vater anvertrauen. Meine Mutter hatte gerade eine Operation überstanden, und sie könnte immer noch sterben. Meine Großmutter hatte Alzheimer, mein Vater konnte nicht einmal eine Schüssel Spaghetti zubereiten, und ich musste dafür sorgen, dass meine Familie diese schreckliche Situation überstand. Das hatte für mich absolute Priorität.

Und dennoch dominierte dieser Anruf alles, was mir durch den Kopf ging, und ich erinnere mich, den Gedanken gehabt zu haben, dass man nirgends, an überhaupt keinem Ort, in Sicherheit war.

Ich verbrachte vier, vielleicht fünf Tage zu Hause.

Jeden Morgen standen mein Vater und ich auf und fuhren ins Krankenhaus, um meine Mutter zu besuchen. Jeden Tag war sie ein bisschen wacher, ein bisschen fröhlicher, ein bisschen gesprächiger. Sie erfreute die Krankenschwestern mit ihrem Humor, ihrer positiven Einstellung und ihrer Entschlossenheit, schnell wieder gesund zu werden. Sie wollte schon aufstehen und herumlaufen, obwohl es noch eine Weile dauern würde, bis das realistisch wäre. Sie trieb die Krankenschwestern in den Wahnsinn, so wie sie uns immer in den Wahnsinn getrieben hatte, aber so, dass sie alle damit zum Lachen brachte.

»Ihre Mutter hat einen starken Willen«, sagte eine von ihnen bei einem Besuch mit einem breiten Lächeln im Gesicht und schüttelte den Kopf. »Und das verheißt Gutes für ihre Genesung.«

»Der Glaube Ihrer Mutter ist stark«, sagte ihr Chirurg eines Nachmittags zu uns. Er blieb auch während der Chemotherapie weiterhin ihr behandelnder Onkologe. »Das wird ihr helfen. Ihr

Gebet zu Gott und ihr Glaube, dass Gott zuhört, haben ihr Hoffnung und eine gute innere Einstellung gegeben. Das ist sehr wichtig im Kampf gegen den Krebs.«

Ich war überrascht, dass ein Arzt, ein Krebschirurg, überhaupt über Gebet und Gott redete, dass er mit meiner Mutter über diese Dinge sprach und ihren katholischen Glauben ernst nahm. Aber so war es, und das bedeutete ihr mehr als alles andere auf der Welt, was wiederum meinem Vater und mir mehr als alles andere auf der Welt bedeutete. Ich fühlte mich plötzlich so schuldig wegen der barschen Worte, die ich ihr als Studentin über ihren Gott an den Kopf geschmissen hatte, und dass ich nicht an ihn glaubte. An der Uni war ich eine bekennende und lautstarke Atheistin geworden, ich behielt meinen Verdacht, dass Gott nicht existiert, nicht länger für mich, und es war mir egal gewesen, wie sehr das meine Mutter durcheinanderbrachte. Sie rief mich manchmal an und fragte mich, woran ich glaubte, warum ich nicht glaubte, was ich zu glauben bereit wäre.

»Was, wenn Gott eine Frau wäre?«, fragte sie eines Tages im Auto, als ich zu Besuch war. »Ich glaube, Gott könnte eine Frau sein«, bot sie an – eine Bemerkung, auf die ich damals antwortete: »Mir egal, Mama.«

Aber jetzt war ich dankbar für ihren Gott und die Aussichten, wie dieser Gott ihr helfen würde, den Krebs zu besiegen. Ich würde zu diesem und jedem anderen Gott beten, wenn es meiner Mutter einen weiteren Tag Leben schenken, wenn es sie auf den Weg der Besserung bringen würde. Was auch immer funktionierte, ich würde es tun.

In der Zwischenzeit eilten die Menschen aus der katholischen Kirchengemeinde und auch aus der Schulgemeinde meiner Mutter herbei und kümmerten sich um meine Familie. Sie brachten uns Essen und noch mehr Essen. Was nicht in unseren Mägen landete, fand seinen Platz in der Gefriertruhe für später. Ich erinnere mich, dass ich eine Lasagne, die jemand für uns zubereitet hatte, in große Quadrate schnitt. Ich wickelte jedes Stück einzeln in Alufolie ein, sodass mein Vater es nur noch im Ofen aufwärmen und auf einen Teller legen musste. Ich machte mir Sorgen, was er und meine Großmutter essen würden, ob er überhaupt essen würde, wenn ich nicht da war.

Nachbarn, Gemeindemitglieder, die wir gut kannten, und andere, die wir nicht kannten, kamen bei uns zu Hause vorbei, um Hallo zu sagen und nach uns zu sehen und um uns ihre Hilfe bei der Pflege meiner Großmutter anzubieten, die uns weiterhin täglich, fast stündlich, nach meiner Mutter fragte und ob ihr etwas zugestoßen wäre. Wir antworteten ihr jedes Mal, und dann vergaß sie es wieder.

Die Pfarrer kamen vorbei, die Nonnen auch, allen voran die beste Freundin meiner Mutter. Als meine Mutter aus dem Krankenhaus kam, erschien einer von ihnen jeden Tag bei uns zu Hause, um ihr das Abendmahl zu reichen, und zwar während der gesamten Chemo- und Bestrahlungszeit, also fast ein Jahr lang. Die Lehrerinnen an der katholischen Schule meiner Mutter, an der sie über ein Jahrzehnt lang die Vorschule geleitet hatte, legten ihre Urlaubstage zusammen und schenkten sie ihr, damit sie die Chemotherapie ohne Kündigung ihrer Stelle oder unbezahlten Urlaub durchstehen konnte. Sie wollten sicherstellen, dass sie in dieser schwierigen Zeit ihr volles Gehalt erhielt, und sie wollten sicherstellen, dass sie weiterhin krankenversichert blieb. Sie waren entschlossen, dass sie trotz ihrer düsteren Prognose überleben und wieder als Lehrerin arbeiten würde, und wollten sie im nächsten Jahr zurückhaben. Dieser außergewöhnliche Akt der Freundschaft und Güte rührt mich immer noch zu Tränen, wenn ich daran denke.

Die Hilfsbereitschaft war allgegenwärtig, wohin wir uns auch wandten. Mein Vater und ich waren so dankbar. Ich bin diesen

Menschen immer noch dankbar und werde es immer sein. Ich bin und werde immer dankbar sein für die Intensität des Glaubens meiner Mutter und die Art und Weise, wie er für uns alle zu einer Rettungsinsel wurde.

Selbst meine neue Vorgesetzte und meine Mitarbeiter an der Georgetown wollten helfen, wo sie nur konnten.

»Nehmen Sie sich die Zeit, die Sie brauchen,«, sagte die Leiterin des Office for Residence Life zu mir, als ich ihr erklärte, dass ich wegen der Operation meiner Mutter sofort nach Hause müsse und dass ich vermutlich das ganze Semester über dort bleiben würde.

Sie sagte dies, obwohl ich durch diese Fahrten die Eröffnung meines Wohnheims verpassen würde, bei der Hunderte von Studienanfängern mit ihren Eltern im Schlepptau in das Gebäude einziehen würden – eine der Hauptverantwortlichkeiten meiner Stelle. Sie sorgte dafür, dass an diesem Tag und an jedem anderen Tag, an dem es nötig wäre, alles geregelt war. Sie sagte mir, es gebe Wichtigeres als die Arbeit und dass meine Mutter immer Vorrang hätte. Sie tat das Ganze ab, als wäre das gar kein Problem, obwohl ich genau wusste, was für einen Mordsaufwand es bedeutete. Sie und das übrige Personal halfen mir für den Rest des Unterrichtsjahres nach Kräften. Katholiken, wohin ich mich auch wandte, waren so gut zu mir und wollten mit anpacken, um mir über diesen schwierigen Lebensabschnitt hinwegzuhelfen, sogar an meinem Arbeitsplatz.

Mein Vater und ich diskutierten über die Graduate School und darüber, was ich mit diesem Semester anfangen sollte. Ich war hin- und hergerissen. Ich sagte ihm, ich könne wieder zu Hause einziehen, aber davon wollte mein Vater nichts wissen. Insgeheim war ich erleichtert. Wie sollte ich meiner Mutter den Wunsch erfüllen, bei meiner Doktortitelverleihung dabei zu sein, wenn ich mein Studium abbrach? Mein Vater argumentierte, dass sie entsetzt wäre, wenn ich das Studium wegen ihrer Erkrankung aufgäbe, und ich wusste, dass das stimmte. Wir vereinbarten, dass ich so oft wie möglich nach Hause fahren würde, am besten jedes Wochenende, und das so lange, wie meine Professoren und Professorinnen und meine Chefin mit meinem Ausfall klarkämen. Sie kamen damit klar, also begann ich schon bald zwischen Georgetown, Washington D.C. und Rhode Island zu pendeln, zwischen meiner Arbeit als TA und den Kursen und meinem Job als RD, meinem Vater, der nicht kochen konnte, meiner Großmutter, die sich nicht mehr erinnern konnte, und meiner Mutter, die im wahrsten Sinne des Wortes den Kampf ihres Lebens vor sich hatte.

In den ersten Tagen nach der Operation meiner Mutter rief mein Professor noch ein weiteres Mal an.

Nachdem Christopher mir die erste Nachricht überbracht hatte, ging ich nicht mehr ans Telefon, aus Angst, ich würde seine Stimme am anderen Ende hören, sobald ich »Hallo« gesagt hatte. Als er das zweite Mal anrief, war ich zufällig wieder nicht da. Ich war im Supermarkt. Als ich mit den Einkaufstüten in der Hand nach Hause kam, blickte mein Vater von der Zeitung auf, die er auf dem Küchentisch ausgebreitet hatte.

»Einer deiner Professoren hat angerufen? Ein Father L.?« Die Intonation meines Vaters stieg am Satzende an und verwandelte die Information in zwei separate Fragen.

Ich stellte die Tüten auf den Tresen und dachte, ich müsste mich übergeben. »Okay, danke, Dad.«

»Er möchte, dass du ihn sofort zurückrufst. Es klang wichtig.«

»In Ordnung.«

Mein Vater zeigte auf den Notizblock, den wir neben dem Telefon liegen hatten. Er hatte sorgfältig den Namen und die Nummer des Professors aufgeschrieben und die Aufforderung, ihn *sofort* zurückzurufen, in Großbuchstaben geschrieben und unterstrichen.

Er widmete sich wieder seiner Zeitung.

Ich begann, die Lebensmittel auszupacken und sie in die Schränke und den Kühlschrank einzuräumen.

Meine Großmutter schlurfte vorbei und wollte wissen, wo meine Mutter sei, ob ich Milch und Saft gekauft hätte, obwohl wir schon je drei Kartons horteten, weil wir es ihr immer vom Einkaufen mitbringen sollten.

Mein Vater schien sich keine großen Gedanken darüber zu machen, dass ein Priester-Professor aus der Graduate School bei mir zu Hause anrief. Er wusste, dass ich immer ein enges Verhältnis zu meinen Lehrern gehabt hatte, dass sie ein fester Bestandteil meines Lebens waren, daher dürfte es nicht allzu ungewöhnlich gewirkt haben. Dass Mitglieder des Lehrkörpers bei uns zu Hause anriefen und uns besuchten, war etwas ganz Normales – alle Sorten von Lehrern und Lehrerinnen aller Art, aus meiner Kindheit, die auch Kollegen und Kolleginnen meiner Mutter waren. Ich war eine engagierte Schülerin und meine Mutter war eine engagierte Lehrerin, die jeden anderen Unterrichtenden in unserer Stadt kannte. Es gab alle möglichen Priester und Nonnen und katholische Gläubige, die mit uns auf jede erdenkliche Weise Kontakt hielten, sie standen vor der Tür, riefen uns an oder besuchten meine Mutter im Krankenhaus.

Was bedeutete da schon ein Priester mehr oder weniger?

* * *

Christopher und ich fuhren zurück nach Washington, D.C. Er machte auch keinerlei Bemerkungen über die Anrufe, wahrscheinlich weil er, genau wie mein Vater, wusste, dass ich engen Kontakt zu meinen Professoren an der Georgetown hielt, vor allem, seit ich auf dem Campus wohnte. Er machte Witze darüber, ich sei Lehrers Liebling, und wir lachten darüber, da Christopher auch Lehrer war.

Ich kam nach Hause, packte meine Sachen aus, atmete durch und versuchte, eine ruhige Nacht in meiner Wohnung zu verbringen. Ich hatte meinen Professor nicht von Rhode Island aus zurückgerufen, und ich rief ihn auch jetzt nicht an.

11

Er ließ nicht locker.

Er nutzte die Krebserkrankung meiner Mutter als neuen Vorwand, um mit mir in Kontakt zu treten. Er rief bei mir zu Hause an und wollte wissen, ob es ihr gut geht, wie die Diagnose lautet. Er benutzte diese Fragen als Vorwand für den wahren Grund, aus dem er bei mir anrief:

Wann würden wir endlich über seinen Essay reden?

Hatte ich ihn gelesen? Wann würden wir uns treffen, um darüber zu reden?

Ich hatte den Essay natürlich nicht vergessen, obwohl ich mir das wünschte. In jenen Tagen in Rhode Island verdrängte ich ihn aus meinem Bewusstsein, aber was ich auch tat, er tauchte immer wieder auf, wie eine Ankerboje, die nicht unter Wasser bleiben wollte. Jedes Mal, wenn er mir in den Sinn kam, führte ich erneut stumme Streitgespräche mit mir selbst, ob der Essay mir etwas sagen wollte – ob es ein Liebesgeständnis war, wie indirekt auch immer –, oder ob es einfach nur Zufall war, dass er einen Text verfasst hatte, der die Liebe eines älteren, im Zölibat lebenden Priesters zu einer viel jüngeren Frau rechtfertigte. Eine Frau, mit der er sich heimlich im Wald traf, um mit ihr Sex zu haben.

Je nach Tag oder Stunde entschied ich mich für die eine oder die andere Variante. Natürlich war es ein Liebesgeständnis. Natürlich war es ein Angebot. Natürlich ging lediglich meine Fantasie mit mir durch, und der Essay bedeutete rein gar nichts. Das Ganze war eine eindeutige Proklamation, wem wollte ich etwas anderes weismachen? Ich war zweifellos ein schrecklicher Mensch, dass ich einen Priester eines solch unangemessenen Verhaltens verdächtigte, verdächtigte, sein Gelübde zu brechen, oder zumindest andeutete, dass er es gerne täte.

Oder aber war besagter Artikel nichts anderes als eine Rechtfertigung dafür – das Zölibatsgelübde zu brechen, um die Liebe zwischen Menschen zu erfahren? Hatte er nicht argumentiert, dass es für einen Priester genau genommen eine gute Sache war, dieses Gelübde zu brechen, weil die menschliche Liebe auf die göttliche Liebe hinwies? Behauptete er etwa nicht auf den Seiten des Artikels, dass die Liebe zwischen einem Mann und einer Frau dem Priester helfen könne, die Liebe Gottes in einem besseren, intimeren Licht zu erfahren?

Ja, ich hatte den Text gelesen, aber das würde ich ihn auf gar keinen Fall wissen lassen.

Also habe ich gelogen und wieder gelogen. Ich sagte ihm, dass ich keine Zeit gehabt hätte, dass ich ihn gerade hätte lesen wollen, als ich den Anruf wegen meiner Mutter erhielt, dass ich wegen der Heimfahrt und dem nachfolgenden Chaos einfach nicht dazu gekommen sei. Er erhob Einwände: Aber hatte ich nicht fast einen Monat vor ihrer Diagnose Zeit gehabt, ihn zu lesen? Hatte er nicht dafür gesorgt, dass mir ausreichend Zeit blieb? War die Diagnose nicht gegen Ende seiner langen Reise im August gestellt worden?

Ja, aber. Ja, aber. Ja, aber, sagte ich ihm, mit einem wachsenden Berg von Ausreden. Mein neuer Job. Meine neue Fortbildung. Meine neue RA-Mitarbeiterausbildung. Nur Christopher, meinen Freund, erwähnte ich nicht, denn dieser Versuch war bereits in eine Katastrophe gemündet. Ich benutzte alles, was mir nur einfiel, um seine Fragen abzuwehren, sein Drängen nach dem Warum und Wann und dem Warum nicht und Wieso denn.

Schön, aber könnte ich ihn jetzt lesen? Bald? Wann?

Er brauchte mich wirklich. Er wollte den Text *wirklich* besprechen.

Nein, äh, ich glaube nicht. Die Kurse fangen gerade an. Ich habe eine Menge zu tun. In bin die ganze Zeit an der Uni. Der Doktortitel war meiner Mutter sehr wichtig, und ich wollte sie nicht enttäuschen, gerade jetzt nicht. Außerdem würde ich an den Wochenenden nach Rhode Island fahren und jede Woche die lange achtstündige Fahrt hin und zurück auf mich nehmen. Wann sollte ich da noch Zeit haben, etwas zu lesen, zusätzlich zu all dem, was ich fürs Studium lesen musste? Es war einfach nicht realistisch. Nein, es tut mir leid, aber ich kann ihn jetzt nicht lesen. Zu schade, ich hätte ihn sehr gerne gelesen. Es tut mir so leid. Ehrlich. Vielleicht komme ich dazu, wenn es ruhiger wird. Aber das wird noch eine ganze Weile dauern.

Nö. Nein. Nein. Ich kann nicht. Nein. Tut mir leid, aber nein. Keine Zeit. Nein.

Ich hatte endlich den Schalter umgelegt. Ich wechselte von stiller Duldung über stille Vermeidung hin zu offener Ablehnung seiner Bitten.

Ich bin nicht einverstanden.

Bin. Ich. Nicht.

Ich sprach meine Neins laut aus, aber nur, weil ich das Gefühl hatte, keine andere Wahl zu haben. Er quetschte diese Neins aus mir heraus, drückte zu, bis sie aus meinem Mund herauskamen, sich aus meiner Kehle lösten. Er bedrängte mich so sehr, so oft, er war so hartnäckig, dass ich nicht wusste, was ich sonst tun sollte.

Könnte ich mich mit ihm auf einen Kaffee treffen?

Ein Theaterstück ansehen?

Abends mit ihm essen gehen?

Könnte er vorbeikommen und sich meine Wohnung anschauen?

Wollte ich mich irgendwo, irgendwann, für irgendwas mit ihm treffen?

Wir sollten uns einfach sehen, sagte er, ungeachtet des Artikels. Als mein guter Freund mache er sich Sorgen um mich. Er wolle sich vergewissern, dass es mir gut gehe. Ich hätte ja eine Menge zu tun. Und Freunde vergewisserten sich, dass es ihren Freunden gut ging. Freunde besuchten Freunde, die eine schwere Zeit durchmachen. Freunde tun dies. Freunde tun das. Freunde, Freunde, Freunde.

Freund wurde sein neues Lieblingswort.

Als dein Freund möchte ich ... Ich bin ... Wir sollten ... Er rief in meiner Wohnung an und leitete alles, wozu er mich einladen wollte, mit diesen Worten ein. Wenn ich seine neueste Idee für ein Treffen ablehnte, tadelte er mich mit genau diesem Wort.

»Don-*na*«, sagte er mit der immer gleichen Modulation meines Namens, einer druckvollen Absenkung der zweiten Silbe, als hätte er eine Hand auf meinem Kopf und wollte mich zu Boden drücken. Es folgte immer das Wort *Freund*, wie eine verstimmte Klaviertaste, die durch mein Inneres klirrte. »Freunde verbringen Zeit miteinander. Freunde tun etwas füreinander. Du bist eine furchtbare Freundin.«

Ich war eine furchtbare Freundin.

Von da an sagte er das immer und immer wieder zu mir. Behauptete es immer wieder. Stimmte das? War ich eine furchtbare Freundin?

Von da an fragte auch ich mich das ständig. Grübelte darüber nach, ob es stimmte. Wieder entbrannte ein Streitgespräch in mir. Vielleicht war er tatsächlich ein Freund, und ich war diejenige, die ihn schlecht behandelte. Schlimmer noch, ich behandelte einen Professor schlecht. Einen *Priester*. Einen, der auch der Leiter meines Promotionsstudiengangs war. Was hatte ich mir dabei gedacht, ihn so zu verärgern? Keine gute Idee. Überhaupt keine. Ich war dabei, alles in den Sand zu setzen.

Aber damals hatte ich so viele Freunde, und ich wusste, dass ich eine gute Freundin war. Das stimmte. Ich schwöre es.

Widerwille. Empörung. Furcht. Wut. Hilflosigkeit.

Hass.

So viel Hass.

Ich fing an, ihn zu hassen.

Ich begann, ihm Schlechtes zu wünschen, zu wünschen, dass ihm etwas Schreckliches zustoßen würde, wie zum Bespiel von einem Bus überfahren zu werden. Ich wünschte mir seinen Tod. Alles, was ihn dazu bringen würde, den Kontakt zu mir abzubrechen. Ich befürchtete allmählich, dass nur etwas Schlimmes, wie eine schwere Krankheit oder der Tod, ausreichen würde, damit er verschwand.

Ich saß wie ein gefangenes Tier in der Ecke, die Arme vor der Brust verschränkt, und versuchte, diesen Feind abzuwehren, der mich immer wieder heimsuchte, egal was ich tat. Er weigerte sich aufzuhören. Er weigerte sich einfach. Es spielte keine Rolle, wie ich das Wort *Nein* sagte oder wie oft ich es sagte, er würde es wieder versuchen. Mein Einverständnis oder Nichteinverständnis waren vollkommen irrelevant. Oder vielleicht war es eher so, dass er mein *Nein* nicht hören konnte, weil er es nicht hören wollte. Das einzige Wort, das er aus meinem Mund hören wollte, war *Ja*. Und bis ich nicht das aussprach, was ihm gefiel, würde er taub bleiben.

Meine Mutter war etwa einen Monat lang zu Hause, bevor ihre Chemotherapie begann. Ihr Arzt wollte, dass sie so stark wie möglich war, denn die Chemo würde unfassbar hart werden. Sie war froh, in ihrem Zuhause zu sein, am Leben zu sein, bei meinem Vater und ihrer Mutter, meiner Großmutter, zu sein, ein bisschen zur Ruhe zu kommen, bevor sie sich all dem stellen musste, was vor ihr lag.

Wir haben jeden Tag telefoniert, wenn ich nicht zu Besuch war.

Bei einer dieser Unterhaltungen erzählte sie mir Ende September in jenem trällernden Singsang, den sie immer einsetzte, als wäre auch ich eines ihrer Vorschulkinder, dass sie einen netten Brief von meinem Freund, dem Priester erhalten habe.

»Wie meinst du das?«, fragte ich sie.

Ich wusste wirklich nicht, wovon sie da redete. Zuerst nicht.

»Dein Professor von der Graduate School«, erklärte sie. »Du hast ihm meine Adresse gegeben?«

Übelkeit. Furcht. Entsetzen. Schock. All das traf mich auf einen Schlag.

Ich weiß, dass es schwer zu glauben sein muss – rückblickend, mit dem Gesamtbild, das mir die jahrzehntelange Distanz ermöglicht, ist es sogar für mich schwer zu glauben –, aber ich habe das nicht kommen sehen. Sein Geschick, sich in jeden Winkel meines Lebens einzuschleusen, traf mich jedes Mal, wenn er sich eine neue Methode ausgedacht hatte, aufs Neue unerwartet. Er war eine stalkende Krake, in jeder Hand einen Brief, ein Telefon oder eine Einladung, er benutzte alle seine Arme gleichzeitig, und ich war in ihrem Wirrwarr gefangen.

Das war der Moment, in dem ich resignierte. Ich kapitulierte vor der Unmöglichkeit, einen solchen Feind zu besiegen.

»O ja«, log ich meine Mutter an. »Das stimmt«, log ich noch mehr. »Er hat mich nach deiner Adresse gefragt, und ich habe sie ihm gegeben!« Lügen, Lügen, Lügen. »Er wollte dir Genesungswünsche schicken!«

Noch während ich ihr diese Dinge sagte, krampfte sich mein Magen zusammen.

Schrieb er jetzt meiner Mutter?

Er schrieb jetzt meiner Mutter.

12

Ich hörte auf, ihn in seinem Büro zu besuchen, also kam er stattdessen zu mir.

Ich hatte keine Kurse bei ihm, was bedeutete, dass ich keinen Grund hatte, ihn zu treffen, wenn ich zur Uni ging. Ihn nicht treffen zu müssen, war eine Befreiung. Anders als im letzten Jahr hatte ich in diesem Herbstsemester nicht vor, mir die Mühe zu machen, in den Flügel zu gehen, in dem sich sein Büro befand, die Treppe zu seinem Flur hinunterzusteigen und nachzusehen, ob seine Tür für Besucher geöffnet war. Ich wollte einen Bogen um jeden Raum machen, in dem er möglicherweise Atem schöpfte. Er hatte alle meine Nummern und Adressen, und ich konnte ihn nicht daran hindern, in meiner Wohnung anzurufen, mich telefonisch einzuladen, mir oder meiner Mutter Briefe zu schicken oder mich anzurufen, wenn ich meine Familie in Rhode Island besuchte. Doch so viel Handlungsspielraum glaubte ich zu besitzen.

Ich habe mich geirrt.

Mittlerweile suchte er in meiner Akte nach meinem aktuellen Stundenplan, dem Ort meiner Kurse, damit er immer wusste, wo ich mich aufhielt, über welche Gänge ich wann gehen müsste. Er fand Gefallen daran, vor dem Seminarraum zu warten, bis mein Professor, sein Kollege, uns entließ.

Ich kam aus dem Raum, und da stand er im Flur. Wie ein Aufpasser. Tat so, als wäre er mit etwas anderem beschäftigt. Oder er befand sich zufällig im Treppenhaus, wenn ich von einem Seminar zum nächsten ging, und sah sich ein Buch an oder eine Liste von Studenten oder sogar eine Arbeit, die er benotete. Wenn er mich sah, tat er immer überrascht.

Ich reagierte dann genauso überrascht. Am Anfang *war* ich überrascht.

Doch als sich diese zufälligen Begegnungen auf Fluren und in Treppenhäusern häuften, wirkten sie weniger wie ein Produkt des Zufalls und eher wie die Folge seiner Kenntnis meines Zeitplans und seines dementsprechenden Auftauchens im Gebäude. Ich fing an, mich überall zu beeilen oder so zu tun, als würde ich ihn auf dem Gang nicht sehen, und verbot mir, mich in seine Richtung zu drehen. Wenn dies nicht möglich war und ich diesem Mann doch gegenüberstand, tat ich so, als ob ich mich freute, ihn zu sehen, obwohl sich in meinem Magen jedes Mal, wenn ich ihn auf mich warten sah, ein flaues Gefühl ausbreitete, als hinge er an einem Anker.

»Oh, hallo!«, würde ich sagen. »Wie schön, Sie zu sehen!«

»Ihrer Mutter scheint es besser zu gehen«, erwiderte er, oder etwas in der Art, was darauf hinwies, dass er und meine Mutter in Kontakt standen. Er liebte es, mir Dinge über meine Mutter zu erzählen.

Ja, sie hat ihm zurückgeschrieben.

Ich wusste das, und ich fand es ätzend. Ich fand es ätzend, von ihm die Bestätigung dafür zu erhalten. Aber was sollte ich tun? Wie hätte ich sie wohl davon abhalten können, ihm zu schreiben? Die katholische Kirche, ihre Priester und Nonnen und ihr Gott halfen meiner Mutter dabei, den Krebs zu besiegen, und sie halfen meiner Familie dabei, diese Situation durchzustehen. Ich brachte es nicht über mich, das Vertrauen meiner Mutter in eine ihrer kirchlichen Autoritätspersonen zu zerstören, indem ich ihr sagte, dass sie auf die Briefe nicht antworten dürfe, dass ich damit nicht einverstanden sei. *Natürlich* war ich damit nicht einverstanden, aber würde ich sie davon in Kenntnis setzen, käme sofort die Frage, warum, und ich müsste ihr entweder die Wahrheit sagen, wozu ich nicht in der Lage war, oder ich müsste mir einen anderen Beweggrund einfallen lassen. Doch mir fiel keine plausible Ausrede ein.

Daher schrieb meine Mutter, nachdem sie Briefe von einem meiner Professoren, der auch Priester war, erhalten hatte, pflichtbewusst zurück, wie jede gute Katholikin. Und er beantwortete ihre Briefe, und sie seine, und so weiter. So begann ihre Korrespondenz.

Er freute sich unglaublich darüber und scheute sich nicht, mich wissen zu lassen, was für eine gute Briefeschreiberin meine Mutter, was für ein freundlicher Mensch sie doch sei, was für eine gute Katholikin trotz ihres schrecklichen Leids.

Im Gegensatz zu mir, der furchtbaren Freundin.

»Don-*na*«, rief er meinen Namen quer über den Flur. Und wenn ich versuchte, so zu tun, als würde ich ihn nicht hören, rief er wieder »Don-*na*«, nur lauter.

Seine Stimme folgte mir überallhin.

Ich wurde jetzt so vielen Dingen nicht mehr gerecht, und er erinnerte mich ständig daran. Ich kam nicht in sein Büro, ich öffnete seine Briefe nicht, ich wollte nicht lange am Telefon bleiben, wenn er anrief, und ich nahm seine Einladungen nicht mehr an – keine einzige. Wenn er sich beklagte, tat ich mein Bestes, um ihn zu beschwichtigen, um ihn glauben zu machen, zwischen uns wäre alles in Ordnung, damit er sich besser fühlte. Ich wollte mit jedem Molekül meines Seins, dass alles in Ordnung ist. Ich glaubte, dass ich die Dinge durch bloße Willenskraft, durch mein strahlendes Lächeln und den Enthusiasmus in meinem Tonfall in Ordnung bringen könnte. Die Alternative war undenkbar, also weigerte ich mich, sie in Betracht zu ziehen. Ich musste mich um zu viele andere Dinge kümmern.

Ich wollte ihn nicht sehen, ich wollte ihn partout nicht sehen.

Ich saß in meinen Kursen, während die Uhr die letzten Minuten heruntertickte, und hoffte, dass er dieses Mal, wenn ich den Raum verließ, nicht draußen warten würde. Aber er war da, egal wie sehr ich hoffte oder wie sehr ich betete. Die guten Tage waren irgendwann diejenigen, an denen er nicht da war, und sie wurden immer weniger. Ich begann das Hinausgehen aus einem Kurs zu hassen. Ich begann, mich vor diesem Moment zu fürchten. Manchmal schindete ich Zeit, indem ich mit dem Professor oder der Professorin sprach, während die anderen Studierenden den Raum verließen. Manchmal gingen alle anderen, und ich blieb allein zurück, die letzte Person im Raum, und dachte, wenn ich noch ein bisschen länger wartete, würde er vielleicht annehmen, ich sei an diesem Tag krank zu Hause, und gehen.

Ich fing an zu glauben, dass ich verrückt sein müsse, dass ich verrückt würde. Ich sagte mir immer wieder, dass ich mir das nur einbildete, dass es nur ein Zufall war, dass er so oft vor meinen Klassen oder in den Treppenhäusern zwischen den Stockwerken stand, dass es nichts Schlimmes war, wenn ein Professor auf dem Flur oder auf der Treppe stand, dass er jedes Recht hatte, dort zu stehen, wo er stehen wollte. Es war sein Arbeitsplatz. Es war normal, dass er sich im Gebäude aufhielt.

Je schrecklicher und überreizter und verrückter ich mich fühlte, desto mehr lächelte ich, wenn ich durch die Flure der Schule ging und meinen Mitschülern begegnete. Ich musste allen um mich herum beweisen, dass alles in Ordnung war. Ich hatte Angst davor, was andere Leute denken könnten, wenn mir das nicht gelang, wenn ich bei dieser Aufgabe versagte. Ich hatte Angst davor, dass Gerüchte aufkommen würden, dass man mich von der Graduate School werfen würde, weil ich, wie auch immer ich es angestellt hätte, diesen Mann dazu gebracht hatte, das zu tun, was auch immer er tat.

Es war eine Lehrstunde der Maskerade. Ich wurde richtig gut darin. Ich wurde eine ausgezeichnete Schauspielerin.

Eines Nachts, nachdem ich mit Christopher geschlafen hatte, merkte ich, dass das Kondom gerissen war.

In Panik rief ich meine Freundin Hannah an. Hannah war besessen von der sexuellen Selbstbestimmung der Frau, deshalb war ich sicher, dass sie eine hilfreiche Antwort parat haben würde.

»Du brauchst die Pille danach«, sagte sie mir.

Gleich am nächsten Tag ging ich zu Planned Parenthood, um mir eine zu besorgen. Es waren die späten Neunzigerjahre, als solche Präparate noch nicht frei verkäuflich im Drugstore erhältlich waren.

»Ihnen wird wahrscheinlich sehr übel werden«, sagte die Frau bei der Beratungsstelle. »Aber Sie müssen sämtliche Pillen einnehmen – wirklich alle –, komme, was da wolle.«

Ich stimmte zu, ich würde sie nehmen, denn eine Schwangerschaft schien mir ein weitaus schlimmeres Problem zu sein als ein bisschen Erbrechen. Christopher kam vorbei und gelobte, sich um mich zu kümmern, bei mir zu bleiben, egal wie elend ich mich fühlen würde.

Zuerst spürte ich keine Veränderung.

Na ja, dachte ich, *vielleicht gehöre ich zu den wenigen Menschen, die das Zeug gut vertragen.*

Ich dachte, ich sei gerade noch mal davongekommen.

Dann brandete die erste Übelkeitswelle auf, und nach diesem ersten Mal ging es weiter. Ich erinnere mich, dass die Welt schwankte und wankte, als wäre ich auf einem Boot, ich erinnere mich, dass ich stundenlang zusammengesackt über der Toilette hing und würgte und dass ich Christopher verbot, mich so zu sehen und mir zu helfen. Ich erinnere mich daran, wie ich ausgestreckt auf dem Boden des Badezimmers meiner Universitätswohnung lag, mein Kopf, mein Haar, meine Wange direkt auf dem Boden meines Badezimmers, auf dem Dreck, der sich von den Bewohnern aus vielen Jahren in die Fugen zwischen den Fliesen eingegraben hatte, und von dem ich wusste, dass keine noch so intensive Putzaktion ihn entfernen könnte, weil ich genau das schon eine Million Mal versucht hatte. Ich erinnere mich, dass es mir egal war, wie dreckig der Boden war, denn der geflieste Boden war kalt und die Kälte beruhigend.

Aber vor allem erinnere ich mich daran, dass ich dachte:

Das ist meine Strafe.

Weil ich Sex habe, weil ich ein sexuelles Wesen bin.

Weil ich Menschen ködere, Jungen, Männer.

Ihn.

Weil ich *ihn* ködere.

Der Gott, der meiner Mutter beistand, bestrafte mich, derselbe Gott, an den ich nicht glaubte – obwohl ich entdeckte, dass ich *sehr wohl* an diesen Gott glaubte, aber nur, wenn es um meine gerechte Strafe ging, wenn ich mich schämte, wenn ich glaubte, etwas Schlechtes getan zu haben. Dann würde Gott sich mir zeigen. Er würde vom Himmel herabsteigen und vor mir erscheinen, mit dem Finger wedelnd, schimpfend, verurteilend.

»Don-*na*«, würde er sagen.

Ich fing an, mich anders zu kleiden.

Schluss mit den modischen Outfits, den hochhackigen Stiefeln, den kurzen Röcken, den engen Oberteilen, von nun an trug ich schlabberige Jeans und schlabberige Sweatshirts. Alles schlabberig. Ich trug mein Haar nicht mehr lang und offen, sondern band es zu einem Pferdeschwanz zusammen oder steckte es zu einem Dutt hoch. Manchmal duschte ich vor der Schule nicht einmal mehr.

Ich fragte mich, ob das vielleicht helfen würde, ob er vielleicht, wenn er mich ungepflegt sähe, merkte, dass ich nicht daran interessiert war, für ihn gut auszusehen. Überhaupt nicht. Kein bisschen.

Ich stand das Ganze in der Hoffnung durch, dass er es irgendwann kapieren würde, dass er hinter meinem falschen Lächeln die Appelle von *Nein* und *Ich kann nicht* vernehmen würde, dass er die Tatsache begreifen würde, dass alles, was ich jetzt an der Uni tat, ein Versuch war, ihn nicht mehr zu ködern. Damit er aufhört, sich nach mir umzudrehen, mir zu folgen, mir Briefe zu schreiben. Sein einziges Verbrechen bestand darin, mir Aufmerksamkeit zu schenken, aber sie kam einem Dauerbeschuss gleich.

Warum ich? Was hatte ich getan, um das Feuer auf mich zu lenken? Was konnte ich tun, damit es eingestellt wurde?

Ich habe alles versucht, aber nichts hat funktioniert.

Er begann, von seinem Bürofenster aus den Eingang des Gebäudes zu beobachten. Manchmal wenn ich mein Auto auf dem Parkplatz der Uni abgestellt hatte und mich auf den Weg ins Gebäude machte, die Treppe hoch Richtung Tür ging, sah ich ihn dort, wie er durch die Jalousien spähte und mich beobachtete. Er hatte angefangen zu erraten, wann ich für meine Kurse da sein musste. Also parkte ich nicht mehr auf dem Unigelände, sondern versuchte, einen Parkplatz auf der Straße zu finden, um dieses neue Verhalten von ihm zu unterlaufen.

Meine Angst, einen Kurs zu verlassen, verwandelte sich in eine Angst vor dem Unterricht allgemein, vor allem, was mit diesem Gebäude und meinen Kursen zu tun hatte. Ich ging immer noch hin, aber ich hasste es zu wissen, dass ich vermutlich auf ihn treffen würde, egal was ich tat oder wie sehr ich mich bemühte, ihm zu entkommen.

Mein Leben war in zwei Teile gespalten, und ich lebte beide Versionen gleichzeitig.

In dem einen Leben liebte ich meine Kurse, meine Professoren und Professorinnen, meine Kommilitonen, alles, was mit meiner Promotion zu tun hatte, die immer noch mein Traum war. In dem anderen Leben hasste ich alles, was mit meinen Kursen, meinem Studium und der Promotion zu tun hatte. Der Doktortitel war der Grund dafür, dass ich diesem Mann verpflichtet war, dass ich ihm weiterhin verpflichtet sein würde und keine andere Wahl hatte, als mich täglich in seine Nähe zu begeben. Ich war ihm ausgeliefert, und obwohl ich es bisher vermieden hatte, ein weiteres Seminar bei ihm zu belegen, würde ich schwer unter Druck geraten, vermutlich schon im nächsten Semester, denn in meinem Fachgebiet hielt vorrangig er die Seminare.

Eine Seite meines Lebens war dem Leben zugewandt, erfüllt vom Zusammensein mit meinem Freund, meinen Freunden und meiner Familie, der Arbeit und der damit verbundenen Verantwortung. Hier sah ich die Zukunft, nach der ich mich immer gesehnt hatte.

Die andere Seite war ohne Ausblick, ohne Luft zum Atmen, dunkel.

Hier gab es nur ihn und mich.

Ich konnte dort keine Zukunft sehen; ich hatte keine Träume.

Meine Liebe für die Graduate School, für mein Studium, für meine Professoren und Professorinnen und für meine Kurse – all das hatte mich in die Falle gelockt, all das erlaubte ihm, mich in die Falle zu locken. Und er war so unwahrscheinlich gut darin, mich in die Falle zu locken.

13

»Hast du einen heimlichen Verehrer?«

Christopher saß in meinem Bett und grinste, als er mir die Frage stellte.

Ich hatte gerade mit *meinem Professor* telefoniert.

Er hatte sich gemeldet, und ich war zum Telefonieren ins Wohnzimmer gegangen. Es war spät, vielleicht zehn Uhr abends, an einem Wochentag. Wie immer wollte er mich in ein längeres Gespräch verwickeln und versuchte, mich zu einem Treffen mit ihm zu überreden. Wir sprachen vielleicht zehn Minuten miteinander. Ich telefonierte im Stehen, hörte ihm zu, wehrte ihn ab – ich setzte mich während der Telefonate mit ihm nie hin. Niemals. Wenn ich mich hinsetze, um mit jemandem zu telefonieren, gehe ich davon aus, dass es länger dauern wird. Ich mache es mir gemütlich. Mit ihm zu telefonieren, war nicht entspannend und kein Grund, es mir gemütlich zu machen, es war ein Spiel mit der Aufgabenstellung: Wie schnell komme ich aus der Situation raus? Sitzen kam also nicht infrage, es wirkte unvereinbar mit dem Druck, den ich empfand, mich mit ihm auseinandersetzen zu müssen, und jede einzelne meiner Erinnerungen an unsere Gespräche geht damit einher, dass ich irgendwo in meinem Wohnzimmer herumstehe.

»Was meinst du damit, einen heimlichen Verehrer?«, fragte ich Christopher zurück.

»Du weißt schon«, sagte er, »der Professor, der dich immer anruft.«

Mein Gesicht brannte, mein Körper brannte. Ich fühlte mich *ertappt.* Dabei erwischt, etwas *Falsches* zu tun.

»Was? Nein! Das ist doch lächerlich! Sag so was nicht! Er ist ein Priester!«

Christopher hatte beim Aussprechen dieser Sätze gelächelt und sich offensichtlich einen Spaß erlaubt. Seine Stimme klang unbeschwert, so wie meistens. Ich war daran gewöhnt, liebte es, dass er ständig zum Scherzen aufgelegt war. Es war eins der Dinge, die ich am meisten an ihm schätzte, seine Fähigkeit, mich zum Lachen zu bringen, vor allem in Anbetracht dessen, was mit meiner Mutter los war. Ich liebte es, wie Christopher die Düsternis, die Angst und die Ungewissheit durchbrechen und die Sonne wieder scheinen lassen konnte, auch wenn es nur für ein paar Minuten war.

Aber seine Worte an diesem Abend wirkten wie ein Hammerschlag, der mich in die Knie zwang. Es war nicht das erste Mal, dass Christopher mitbekam, dass ein Professor bei mir zu Hause anrief – er war ja in Rhode Island ans Telefon gegangen und hatte eine Nachricht von diesem Mann entgegengenommen. Es war auch nicht das erste Mal, dass mein Professor mich an der Georgetown anrief, wenn Christopher gerade zu Besuch war. Es war schon oft vorgekommen – was unvermeidlich war, denn Christopher verbrachte viel Zeit in meiner Wohnung, und mein Professor rief täglich an. Die Nächte, in denen ich bei ihm übernachten konnte, mit ihm und Dan abhing, Videospiele spielte und Pizza aß, fühlten sich wie Ferien von meinem Leben an, weil mein Professor mich dort nicht erreichen konnte – zum Glück bestanden die Universitäten nicht darauf, dass die Studierenden die Adressen ihrer festen Freunde in den Akten hinterlegten.

Und ich hatte noch kein Handy, niemand hatte eins. Ich wäre öfter zu Christopher gegangen, andauernd, aber wegen meines Jobs als Wohnheimleiterin musste ich die meisten Nächte auf dem Campus anwesend sein. Zu ihm zu ziehen, kam nicht in Betracht.

Christopher war also oft genug in meiner Wohnung, sodass die Anrufe meines Professors inzwischen ganz normal waren, auch wenn wir noch nie zuvor darüber gesprochen hatten. Ich ging ans Telefon, redete, legte so schnell wie möglich auf und tat so, als wäre nichts passiert. Es war das Gegenteil von dem, was bei Anrufen von Freunden oder meiner Familie passierte, wenn ich Christopher hinterher alles erzählte – meine Mutter geht morgen zur Chemotherapie, Hannah lässt grüßen und würde gerne am Freitag mit uns essen gehen, Dan hat noch mal an euer morgiges Fußballtraining erinnert. War mein Professor am Telefon, bekam er nie eine Zusammenfassung des Gesprächs.

Christopher rollte sich im Bett auf die Seite und lächelte immer noch. »Ja, aber er ruft dich praktisch öfter an als *ich*!«

»Das stimmt nicht«, protestierte ich.

Doch in Wahrheit lag Christopher richtig damit, denn mein Professor rief mich öfter an – öfter als irgendjemand sonst in meinem Leben, öfter als Christopher und sogar öfter als meine Mutter.

Ich zwang mich zu lachen – und zwar laut. Ich wollte bei diesem Witz mit von der Partie sein.

Ich musste *dafür sorgen*, dass der Witz funktionierte.

In dieser Nacht passierte es zum ersten Mal, dass jemand aus meinem Leben – ein Zeuge meines Alltags, ein Beobachter *meiner Person* – das thematisierte, was ich immer noch als harmlos und unschuldig ansehen wollte, und es als etwas möglicherweise Romantisches bezeichnete – Christopher benutzte den Begriff *heimlicher Verehrer*, wenn auch scherzhaft. Er hatte Schlüsse gezogen, laut und deutlich, die zu ziehen ich mir verboten hatte.

Alles in mir rebellierte. Ich wollte diesen Zusammenhang nicht sehen. Schlimmer noch, ich war nicht darauf gefasst gewesen, dass Christopher ihn herstellte. Ich war erstaunt über die unbekümmerte Art und Weise, wie er so unverblümt fragen konnte.

Es war, als ob er versuchen würde, zwei sich abstoßende Hälften eines Mädchens miteinander zu verschmelzen, sie zusammenzuschweißen, doch sie wollten nicht ineinanderpassen, sie waren völlig falsch zugeordnet, nicht kombinierbar. Ich konnte diese Verbindung meiner beiden Ichs nicht zulassen, denn sonst würde die anfällige Blase, in der ich mit Christopher, mit meinen Freunden, mit meinem Leben abseits dieses Professors lebte, aufplatzen, und meine hässliche Seite würde die andere beschmutzen, dieser Professor würde die sauberen, glücklicheren Teile von mir in den Dreck ziehen. Und ich war darauf angewiesen, dass diese Teile meines Lebens makellos und rein blieben.

»Er ist einfach mit Leib und Seele Professor«, fuhr ich fort. »Er wollte sich nur erkundigen – er weiß, dass bei mir gerade viel los ist! Er wollte sich nach meiner Mutter erkundigen. Ist das nicht nett von ihm? Du unterrichtest doch auch.« Meine Stimme bekam einen frotzelnden Unterton – ich zwang das Frotzeln in sie hinein. »Du solltest um deine eigenen Schüler und Schülerinnen genauso besorgt sein wie er!«

Ich stand immer noch auf der Schwelle meines Schlafzimmers. Christophers Frage hatte mich erstarren lassen. Ich hatte mich keinen Zentimeter bewegt, seit das Wort »Verehrer« seine Lippen verlassen hatte. Ich schien mich nicht mehr rühren zu können. Es war, als würde ein Schritt in Christophers Richtung, hin zu ihm aufs Bett, während wir über meinen Professor sprachen, diesen Mann direkt an einen meiner Lieblingsplätze verfrachten, dorthin, wo ich Ruhe und Freude fand, und direkt zu der Person, mit der ich das alles immer wieder erlebte. Das durfte ich nicht zulassen, also blieb ich, wo ich war.

»Komm ins Bett«, sagte Christopher.

Ich zögerte, dann wechselte ich das Thema. »Habt ihr morgen Abend ein Spiel, du und Dan?«

Erst als er antwortete, erst als er Fußball als Thema zuließ, konnte ich zu ihm unter die Decke kriechen.

Ich begann, mir eine Geschichte zurechtzulegen.

Ein Märchen, das ich anderen erzählen würde, um die ständige Präsenz dieses Professors in meinem Leben zu erklären. Eine Geschichte, um sein Verhalten zu entschuldigen. Damit es normal wirkte. Ich würde nicht mehr so unvorbereitet sein wie an jenem Abend mit Christopher. Meine Geschichte würde aus mir heraussprudeln, wenn die Leute sich nach diesem Mann erkundigten. Denn sie fingen definitiv an, sich zu erkundigen – nicht nur Christopher, sondern auch andere Menschen in meinem Umfeld.

»Ist es nicht wunderbar, dass er sich so für seine Studierenden einsetzt? Für mich?«

Ich sagte das mit hoher Stimme, mit großen Augen und flatternden Wimpern und versuchte so zu tun, als wäre alles in Ordnung. Meistens war es jemand aus meinem Freundeskreis oder ein RA, der nachfragte. Einmal tauchte der Professor gegen Ende einer Besprechung mit allen RAs auf und wartete am Guard Desk gleich hinter der Tür zu meiner Wohnung. Einer von den Kollegen bemerkte ihn beim Hinausgehen. Es kam auch vor, dass sich einer oder eine meiner Freunde oder Freundinnen fragte, warum ein Priester mich auf meiner Privatnummer anrief und um ein Treffen bat. Oder jemand wurde neugierig wegen des wachsenden Stapels ungeöffneter Briefe auf der Fensterbank meines Büros. Von wem waren sie? Warum waren es so viele? Öffnete ich denn nie meine Post?

Trotz meiner Versuche, nicht über ihn zu sprechen, diente er regelmäßig als Vorlage für Christophers Witzeleien, der sich immer wieder lustig machte über diesen Professor als den heimlichen Verehrer in meinem Leben, Witze, die mich innerlich zusammenzucken ließen, obwohl ich nach außen hin immer mitmachte. Ich lachte darüber, genau wie er, wobei ich mich bemühte, jedes Mal, wenn Christopher etwas über ihn sagte, ein lässiges, nonchalantes Auftreten an den Tag zu legen. Als er die Wahrheit irgendwann herausfand, fühlte er sich schrecklich, weil er gelacht hatte, weil er all diese Bemerkungen über den Professor gemacht hatte, weil er nicht instinktiv gespürt hatte, dass etwas entsetzlich falsch lief, und zwar schon sehr lange; weil er nicht gemerkt hatte, wie sehr seine Witze mein Leid und meine Scham vertieft hatten.

»Er ist *Priester*«, lernte ich von vornherein zu sagen und benutzte den Titel dann inflationär, in dem Glauben, dass die Beschwörung dieses Wortes sofort alle unpassenden Gedanken vertreibt, dass es die Leute davon abhält, sich zu fragen, ob etwas Unangemessenes vor sich geht; als würde mich dieses Wort, *Priester*, schützen, je öfter ich es aussprach. »Ein Priester, der auch Professor ist. Er behandelt seine Studierenden, als wären sie seine Kinder? Ich denke, er nimmt sich vor, die zu unterstützen, von denen er glaubt, dass sie eine vielversprechende akademische Zukunft haben? Habe ich nicht Glück, dass er mich ausgewählt hat? Dass er sich unter all den anderen für mich entschieden hat?«

In meiner Geschichte gab es immer eine Reihe rhetorischer Fragen. Egal, mit wem ich sprach, ich brauchte diese Person als unwissenden Mitwirkenden bei meinen Vertuschungsbemühungen, was *sein* Verhalten anging. Ich brauchte die Bestätigung dieser Person, dass alles in Ordnung war, ja, dass es sogar mehr als in Ordnung war, dass es *Glück* war. Genau wie bereits in der Highschool und im Grundstudium hatte ich weiterhin Glück gehabt, wunderbare Lehrer, Professoren und Mentoren zu finden, Männer und Frauen. Weiterhin und in noch größerem Ausmaß. Und egal, welche Person mir diese Geschichte entlockt hatte – im

Anschluss daran war es ihre Aufgabe, das Unbehagen, das ihre Frage ausgelöst hatte, zu mildern; jetzt war sie an der Reihe, mit Nicken und Lächeln zu antworten und an der Entschärfung dieser belastenden Situation um meinetwillen mitzuwirken.

»Donna, ich habe wieder einen Brief von deinem Professor bekommen«, verkündete meine Mutter fröhlich bei einem meiner Besuche in Rhode Island oder am Telefon.

»Oh, wie nett von ihm!«, stimmte ich zu, ganz offensichtlich begeistert. Ich wollte, dass meine Mutter auch weiterhin ein gutes Gefühl bei dieser Korrespondenz hatte, also strengte ich mich an, sie wissen zu lassen, dass ich damit einverstanden war. Meiner Meinung nach glaubte sie tatsächlich, dass die Bemühungen meines Professors, mit ihr in Kontakt zu bleiben, nicht nur von seinem Pflichtbewusstsein als Priester herrührten, sondern auch daher, weil er ihre Tochter als etwas ganz Besonderes ansah, mit einer vielversprechenden Zukunft als Akademikerin. Ich habe sie in diesem Glauben bestärkt.

Ich hatte mehrere Versionen dieser Geschichte, die ich den Leuten erzählte, auf Lager, aber alle enthielten bestimmte Eckpfeiler: die Erwähnung, dass mein Professor ein katholischer *Priester* war. Meine Darstellung seines Verhaltens als *gütig* und *selbstlos* und zu meinen offensichtlichen *Gunsten*. Meine ehrliche *Dankbarkeit* für seine Aufmerksamkeit und Zeit und für seinen Einsatz, was meine Zukunft betraf. Meinen erkennbaren *Enthusiasmus* in Ton und Körpersprache beim Erzählen der Geschichte.

Ich lächelte, ich lachte, ich gestikulierte mit meinen Händen und Armen auf eine Art und Weise, die jeden Zweifel wegwischte, dieser Professor handle möglicherweise aus einem anderen Motiv als selbstlosem Interesse an meiner akademischen Laufbahn und Zukunft. Ich habe schon immer viel mit den Händen geredet, und wenn ich über ihn sprach, verselbstständigten sie sich, als wollten sie das Problem wie eine lästige Fliege fortscheuchen, und jedermanns Unschuld bliebe unberührt, vor allem seine. Verlöre er seine Unschuld, würde auch ich meine verlieren. Dessen war ich mir sicher.

Warum habe ich mich so sehr bemüht, ihn zu schützen? Warum habe ich mich so sehr angestrengt, sein Verhalten zu rechtfertigen? Habe ich damit nicht nur mein eigenes Leiden verlängert? Untergräbt meine Geschichte, mein Aufwand, sein Verhalten zu entschuldigen, nicht meine Behauptungen, dass etwas falsch war? Entlarvt mich das nicht als Lügnerin?

Ich weiß, dass ich, zumindest eine Zeit lang, allen außerhalb meiner eigenen Situation weismachte, zwischen mir und meinem Professor sei alles in Ordnung, und dass ich sein Verhalten begrüßte. *Ich* habe mich heimlich auf das Verhalten meines Stalkers eingelassen, um meine geistige Gesundheit zu schützen. Ich tat dies, weil als möglicher Preis für die Wahrheit *alles* auf dem Spiel stand: meine berufliche Zukunft, mein Ruf, meine Glaubwürdigkeit, mein allgemeines Wohlbefinden. Lügen, um ihn zu schützen, war für mich eine Form der Selbsterhaltung.

Zwischen der Person mit Macht und Einfluss und der Person, die unerwünschter Aufmerksamkeit ausgesetzt ist, entsteht eine Schwelle, eine Schwelle zwischen einem klaren Ja und einem klaren Nein. Es existiert kein Kompromiss – kein Vielleicht-Ja oder Vielleicht-Nein –, sondern eher ein Schweben, ein Stocken, man weiß nicht, wohin man gehen soll oder wie man aktiv werden kann, ohne die Dinge noch zu verschlimmern. Also bleibt man an Ort und Stelle. Du hältst die Person so gut wie möglich auf Distanz, ohne dafür zu sorgen, dass sie deshalb Rache nimmt, und weil du weißt, dass sie Rache nehmen kann, wenn sie nur will, dass es in ihrer Macht steht, dass sie sich entschließen kann, dich zu ruinieren, weil du ihr Missfallen erregst oder sie zu heftig zurückweist. Nach außen hin lebst du weiter, als wäre nichts falsch, du machst mit allem weiter, als wäre alles ganz normal. Du hältst den Status quo mit dem Täter oder der Täterin und mit allen in seinem oder ihrem Umfeld aufrecht. Doch innerlich befindest du dich im Krieg, du wirst immer kleiner, du sehnst deinen Tod herbei, anstatt noch länger so weiterzumachen, als wäre alles gut. Du bist erschöpft von der Verantwortung, eine Situation in Ordnung zu bringen, die kein bisschen in Ordnung ist.

Ein Teil des Problems bei jeder Beziehung, die mit einem enormen Machtgefälle beginnt, besteht darin, dass die jüngere, weniger mächtige Partei in dieser Gleichung alles zu verlieren hat. Sie befindet sich in einem Abhängigkeitsverhältnis, und zwar so vollumfänglich, dass sie anfangs wahrscheinlich gar nicht erkennt, wie abhängig genau sie ist. Sie hat keine Ahnung, worauf sie sich einlässt. Sie hält sich für fähiger, reifer und sicherer in der ihr eigenen Position, als sie es in Wirklichkeit ist – denn das denken wir alle, wenn wir jung sind, und wir merken erst, wenn wir viel älter sind, dass wir uns übernommen haben. Erst wenn wir in der Situation sind, erst wenn der Missbrauch und die Belästigung beginnen, wird uns klar, wie falsch unsere Einschätzung war. Doch dann ist es schon zu spät.

Dass solche Beziehungen einvernehmlich bleiben, hängt ganz von der mächtigeren Partei ab, sie in diesem Zustand zu halten – und genau das ist das Problem. Die ältere, beruflich erfahrenere Person hält die Zügel in der Hand. Das lässt sich nicht wegdiskutieren. Die jüngere, weniger mächtige Person ist abhängig von der Bereitschaft und Fähigkeit der anderen Person, die Entscheidung zu treffen, dass sie ihre Macht *nicht* missbraucht. Es ist die Aufgabe der älteren Person, dieses Ungleichgewicht der Macht von Anfang an zu erkennen – zu erkennen, dass die jüngere Person zu unbedarft und unerfahren ist, um dies für sich selbst zu ermessen. Doch die ältere Person weigert sich vielleicht, ihre Verantwortung zu sehen, es ist ihr egal, sie geht die Beziehung möglicherweise gerade deshalb ein, weil die andere Person naiv ist, und genau das gefällt ihr. Oder die mächtigere Person ist sich ihrer selbst so wenig bewusst, so sehr von ihrer eigenen Macht eingenommen, dass sie glaubt, harmlos zu sein.

Es stimmt, ich genoss die Aufmerksamkeit, die ich anfangs von meinem Professor bekam. Ich wollte sie und hielt sie für eine gute Sache. Das war mein Vergehen. Ich war der Sache nicht gewachsen, hatte nicht erkannt, dass dieser Mann, egal was ich später tat, nur und ausschließlich meine anfängliche Zustimmung sehen würde, auch dann noch, als ich sein Verhalten längst ablehnte. Entweder war er emotional und geistig nicht in der Lage, den Wandel zu sehen, oder aber er konnte ihn nicht ertragen. Er blendete ihn aus, ersetzte ihn durch seine eigenen Vorstellungen, die Halluzinationen waren, und blendete dabei mein wahres Ich aus, das vor ihm stand. Ich werde nie vergessen, wie es sich anfühlte, als ich eines Tages merkte, dass es egal war, was ich sagte oder wie viele Signale ich aussendete, denn dieser Mann *konnte mich einfach nicht sehen*. Er hatte mein wahres Ich völlig ausgelöscht. An die Stelle meines realen Ichs setzte er das Ich, das er sehen wollte. Er erschuf eine Donna, die es nicht gab, eine junge Studentin, die ihn anbetete und seine ganze Aufmerksamkeit wollte, die verzweifelt danach verlangte.

Und während dieser ganzen Zeit versuchte ich, mich aus dieser Situation zu retten, indem ich so tat, als wäre alles in Ordnung. Ich habe wirklich nicht daran geglaubt, dass sich zu offenbaren eine Alternative war, also blieb mir als einzige Wahl, die Dinge richtig aussehen zu lassen. In jenem Herbst, nach der Krebsdiagnose meiner Mutter, wurde dies zu meinem Vollzeitjob.

Natürlich verdammen wir uns selbst, wenn wir so etwas tun. Wir verdammen uns in den Augen aller um uns herum. Wir schwächen uns selbst und unsere Befähigung, später Gerechtigkeit zu suchen. Wir liefern das Material, das gegen uns verwendet werden wird, das der Beweis dafür sein wird, dass alles, was passiert ist, einvernehmlich war. Ich selbst habe dieses Märchen erschaffen, das jedem, der mich fragte, davon berichtete, wie wundervoll, warmherzig und besorgt mein Professor sich mir gegenüber verhielt, die Lüge, die erläuterte, wie sehr ich seine Aufmerksamkeit begrüßte, wie dankbar ich dafür war, welche *Gunst* mir zuteilwurde. Ich beteiligte mich bereitwillig an dieser Scharade, lieferte das Material, um die Scharade am Laufen zu halten. Ich war ihr Urheber.

Der Belästigung und des Angriffs Bezichtigte rechtfertigen das, was auch immer vorgefallen ist, oft, indem sie auf die »freundliche« Verbindung und den »freundlichen« Umgang vor, während und nach dem mutmaßlichen Verhalten verweisen. Sie werden argumentieren, dass die Anklagenden sie zu Hause besuchten, ihnen freundliche, sogar schmeichlerische E-Mails schickten, Einladungen akzeptierten und berufliche Chancen wahrnahmen, die sie ihnen boten. Derartige Beweise werden aufgetischt, um die Anklagenden als Lügner hinzustellen, um aus der Frau diejenige zu machen, die ihn ausgenutzt hat. Aber was sollen Frauen sonst tun, wenn sich die mächtigen Männer, die für unsere Karrieren und unsere Zukunft verantwortlich sind, auf diese Weise verhalten? Wenn Frauen überzeugt sind, dass niemand sonst unseren Anschuldigungen Glauben schenken wird? Wenn wir selbst kaum glauben können, was geschehen ist oder weiterhin geschieht?

Dies kann der Grund dafür sein, dass man auf Belästigungen und Übergriffe oft erst mit großer Verzögerung reagiert, dass man sie Tage, Monate oder sogar viele Jahre für sich behält.

Im Kern geht es bei der Belästigung durch eine Person mit viel Macht und Einfluss um Geheimhaltung. Vor den eigenen Freunden und Freundinnen, vor der eigenen Familie, aber vor allem *vor dir selbst*. Diese Geheimhaltung mag auf andere wie eine Verdunkelung des Gebarens wirken. Aber du verdunkelst *dich selbst*, wenn du das, was wirklich passiert, nicht aussprichst, weil dieses Aussprechen von dir verlangt, dem Ganzen ins Auge zu sehen, und das kannst du einfach nicht. Es mag wie Einvernehmen erscheinen, aber es ist keins. Es ist nur ein Mittel zum Überleben.

Ich erinnere mich noch glasklar an den Moment, als mir bewusst wurde, dass meine Geschichte eine Lüge war. Dass meine Geschichte eine Vertuschung war. Ich erinnere mich genau an die Stelle, an der ich stand, direkt vor der Innentür zu meiner Wohnung. Die Tür zwischen meinem Büro und meinem Wohnzimmer stand zu diesem Zeitpunkt weit offen. Mehrere Leute waren dort mit mir versammelt, ein paar Freunde, darunter Christopher und Hannah. Wir wollten gerade ausgehen.

Bevor wir loszogen, klingelte das Telefon, und ich nahm ab. Er war es.

Alle konnten mir zuhören.

Sie haben gehört, wie ich seine letzte Einladung abgelehnt habe. Sie hörten, wie oft ich Nein sagen musste, weil er mich immer wieder drängte, Ja zu sagen, mich immer wieder zu überreden versuchte, meine Antwort von Nein auf Ja oder zumindest von Nein auf ein Vielleicht zu ändern. Alle hörten, wie schwer er es mir machte, aufzulegen, wie er versuchte, mich in der Leitung zu halten, obwohl ich ihm immer wieder sagte, dass ich losmüsse, dass Freunde auf mich warteten, dass sie genau in diesem Moment in meiner Wohnung warteten, während ich mit ihm sprach. Sie hörten, wie ich es vermied, ihm zu sagen, wohin wir gehen wollten, und sie wussten, dass er danach fragte, denn ich verhaspelte mich, weil ich mich abmühte, ihm zu antworten, ohne ihm zu antworten.

Schließlich legte ich auf. Als ich mich wieder zu meinen Freunden umdrehte, starrten sie mich schweigend an.

»Was war denn da los?«, fragte Hannah mit einem seltsamen, zögerlichen Unterton in der Stimme.

Ich setzte mein fröhlichstes Lächeln auf und ließ, wie so oft, *die Geschichte* vom Stapel. Aber dieses Mal, anders als sonst, hörte ich mir bei meinem einstudierten Vortrag selbst zu, wie aus weiter Ferne, außerhalb meines Körpers. Ich konnte mein eigenes Gesicht sehen, als ich meine Sätze herunterleierte, den über die Freundlichkeit dieses Mannes und seine Fürsorge, die Wiederholung des Wortes *Priester*, immer und immer wieder. Und in diesem Moment spürte ich endlich etwas anderes, während die Worte aus meinem Mund kamen. Sie klangen hohl, sie waren falsch. Sie besaßen eine ekelerregende Süße, die ich auf meiner Zunge schmecken konnte.

Alles, was ich sagte, war gelogen. Aber ich habe nicht für ihn oder für sie gelogen, ich habe für mich gelogen. Ich habe mich selbst belogen, um die Wahrheit nicht zu sehen, weil ich keine andere Möglichkeit sah. Ich glaubte immer noch, dass dem so sei. Ich hatte keine andere Wahl. Und jetzt war meine Tarnung aufgeflogen. Die Realität lag vor mir wie ein ungesichertes Kabel, unter Spannung und gefährlich.

Und da wusste ich, dass ich alles verloren hatte, denn ich hatte auch meine eigene Lüge verloren.

14

Er wollte, dass ich mir mit ihm zusammen *Wit* anschaue.

Das Stück lief in New York City, und da ich nach Rhode Island pendelte, kam ich regelmäßig dort vorbei. Also schlug er vor, ich solle mich dort mit ihm treffen, damit wir zusammen ins Theater gehen könnten.

Wit ist ein Einakter von Margaret Edson über eine Frau, die an Eierstockkrebs stirbt. Emma Thompson spielte später in einer Verfilmung des Stücks mit, die auf HBO mit großem Erfolg ausgestrahlt wurde. Im Jahr 1999 wurde *Wit* mit dem Pulitzer-Preis ausgezeichnet. Als er den Einakter mit mir sehen wollte, war er bereits von der Kritik hoch gelobt und als Meisterwerk bezeichnet worden. Ich wusste alles darüber, und das nicht nur wegen ihm. Andere Leute hatten mir davon erzählt, natürlich auch wegen meiner Mutter, und sie hatten mir versichert, dass es wunderbar, fesselnd und herzzerreißend war.

Viele Menschen verarbeiten Tragödien und Verluste durch die Lektüre von Büchern, die sich mit eben diesen Themen befassen, Bücher, die ihnen helfen, ihre Trauer zu bewältigen. Manche ziehen es vor, sich in den Stoff ihrer Tragödie zu vertiefen, tauchen eine Weile darin ein, bevor sie gereinigt und heil wieder an die

Oberfläche kommen. Ich gehöre nicht zu ihnen. Kurz nach der Diagnose und dem Todesurteil meiner Mutter erhielt ich eine Reihe gut gemeinter Geschenke in Form solcher Bücher. Ich bedankte mich, legte sie irgendwo hin und sah sie nie wieder an.

Ich musste an der Oberfläche bleiben, um das zu überstehen, was meine Familie durchmachen musste. Ich war müde von der sechzehnstündigen Hin- und Rückfahrt alle zwei Wochen oder manchmal sogar jede Woche, um für meinen Vater und meine Großmutter zu kochen und mich um meine Mutter zu kümmern. Ich habe ihr Leiden aus nächster Nähe miterlebt. In dem Monat zwischen ihrer Operation und der ersten Chemotherapie hatte sie fast fünfundzwanzig Kilo abgenommen. Es war schockierend.

Meine Mutter war immer diese stattliche Italienerin gewesen, die sich täglich von einer Schüssel Pasta mit hausgemachter Soße ernährte, von italienischem Brathähnchen, zu Hause ein Lieblingsgericht von uns allen, das sie und meine Großmutter wöchentlich zubereiteten. Meine Mutter scherzte oft, sie wisse nicht, wessen Gene ich abbekommen hätte, nur ihre ganz sicher nicht. Meine Mutter und meine Großmutter waren stämmig und rund an all den Stellen, an denen ich mager und flach war. Ihre üppige Figur war ein wesentlicher Faktor ihrer überlebensgroßen Präsenz, der gewaltigen, lauten italienischen Persönlichkeit, über die sie verfügte, zusammen mit allem anderen, was an ihr gewaltig und laut war. Sie kaufte bei Lane Bryant ein, um die Kleidergrößen zu bekommen, die sie brauchte, aber sie ärgerte sich deswegen. Sie verbrachte ihr ganzes Leben damit, mit Unterbrechungen Diät zu halten, jeden kurzlebigen Abnehmwahn für Frauen mitzumachen, bei den Weight-Watchers ein- und auszusteigen und schließlich zuzusehen, wie Oprahs Gewicht zusammen mit ihrem eigenen hoch- und runterging. Jahrelang machte meine Mutter jeden Morgen um sechs Uhr Aerobic mit Joanie Greggains, einer schlanken, großen, muskulösen Blondine, die im Fernsehen immer hüpfte und sprang und die Frauen ermutigte, weiterzumachen, nicht aufzugeben, und die ihre Kommandos brüllte, während ich vor der Schule frühstückte. Richard Simmons jedoch ist der Diät-Guru, an den ich mich am deutlichsten aus meiner Kindheit erinnere. Meine Mutter liebte ihn, liebte seine Fernsehsendung, seine Ratschläge. Sie schaltete jeden Tag ein und tat ihr Bestes, um seinem Gesundheits- und Trainingsplan zu folgen. Aber egal, was meine Mutter tat, sie nahm nie ab, und wenn doch, dann nur geringfügig.

Jetzt hatte sie in ein paar Wochen fast fünfundzwanzig Kilo verloren. Ich erkannte sie fast nicht wieder. Ihr Gesicht war eingefallen. Es war, als hätte jemand die ganze Luft aus ihrem Körper gelassen. Von ihrer Kleidung passte nichts mehr. Alles hing an ihrem Körper wie ein zusammengefallenes Zelt.

Bei einem meiner Besuche zu Hause riss meine Mutter in dem Moment, in dem ich das Haus betreten wollte, die Tür auf, bevor ich den Knauf zu fassen bekam.

»Ich habe jetzt Größe 10!« Ein breites Lächeln zierte ihr hageres Gesicht. »Ich habe mir neue Sachen gekauft!«

Laut meiner Mutter war das der einzige Vorteil von Krebs. Sie nahm endlich so viel ab, wie sie sich immer erträumt hatte. Praktisch über Nacht wechselte sie von Größe 16 auf Größe 10, und bald würde sie Größe 8 tragen. Als ihre Kleider nicht mehr passten, gingen ihre Freundinnen mit ihr einkaufen und kauften alles, was ihr gefiel. Meine Mutter war begeistert von ihrer neuen Kleidergröße. Sie führte mir ihre neuen Outfits vor, und ich bewunderte ihre neue Figur.

»Wer hätte gedacht, dass Krebs die beste aller Diäten ist«, sagte sie und lachte.

Ich erinnere mich, wie froh ich war, dass meine Mutter inmitten ihrer Tragödie diesen Funken Freude empfinden konnte, dass sie Freundinnen hatte, die diese Freude mit ihr teilten. Ich erinnere mich daran, dass ich die Fähigkeit meiner Mutter ehrfurchtsvoll bewunderte, diesen Lichtschimmer in einer Sache zu erkennen, die doch in eine so undurchdringliche Dunkelheit gehüllt zu sein schien. Sie empfand ehrliche Freude, so pervers dies angesichts ihrer Quelle auch sein mochte. Doch wenn sie ihre Chemotherapie durchmachte, schluckte die Dunkelheit auch diesen kleinsten Lichtschimmer.

Eierstockkrebs ist ein schrecklicher, bösartiger Krebs, und ihre Ärzte behandelten ihn mit einer ebenso schrecklichen Chemotherapie. In den letzten zwei Jahrzehnten gab es so viele Fortschritte in der Krebsbehandlung, aber wir befanden uns in den späten Neunzigern. Meine Mutter ging für ihre Behandlung ins Krankenhaus und blieb den ganzen Tag dort. Sie saß etwa sechs Stunden lang da, mit einer Infusionsnadel im Arm. Einer von uns blieb immer bei ihr. Sie nahm ihre Medizin mit einem Lächeln hin, immer gut gelaunt, ihre positive Einstellung durchströmte sie zusammen mit dem Gift, das aus den Beuteln tropfte, die die Krankenschwestern immer wieder wechselten. Manchmal brachten sie ihr zwischendrin einen Becher Eiscreme.

Aber die Tage nach jeder Chemotherapie waren elendig. All diese Jahre später daran zu denken, tut schier immer noch zu sehr weh. Ich hatte ihren Mut immer für unverwüstlich gehalten. Trotz allem, was sie durchgemacht hatte, trotz der schweren Operation, trotz des Gewichtsverlusts, trotz der Prognose, dass sie innerhalb von sechs Monaten bis zu einem Jahr sterben würde, nahm sie den Krebs gelassen hin und fand immer wieder Zuversicht. Aber wenn die Chemo sie niederstreckte, in den vier oder fünf Tagen, in denen es am schlimmsten war, verschwand die Mutter, die ich kannte, und wurde durch jemanden ersetzt, der eine so schreckliche Qual durchlitt, dass es keinen Lichtschimmer mehr gab, nicht einmal für sie. Mein Vater und ich mussten mit ansehen, wie die Chemotherapie das Einzige fertigbrachte, was unmöglich schien, nämlich meine unzerbrechliche Mutter zu brechen. Sie erholte sich irgendwann wieder, sobald es ihr besser ging, aber ich glaube, er und ich fürchteten diese Tortur dreimal in der Woche fast genauso sehr wie sie.

Meine Mutter war in meinen Gedanken so lange unsterblich gewesen, und nun befand sich ihre Sterblichkeit, ihr unmittelbares Bevorstehen, direkt vor uns allen, und wir konnten uns nicht wegdrehen.

* * *

Ich wollte mir *Wit* nicht ansehen.

Ich wollte es mir auf gar keinen Fall ansehen. *Wit* stand so ziemlich ganz oben auf der Liste der Dinge, die ich nicht tun wollte. Ein mehrstündiges Stück über eine Frau, die an Eierstockkrebs leidet und stirbt, war das Letzte, was ich sehen wollte, das Letzte, womit ich meine kostbare Freizeit verbringen wollte. Warum sollte ich mir die fiktive Darstellung des Sterbens an Eierstockkrebs antun, wenn ich es in der Realität schon längst durchlebte? Wenn ich gezwungen war, mitzuerleben, wie es meine Mutter und uns als Familie traf?

Nein. Nein, ich würde nicht gehen. Mit niemandem, aber vor allem nicht mit ihm.

In meiner Freizeit wollte ich mich mit Christopher treffen. Ich wollte auch mit Dan zusammen sein, der inzwischen mein bester Freund an der Graduate School geworden war. Ich wollte Zeit mit meinen Freundinnen verbringen, und ich wollte mit meinen RAs *Felicity* schauen, am liebsten nach unseren wöchentlichen Treffen, weil Felicity auch eine RA war und wir uns darüber amüsierten. Ich wollte kochen, und ich wollte Katastrophenfilme mit lächerlichen Plots sehen, in denen es um Vulkane und Asteroiden ging, oder ich wollte alberne romantische Komödien sehen, in denen jeder sein Happy End bekam. Ich wollte in Restaurantketten wie dem Olive Garden essen gehen, wo einem alles bekannt vorkam und wo sogar das Essen gefahrlos war, weil ich es schon mal probiert hatte. Ich wollte so oft wie möglich Coffee Coolattas von Dunkin' Donuts trinken, weil meine Mutter und ich im Sommer vor ihrer Diagnose süchtig danach geworden waren, als das Zeug zum neuen »It-Getränk« wurde, auch wenn ich jetzt, zwanzig Jahre später, finde, dass es scheußlich schmeckt.

Das Einzige, was *Wit* auf der Liste der Dinge, die ich nicht tun wollte, noch toppen konnte, war, *Wit* mit diesem Mann anzusehen, dessen Aufmerksamkeit ich mit jeder Faser meiner Existenz hassen gelernt hatte. Ich konnte mir keine abscheulichere Kombination der Dinge vorstellen, die ich nicht tun wollte. Und das Einzige, was meiner Verzweiflung, ein solches Treffen mit ihm zu vermeiden, gleichkam, war seine Verzweiflung, dieses Treffen mit mir stattfinden zu lassen. Er wollte mit mir *Wit* ansehen, und zwar genauso sehr, wie ich es nicht wollte.

Wie üblich rief er an und lud ein, er tauchte im Flur auf und fragte. Er rief wieder an und drängte. Er nannte seine Gründe und brachte seine Argumente vor, während er mir zusetzte. Er hielt es für eine gute Idee, er hielt es für ein kathartisches Ereignis, er dachte, es würde mir helfen, das Leiden meiner Mutter zu verstehen, er dachte, es würde mich dabei unterstützen, ihren Krebs zu verarbeiten. Er nannte eine Million Gründe, warum ich hingehen sollte, warum ich hingehen musste, warum es unbedingt notwendig war, dass ich hinging.

Es schien ihm nicht in den Sinn zu kommen, dass ich, selbst wenn ich mir dieses Stück antun wollte, diese emotional erschütternde Erfahrung vielleicht im Beisein von jemand anderem als ihm durchstehen wollte. Jemandem, mit dem ich vertraut war, einer besten Freundin vielleicht oder Christopher. Mit jemandem, der meine Hand hielt, der den Arm um mich legte, mich anlehnen ließ und mich umarmte, wenn ich das möchte. Jemand, der in der Lage wäre, meine Tränen zu trocknen, die ich in Anbetracht des Themas unweigerlich weinen würde.

Aber war genau das von Anfang an sein Plan? Seine in diesen Ausflug gesetzte Hoffnung? Wollte er diese Person für mich sein? Durch dieses Theaterstück zu ihr werden? Hatte er vorausgesehen, dass es ein Bedürfnis nach Trost geben würde? Hatte er gehofft, das Bedürfnis nach Trost zu provozieren und mein auserwählter Tröster zu werden?

Ich würde nicht umhinkönnen, mich an ihn anzulehnen, wenn wir zusammen hingingen, da er als Einziger an meiner Seite wäre. Vielleicht war das sein Hirngespinst: mich zu einem von der Kritik gefeierten Theaterstück über die Tragödie, die meine Familie durchlebte, zu begleiten, wohl wissend, dass es mich erschüttern und all die Ängste und Emotionen über das, was mit meiner Mutter geschah, hervorrufen würde, sodass er die Person sein durfte, an die ich mich wandte, an die ich mich anlehnte, die ich brauchte, um den unvermeidbaren Schmerz zu lindern. Vielleicht wollte er die Person sein, die mich nach meinem sicheren Zusammenbruch am Ende des Stücks retten würde.

»Don-*na*«, drängte er. »Du *musst wirklich* hingehen.«

»Vielleicht«, antwortete ich dann. »Vielleicht nächste Woche.«

Wie immer druckste ich herum. Ich benutzte meinen vollen Terminkalender als Ausrede, warum ich nicht auf diese oder die nächste Reise gehen konnte. Ich führte die Krebserkrankung meiner Mutter, ihre vielen Arzttermine und die Pflege meiner Großmutter als Erklärung dafür an, warum es an diesem Wochenende nicht ging und an jenem Wochenende auch nicht. Ich verwies auf fällige Seminararbeiten und meine bevorstehenden Zwischenprüfungen. Als er mich immer wieder einlud, erklärte ich ihm schließlich, dass ich keine Lust hätte, dieses Stück zu sehen, dass ich es emotional nicht verkraften würde. Ich sagte ihm klipp und klar, dass ich nicht hingehen würde, dass ich es nicht ertragen könnte und dass ich mir jedes andere Theaterstück auf der Welt lieber ansehen würde als diesen Einakter, aber dass mein Besuch dieses Stücks einfach nicht stattfinden würde.

Schließlich gab er es auf, mich zu *Wit* überreden zu wollen.

Das musste er, denn das Stück stand nicht mehr auf dem Spielplan.

Ich war erleichtert. Wieder einmal hatte ich eine brenzlige Situation umschifft, eine Situation, die sich ähnlich anfühlte wie die mit dem Exerzitienhaus. Aber er nahm sich meinen Vorschlag, dass ich lieber etwas anderes als *Wit* sehen wollte, zu Herzen und schlug etwas anderes vor.

»Die Symphoniker spielen im Kennedy Center«, begann er.

Es war ein besonderes Konzert, in das er unbedingt gehen wollte. Natürlich sollte ich ihn begleiten.

Ich erinnere mich daran, wo ich in meiner Wohnung stand, als er diese jüngste Unternehmung vorschlug. Ich blickte auf die hintere Wand, die Schlackensteine lagen im Schatten, und das Licht aus meiner Küche fiel gerade noch darauf. Wir telefonierten, wie immer, denn er rief mich andauernd zu Hause an. Ich bewies großes Geschick darin, einem persönlichen Treffen mit ihm aus dem Weg zu gehen, doch wie ich seinen Anrufen entwischen konnte, war mir noch nicht eingefallen. Meiner Mutter und meiner Arbeit wegen musste ich ans Telefon gehen, also machte ich es, aber ich fürchtete mich vor jedem Klingeln. Denn mit ziemlicher Wahrscheinlichkeit war er am anderen Ende der Leitung.

Ich wollte zusammenbrechen. Ich wollte schreien, ich wollte weinen, ich wollte das klobige alte Tastentelefon quer durch den Raum werfen, damit es gegen die im Schatten liegende Backsteinwand prallte. Hatte ich nicht gerade einen Theaterbesuch von *Wit* mit diesem Mann erfolgreich vermieden? Und jetzt befand ich mich schon wieder in dieser Situation? Ich sah mich mit einer neuen Einladung konfrontiert, um die ich herumkommen, die ich ablehnen, die ich umschiffen musste. Sie kreiste über mir, pirschte sich gewaltsam heran, bedrohte mich.

Da wusste ich, dass es niemals aufhören würde.

Die Einladungen, die Versuche, mich zu etwas zu bringen, sie würden kein Ende nehmen. Wenn es nicht *Wit* war, dann wäre es das Konzert, und wenn es nicht das Konzert war, dann wäre es irgendein anderes Stück, und wenn es kein anderes Stück war, dann wäre es ein Musical, und wenn es kein Musical war, dann wäre es ein Abendessen oder Kaffee oder Tee oder Frühstück oder Mittagessen oder ein Snack am Nachmittag und so weiter und so fort bis zu meinem Todestag.

Ich war so müde. So wahnsinnig müde.

Aber ich sagte Nein. Nein, ich hätte keine Zeit.

Der Kreislauf wurde erneut in Gang gesetzt: Er bedrängte mich, warum ich keine Zeit hatte, ich wiederholte mich, nannte den einen oder anderen Grund. Wie üblich erwiderte er, dass ich keine gute Freundin sei, dass Freunde Zeit miteinander verbrächten. Ich erinnere mich nicht mehr an die Ausrede, die ich mir einfallen ließ, aber ich setzte mein Nein jetzt ohne Reue oder Angst durch.

Ganz tief in meinem Innern zerbrach allmählich etwas in mir. Meine Kraft, mir eine Zukunft auszumalen, meine heiß geliebte Zukunft als Trägerin eines Doktortitels, aus der eine Professorin werden würde, schwand. Ich verlor die Kraft, mich um etwas anderes zu kümmern als um das Überleben meiner Mutter und darum, dass dieser Mann aus meinem Leben verschwand. Wenn es mich meine Zukunft kostete, sei's drum. Was für eine Zukunft war das denn überhaupt noch, wenn ich ihn darin ertragen musste? Warum sollte ich eine Zukunft wollen, die ihn einbezog? Er war eine feste Größe in meinem Fachgebiet, also gab es kein Konstrukt von mir als Akademikerin, in dem er nicht vorkam.

Er negierte mein Nein.

Er weigerte sich, es anzuerkennen, es zu hören, es zu akzeptieren. Er wollte nur mein Ja hören und mich so lange bedrängen, bis ich es ihm gab. Obwohl ich ihm eine Million Mal Nein sagte, kaufte er trotzdem zwei Karten für das Konzert.

Der Unterschied zwischen diesem Sinfoniekonzert und *Wit* bestand darin, dass das Sinfoniekonzert an einem bestimmten Datum stattfand, einem Datum, das sich auf uns zubewegte. Er wusste, dass ich an diesem Tag nicht in Rhode Island sein würde. Dafür sorgte er. Er rief meine Mutter an und erkundigte sich nach solchen Sachen, denn neben ihrer Korrespondenz telefonierten sie jetzt gelegentlich. Er wusste, dass ich keinen Unterricht hatte, weil er Zugang zu meinem Stundenplan hatte und mit allen meinen Professoren und Professorinnen befreundet war. Er wusste, dass ich keine RA-Sitzung hatte, weil er wusste, an welchem Abend ich diese wöchentlichen Besprechungen abhielt. Er war der Meinung, dass ich keine andere Ausrede hatte, dass keine meiner Ausreden gut genug war, Sinn machte, legitim war. Aber ich sagte trotzdem Nein, sagte es immer wieder. Er fragte mich jeden Tag, bis zum Nachmittag der Aufführung. Als dieser Tag endlich kam, war ich sehr erleichtert. Ich hatte die Ziellinie des erfolgreichen Ausweichens wieder einmal überschritten.

Das Telefon klingelte.

Ich hob ab.

Er war dran.

»Ich bin im Kennedy Center«, sagte er.

Er rief von einem Münztelefon aus an. Ich hätte noch Zeit, meine Meinung zu ändern und mich mit ihm zu treffen. Er habe immer noch mein Ticket, trage es bei sich. Er sei allein gefahren und hoffe immer noch, dass ich ihn begleiten würde.

Nein, sagte ich ihm. Es tut mir leid, aber nein.

15

Eine Birne lag auf meinem Küchentisch und verfaulte.

Sie war ein Geschenk von ihm, mitgebracht von einer Reise. Ich weiß nicht mehr, wohin er gereist war, ich meine, es wäre Japan gewesen. Ich interessierte mich nicht mehr für sein Kommen und Gehen. Ich hatte aufgehört, seinem Gerede genau zuzuhören. Ich wollte nur noch weg, dachte nur noch daran, wie ich entkommen könnte, und zwar ab dem Moment, in dem er sich mir näherte und ich ihn aus dem Augenwinkel bemerkte.

Er hatte mir die Birne wie eine besondere Opfergabe präsentiert, ein köstliches Geschenk. Ich nahm sie von ihm an, weil ich das Gefühl hatte, es tun zu müssen, aber kaum war ich zu Hause, warf ich sie auf den Tresen, und dort lag sie tagelang herum.

Sie war ein Schandfleck in meiner Küche. Ich hatte sie nicht einmal auf einen Teller oder in einen Obstkorb gelegt. Sie lag direkt auf der Arbeitsplatte, und unter ihr bildete sich allmählich eine schwarze Pfütze. Ich mag keine Birnen, habe sie noch nie gemocht. Ich esse sie nicht. Ich mag ihren leicht süßen Geschmack nicht, eine langweiligere Version der säuerlichen, hellen Äpfel, die ich liebe. Ich mag die gelb-grüne Farbe der Birne nicht, die Art und Weise, wie winzige braune Punkte oft ihre Schale verunzieren. Ich mag rein gar nichts an Birnen, und jetzt, wo er mir eine geschenkt hatte, mochte ich sie noch weniger. Diese eine Birne hasste ich besonders. Ich hasste, dass sie auf meiner Arbeitsplatte lag, ich hasste ihre perfekte Birnenform, unten breit und rund, schmaler und unglaublich weiblich nach oben zum Stiel hin. Ich ärgerte mich über ihre Existenz, darüber, dass sie aus einer hübschen Blüte an einem schönen Baum gewachsen war, groß und prall, bis sich jemand entschloss, sie zu pflücken, damit sie in seine Hände gelangte und schließlich von seinen Händen in meine. Ich wollte nichts, was seine Hände berührt hatten. Ich hatte nicht die Absicht, etwas zu mir zu nehmen, das in Kontakt mit seiner Haut gekommen war. Lieber wäre ich verhungert.

Also ließ ich sie dort. Ganz allmählich versank sie in dem verrottenden Fleisch ihrer Unterseite und wurde kleiner.

Ich weigerte mich, sie anzufassen.

In der Zwischenzeit kochte ich italienische Soßen und Pasta, selbst gemachte Ravioli und alles, was sonst noch zu meinem kulinarischen Repertoire gehörte. Gelegentlich lud ich meine RAs zum Essen ein und meine Freunde und natürlich auch Christopher. Er kommentierte die Birne nie, aber er war an Unordnung gewöhnt, durch das ewige Chaos in seinem eigenen Zimmer. Ich frage mich, ob irgendjemandem auffiel, dass in meiner Küche eine völlig verfaulte Birne herumlag, direkt auf der Arbeitsplatte in einer Lache aus braunem Brei, wohingegen alles andere in ihrer Nähe lupenrein war. Ich habe um sie herum geputzt, ihre Existenz ignoriert, so getan, als könnte ich sie nicht sehen. Ich frage mich, ob die Leute, die zu Besuch kamen, sie gesehen haben und eklig fanden.

Es war nicht sein erstes Geschenk für mich.

Abgesehen von den Briefen schenkte er mir Bücher, die ich seiner Meinung nach lesen sollte. Bücher aus seiner eigenen Sammlung oder auch mal eins, das er extra für mich gekauft hatte. Ich stapelte sie in der Ecke meines Büros, neben den Fenstern. Während ich mittlerweile gut darin war, seine Briefe ohne Gewissensbisse in den Müll zu werfen, konnte ich mich nicht überwinden, dasselbe mit den Büchern zu tun. Wie denn auch? Wie könnte das irgendjemand? Ich war eine Studentin. Bücher waren etwas, wofür ich sparte, etwas, das ich wertschätzte. Ich verbrachte ganze Nachmittage in Buchläden, vor allem in Antiquariaten, um nach vergriffenen Bänden meiner Lieblingsphilosophen und -theologen zu suchen, und genoss die Erfahrung des Triumphs, wenn ich in einem staubigen Regal ein Exemplar fand. Einige der Bücher, die er mir gab, zählten zu dieser Kategorie, vergriffene Bücher, die ich für meine Doktorarbeit und das Comprehensive Exam lesen musste. Ich schien keine andere Wahl zu haben, als sie zu behalten. Es war gegen jede Vernunft und widersprach jeder Logik, Bücher wegzuwerfen, es war eine Sünde ungeahnten Ausmaßes. Ich brachte es einfach nicht über mich.

Wie bei der Birne habe ich auch diese Bücher, sobald ich sie irgendwo abgelegt hatte, nicht mehr angerührt. Die Allergie, an der ich in der Nähe dieses Professors litt, erstreckte sich auch auf sie. Es waren Bücher, die ich lesen sollte, die ich lesen musste, um in meinem Studiengang gut abzuschneiden, aber ich konnte den Gedanken daran nicht ertragen. Meine Abneigung weitete sich irgendwann sogar auf die Autoren und Autorinnen selbst aus. Ich assoziierte diese Schreibenden nun mit ihm, also mied ich infolgedessen auch sie. Ich war nicht mehr in der Lage, mich irgendeinem ihrer Texte zu nähern, zusätzlich zu den Büchern, die er mir gegeben hatte. Diese Autoren lösten das gleiche Grauen, das gleiche Unbehagen, den gleichen Brechreiz aus wie er. Ich wusste, dass dies ein Problem war, dass ich diese Denker und Denkerinnen nicht aus meinem Studiengang streichen konnte, weil sie zu bedeutend waren und meine anderen Professoren mir dies deshalb nicht gestatten würden. Aber meine Übelkeit hielt so beharrlich an, dass es mir egal war. Indem er diese Bücher und Denker in besondere Gaben verwandelte, hatte er sie verdorben, so wie diese verdorbene Birne, die ich, wie es schien, nicht wegschmeißen konnte.

Die meiste Zeit versuchte ich, die Birne nicht zu sehen, wenn ich meine rosa Küche betrat, was ständig vorkam. Aber es gab Zeiten, in denen ich mich mit der Birne befasste, mit ihrem Vorhandensein, mit der Tatsache, dass ich mir sehr bewusst war, ich würde sie niemals essen. Und doch unternahm ich nichts, um sie aus meinem Haus zu entfernen. Ich ließ zu, dass sie in mein Bewusstsein eindrang, so wie dieser Artikel von ihm im August in mein Bewusstsein eingedrungen war.

Was hatte er sich dabei gedacht, als er beschloss, diese Birne von einer Reise mitzubringen? Hielt er es für romantisch, einer Studentin ein Stück Obst zu schenken? Mir etwas zu schenken, das in der Religion eine derartige Symbolkraft hatte? Spielte er die Schlange, die mich vom Baum der Erkenntnis von Gut und Böse verführte, wenn auch mit einer Birne und nicht mit einem Apfel? Wusste er, dass ich dabei an den heiligen Augustinus und seine *Bekenntnisse* denken würde? War er sich dessen sicher, da wir Augustinus in meinem ersten Semester an der Graduate School, als Teilnehmerin seines Seminars, gemeinsam gelesen hatten? Hoffte er, dass diese Birne mich in glücklichere Zeiten zurückversetzen würde, als ich jede Woche in seinem Büro angetanzt kam, bereit, über alles zu diskutieren, was auf dem Lehrplan stand, und begierig auf seine Klugheit?

Seit meinem ersten Studienjahr an der Georgetown pflege ich eine Hassliebe zum Heiligen Augustinus. Er wusste das. Wir haben in den Sprechstunden endlos darüber geredet. Das Birnen-Bekenntnis ist einer meiner Lieblingsmomente in der berühmten Autobiografie von Augustinus, ein Buch, das ich in meinem

On-Off-Leben als Dozentin schon viele Male unterrichtet habe. Es ist ein Moment, der mich bei Augustinus mit den Augen rollen und mich ihn umso mehr lieben und hassen lässt.

In seiner Jugend, viele Jahre bevor er zum Katholizismus konvertierte und später Bischof wurde, war Augustinus ein Meistersünder, ein Meister darin, jede einzelne Sünde aufzuzählen, die er seiner Meinung nach begangen hatte, bis hin zu seinen Schreien als Säugling. Eines Nachts schweifte Augustinus mit einer Gruppe von Jungen in einem Obstgarten umher und beschloss, ein paar Birnen zu stehlen. Für die meisten Menschen wäre dies später im Leben eine lustige Geschichte oder ein Ereignis, das in Vergessenheit geriete, aber nicht für Augustinus.

Für ihn war es ein Moment, der ihn nicht mehr losließ, den er nicht loslassen wollte.

Der Diebstahl der Birne war symbolisch. Er quälte sich deshalb. Das Stehlen war keine große Sache, so unbedeutend, es passte zu dem Jungen, der er damals war und der mit anderen Jungen seines Alters dummes Zeug anstellte. Aber für Augustinus bedeutete es alles, dass er diese Birne gestohlen hatte. Für ihn war es die Sünde, mit der alles begann, die prägende Sünde, die zu seinem Leben als Sünder in einem weitaus größeren Ausmaß führte, was die Schwere und Verdammnis betraf.

Jetzt saß ich in meiner Küche und hatte eine Birne.

Eine Birne, die ich von einem Priester geschenkt bekam, der mir auch seinen Artikel geschickt hatte über die Tugenden der im Zölibat Lebenden, die sich verlieben.

Hat er an die erste Sünde des Augustinus gedacht, als er mir diese Birne darbot? Legte er es darauf an, dass sie für mich etwas Ähnliches symbolisierte? Sollte die Birne diese erste lässliche Sünde des Augustinus darstellen, aber als eine Parallele zu ihm, in Bezug auf mich? Wollte er, dass ich diese spezielle Birne als seine lässliche Sünde verstehe, als die erste von vielen, die Sünde, die zu weiteren, zu Todsünden führen würde, die er mit mir in weit größerem Umfang begehen würde? War das sein Hirngespinst?

Ich wusste es nicht, konnte es nicht mit Sicherheit wissen, so wie es bei ihm immer der Fall war. Er unternahm immer wieder alarmierende Dinge, Dinge, die mich erstarren ließen, wie zum Beispiel, dass er mir diesen Artikel schickte, doch sein Verhalten war nie eindeutig. Es ließ immer Raum für Zweifel, und so zweifelte und zweifelte und zweifelte ich. Als ich eines Tages in meine Küche kam und wieder einmal dieser Birne gegenüberstand, war ich mir sicher, dass sie für ihn das und nichts anderes bedeutete: Sie war das Symbol für die vielen anderen Sünden, die er mit mir begehen wollte, Sünden im großen Stil, genau wie der heilige Augustinus, der jahrelang eine Mätresse hatte und ein Kind mit ihr zeugte.

An diesen Tagen glaubte ich fest daran, dass diese Birne auf einer Stufe mit seinem Essay stand, dass er sie ganz sicher als romantische Geste gemeint hatte, dass er diese Geste für die ultimative literarische, romantische Ouvertüre hielt und dass ich ihre theologische Symbolik zu schätzen wüsste, dass ich die ihr innewohnende intellektuelle Klugheit begreifen und mich vielleicht deswegen in ihn verlieben würde. An anderen Tagen jedoch lachte ich über mich selbst wegen dieser Verdächtigungen und redete mir ein, ich sei verrückt, so etwas zu denken, so etwas anzunehmen. Es war schließlich nur eine Birne.

An dem Abend, an dem meine Vertuschungsgeschichte in sich zusammenfiel, trat eine Veränderung ein.

Ich war von einem Zustand, in dem ich vortäuschte, die Wahrheit nicht zu kennen, in dem ich sie verdrängte, in einen Zustand übergegangen, in dem ich über die hässliche Wahrheit Bescheid wusste und mit ihr zu leben hatte. Ich musste sie unaufhörlich mit mir herumtragen. Sie war so schwer, dass sie mir das Rückgrat brach. Ich schleppte mich von einem Ort zum nächsten, schleppte mich durch all meine Pflichten, meine Verantwortung, die Arbeit, die für meine Kurse erforderlich war. Ich wurde zu einem Zombie, fuhr nach Rhode Island und zurück, um meinem Vater zu helfen und meiner Großmutter, um bei meiner kranken Mutter zu sein, die jedes Mal, wenn ich sie sah, nur noch kränker zu werden schien. Nach außen hin trug ich mein typisches Lächeln zur Schau, sorgte dafür, dass alle um mich herum glaubten, es ginge mir gut, aber im Inneren war ich wie die Birne am Verfaulen.

Ich begann, mich seiner Aufmerksamkeit zu unterwerfen.

Es gibt kein anderes Wort dafür. Ich unterwarf mich. Ich habe es als meine Realität akzeptiert. Ich akzeptierte, dass es für mich keine andere Realität zu akzeptieren gab.

Ich ertrug seine Anrufe, und er rief mich überall an: in meiner Wohnung auf dem Georgetown-Campus, in meinem Elternhaus. Ich ertrug sein Bombardement mit Briefen, seine enger werdende Beziehung zu meiner Mutter. Ich gewöhnte mich an seine Anwesenheit in den Fluren und Treppenhäusern und gelegentlich auch vor meiner Wohnungstür. Ich ließ die gleichbleibende Flut seiner Einladungen, sein Bedürfnis, seine immer größer werdende Verzweiflung, mich zu sehen, Zeit mit mir zu verbringen, wie eine riesige Welle über mich hereinbrechen. Ich stand währenddessen einfach nur da, schweigend, regungslos. Ich gab mir Mühe, weiter zu atmen, durch die ständige Übelkeit, die Verzweiflung und die Erschöpfung hindurch. Ich gab mir Mühe, nicht zu ertrinken.

Ich fügte mich der Tatsache, dass die Aufmerksamkeit nicht aufhören würde, dass ich sie nicht aufhalten konnte, dass es nicht in meiner Macht stand, sie zu beenden. Ich akzeptierte, dass ich nichts daran ändern konnte. Ich hielt es für wahr, dass ich keine Alternative hatte, dass mir niemand glauben würde, wenn ich erzählte, was los war. Oder dass das Einzige, was sie zu glauben bereit wären, meine Verrücktheit wäre, diesen Mann, diesen geliebten Priester-Professor, eines Fehlverhaltens zu verdächtigen. Sie würden nur die harmlose Seite seiner Handlungen sehen, denn es gab immer eine harmlose Seite zu sehen. Sie würden meine Gefühle der Verzweiflung, der Wut, der Angst und des Ekels als Überreaktionen abtun.

Es sei denn.

Es sei denn, er hätte mich angegriffen.

Ich begann zu beten, dass er es versuchen würde. Ich wollte, dass er versucht, mich zu vergewaltigen.

Ich weiß, wie furchtbar das klingt, wie abscheulich.

Aber ich muss erklären, warum. Sein Verhalten war so vielschichtig; eine Grenze hat er nie überschritten. Es war genau genommen immer nur diesseits von entschuldbar. Was sind schon ein paar Briefe? Sie tun niemandem weh. Was ist falsch daran, wenn ein Professor aus dem Fenster seines Büros schaut? Absolut nichts. Wie kann man einem Professor vorwerfen, dass er sich in den Fluren und im Treppenhaus des Gebäudes aufhält, in dem er unterrichtet? Kann man nicht. Was bedeuten schon eine Birne, ein paar Bücher, ein paar Kaffees in dem Kloster, in dem er mit seinen Mönchsbrüdern lebt? Nicht der Rede wert. Was ist schon ein Artikel über einen berühmten Autor und Priester, geschrieben von einem ebenso berühmten Autor und Priester? Es ist die Erfüllung seiner Pflichten als Professor an einer Universität. Was ist mit seinen an meine krebskranke katholische Mutter gerichteten Anrufen und Briefen? Ein Akt der Güte, ein Beweis seiner Großzügigkeit.

Das einzige Argument, das jemals einer Prüfung standhalten würde, so dachte ich, wäre jenes, in dem Gewalt gegen meine Person vorkam. Wenn er gewalttätig würde, wenn er Spuren und blaue Flecken auf meinem Körper hinterlassen würde, wenn ich ihn von mir wegstoßen müsste, wenn ich ebenso gewalttätig reagieren müsste, um ihn abzuwehren, erst dann könnte ich jemandem erzählen, was vor sich ging. Erst dann hätte ich Beweise, echte Beweise, unstrittige Beweise. Die Art, von der man der Polizei berichten könnte. Die Art von Beweisen, die es einem erlauben würden zu sagen: »Dieser Mann hat mich angegriffen. Dieser Mann hat versucht, mich zu vergewaltigen.«

Ein derartiges Verhalten ist unmissverständlich, es hinterlässt keine Zweifel, keine im Raum schwebende Unschuldsvermutung. Es überschreitet eine Grenze, felsenfest und offensichtlich, eine Grenze, die andere Menschen nicht infrage stellen.

Ich bin in meinen Gedankenspielen nie so weit gegangen, dass ich gehofft hätte, er würde sein Ziel erreichen. Meiner Meinung nach würde er sein Ziel niemals erreichen, weil ich es ihm nicht erlauben würde. Ich war zuversichtlich, dass ich ihn körperlich überwältigen könnte. Er wirkte so schwach. Vielleicht machte ich mir selbst etwas vor, aber ich glaubte fest daran.

Aber das ist nicht alles. Und wenn ich daran denke, löst es in mir ein noch größeres Maß an Scham aus als alles, was ich bereits zugegeben habe. Es gab einen Teil von mir, der wollte, der darauf *angewiesen* war, dass er die Grenzen seines Keuschheitsgelübdes klar überschreitet. Ich war darauf angewiesen, dass *er* es für *mich* tat.

Ich wollte, dass er versuchte, mich zu verletzen, mich anzugreifen, damit ich mir endlich selbst glauben könnte. Dass ich glauben könnte, was ich durchmachte, was mit mir geschah, was ich ertrug, was aus meinem Leben geworden war. Ich konnte nicht aufhören, an mir selbst und meiner eigenen Wahrnehmung zu zweifeln. Ich empfand nicht nur sein Verhalten als Qual, sondern quälte mich auch noch selbst. Ich konnte nicht zulassen, mir selbst zu vertrauen, sogar als ich in einem Meer der Verzweiflung schwamm. Vertrauen in mich selbst zu haben, würde bedeuten, all das Vertrauen in die Autoritätspersonen, die in meinem Leben vorkamen, niederzuringen, das Vertrauen in meine geliebten Professoren und Professorinnen und die freundlichen Priester, die täglich in meinem Elternhaus vorbeischauten, um meiner Mutter das Abendmahl zu reichen. Es bedeutete, mein Vertrauen – *unser aller Vertrauen* – in das Keuschheitsgelübde, das ein Priester nicht nur gegenüber der katholischen Kirche, sondern auch gegenüber Gott ablegte, niederzuringen. Es bedeutete, mich zwischen ihn und dieses Gelübde zu stellen, zwischen ihn und Gott, und ihn zu beschuldigen, das heiligste aller Versprechen zu brechen.

Dieses Ausmaß an Vertrauen zu überwinden, auf dem ein ganzes Leben, eine ganze Welt, eine ganze Kirche aufgebaut ist, war zu viel. Es war zu schwer. Allein konnte ich es nicht schaffen.

Mein Selbstvertrauen reichte nicht aus. Wie konnte ich in diesem jungen Alter die Gewissheit haben, die notwendig war, um dieses Ausmaß an Autorität zu stürzen?

Hinzu kam, dass ich mit allem falsch liegen *wollte*. Ich wollte, dass meine Zweifel richtig waren. Ich wünschte es mir von ganzem Herzen.

Dieser Mann musste derjenige sein, der all diese Barrieren durchbrechen würde. Er musste die schwere Arbeit für mich übernehmen. Er musste all das Vertrauen abschütteln, weil ich nicht die Kraft hatte, es selbst zu tun. Er, mitsamt seinem Ansehen als Professor, als Leiter meines Fachbereichs, als wichtiger Akademiker, als mein Mentor, musste all diese Mauern erklimmen, um auf der anderen Seite zu mir zu gelangen. Er musste derjenige sein, der sein Keuschheitsgelübde, das Gelübde, das ihn als katholischen Priester auszeichnete, zerschmetterte.

Was für eine erbärmliche Feministin ich doch war. Was für ein schwaches kleines Mädchen. Was für ein geringes Selbstwertgefühl muss ich gehabt haben, dass ich nicht in der Lage war, für mich selbst zu sorgen, an mich selbst zu glauben. Wie katholisch und gehorsam ich doch war. Wie höflich. Wie dumm und naiv. Ich habe mich so lange selbst enttäuscht. Ich versage sogar jetzt, wo ich all das bekenne. Ist nicht das, wofür wir uns am meisten schämen, immer eine Art von Bekenntnis?

Die Birne fing an zu stinken. Sie versank immer tiefer in ihrer Fäulnis, wie ein bejahrter Mann, der mit dem Alter immer kleiner wird. Schließlich warf ich sie weg.

Als er mich fragte, ob ich die Birne gegessen hätte, log ich und sagte: Ja, sie war köstlich.

16

Ich erklärte mich bereit, ihn vom Flughafen nach Hause zu fahren.

Es war Mitte November, nur wenige Wochen, bevor ich endlich auspackte, obwohl ich zu diesem Zeitpunkt noch nicht wusste, dass ich auspacken würde.

Die Entscheidung, ihn abzuholen und ins Kloster zu bringen, in dem er lebte, hatte ich wohlüberlegt getroffen.

»Don-*na*«, sagte er ständig mit dieser sanften Stimme, jedes Mal, sobald ich den Hörer abnahm, »du bist eine furchtbare Freundin.« Er war ständig enttäuscht von mir, wütend auf mich, verzweifelt wegen des dringenden Bedürfnisses, mich zu sehen, mit mir zu reden, Zeit mit mir zu verbringen, mich unter Druck zu setzen, mich zu belästigen, mich zu ermahnen.

Ich hatte sein Bild immer vor Augen, sogar wenn ich ihn gar nicht sehen konnte, wie er mich tadelte, mit weit aufgerissenen Augen, aufrichtigem Gesichtsausdruck, harmlos, verletzlich, die Hände zusammengepresst, die Fingerspitzen berührten sich wie zum Gebet, das schwarze Hemd eines Priesters zeichnete sich steif dahinter ab; alles an seinem Körper und seiner Haltung war vollkommen demütig, vollkommen friedlich, zuversichtlich, dass er alles Recht der Welt hatte, mich über seinen Unmut in Kenntnis zu setzen.

Inzwischen lautete meine Antwort immer Nein, ein Nein, das lauter und lauter wurde. Sobald ich seine Stimme am anderen Ende der Leitung hörte, begann ich mit meinen Bemühungen, den Anruf zu beenden, seine Vorschläge für Ausflüge, für ein Treffen, für jede Art von Gespräch abzulehnen. Es war ein Hin und Her, eine Reihe von Jas (ans Telefon gehen, ihn in den Fluren begrüßen, mich seiner Anwesenheit unterwerfen), gefolgt von sofortigen Neins (auflegen, einen Grund erfinden, um wegzugehen, den Blick abwenden), ein anhaltendes und Übelkeit erregendes Wanken von der einen in die andere Richtung, hin und her. Seine Manöver lösten bei mir nicht mehr dieses Erstarren aus. Ich gewöhnte mich an die raffinierten Methoden, mit denen er neue Wege in mein Leben und in meine Welt fand.

Aber der Gefallen, ihn am Flughafen abzuholen, fühlte sich wie eine schnelle Lösung für das allgegenwärtige Bombardement mit Einladungen an – und für seine wachsende Frustration, dass er von mir kein Ja mehr bekommen konnte. Es schien mir ein guter Wetteinsatz zu sein, weil es als meine einzige, seltene Beschwichtigungsmaßnahme so konkret, so präzise eingegrenzt war. Er würde mit dem Flugzeug landen, ich würde auf dem Parkstreifen auf ihn warten und ihn direkt nach Hause fahren. Kurz und schmerzlos.

Damals dachte ich auch noch: *Das wird ihn zum Aufhören bewegen.* Er wird aufhören zu sagen, ich sei eine furchtbare Freundin, er wird aufhören zu sagen, ich würde nie mehr etwas mit ihm unternehmen, ich hätte nie Zeit für ihn. Das wird ihm beweisen, dass ich kein schlechter Mensch, keine schlechte Studentin bin. Ich war immer auf der Suche nach der magischen Lösung, die alles wieder in Ordnung bringen würde. Ich sah eine Möglichkeit, all das, was schieflief, wieder in Ordnung zu bringen, ich klammerte mich an diese Chance, als wäre sie der Rand einer Klippe, über deren Abgrund ich hing, den sicheren Tod unter mir. Vielleicht würde die Fahrt zum Flughafen die Lösung sein, dachte ich mir.

Kaum hatte ich Ja gesagt, schlug er vor, dass wir noch einen Kaffee trinken gehen, dass wir auf dem Weg zu seinem Kloster zum Abendessen anhalten, dass wir alles tun sollten, um die gemeinsame Zeit auszudehnen. Auf jede weitere Bitte reagierte ich mit Nein und nochmals nein. Ich hatte Arbeiten zu schreiben, RAs, die mich brauchten, Bücher zu lesen, zu lernen, Anrufe zu machen. All die alten, mittlerweile phrasenhaften Ausreden verließen meine Lippen ein, zwei, ein drittes und dann ein viertes Mal. Es war mir egal, dass ich mich wiederholte. Er bedrängte mich weiter, damit aus dieser Abholung vom Flughafen mehr als nur eine Abholung vom Flughafen werden würde, und ich wich seinen Manövern weiterhin aus.

Ich bedauerte mein Ja mittlerweile fast ebenso sehr wie ich bedauerte, dass ich mir diesen Gefallen auferlegt hatte und jetzt Zeit mit ihm allein verbringen musste. Ich fürchtete mich davor, tröstete mich aber damit, dass es eine kurze und schmerzlose Aktion wäre. Den Weg vom Flughafen zu seinem Kloster würde ich ohne Stau vermutlich in zwanzig Minuten schaffen.

Als der Abend schließlich kam, stieg ich in mein Auto, um zum Flughafen zu fahren. Ich erinnere mich, dass es dunkel war, fast schon Winter, die Sonne war um 17 Uhr bereits untergegangen. Sein Flug war pünktlich gelandet; er stieg auf der Beifahrerseite ein. Er schlug vor, irgendwo anzuhalten, um einen Happen zu essen, und ich lehnte wieder einmal ab. Ganz sicher, dass ich keine Zeit hätte? Ja, ich war mir ganz sicher. Ich habe keine Ahnung, worüber wir während der Fahrt sprachen, wahrscheinlich über seine Reise. Ich erinnere mich vage daran, dass er aufgekratzt war. Hauptsächlich konzentrierte ich mich darauf, diesen Gefallen hinter mich zu bringen, so schnell wie möglich zu seinem Kloster zu fahren, ohne einen Strafzettel zu kassieren, damit ich ihn wieder aus meinem Auto herausbekam.

Ich behielt beide Hände am Lenkrad, schaute nach vorne und versuchte, mich immer kleiner zu machen. Seine Anwesenheit, sein Wesen, wirkte in diesem geschlossenen Inneren riesig, es schien sich auszudehnen, und zu allem Überfluss waren da noch sein Gewand und sein Mantel. Ihm war es gleichgültig, dass er viel Platz beanspruchte, während ich sehr darauf bedacht war, so wenig Platz wie möglich einzunehmen. Die Kilometer zwischen dem Flughafen und dem Kloster wurden weniger. Ich war fast da, wir hatten es fast geschafft. Bald würde er aus meinem Auto steigen, und ich würde zu meiner Wohnung zurückfahren und erleichtert aufatmen.

* * *

Er bestand weiterhin darauf, dass ich ihn mit seinem Vornamen ansprach.

Ich beharrte darauf, dies nicht zu tun.

Er wollte so sehr, dass ich ihn mit seinem Namen ansprach. Er verwendete ihn schon seit fast einem Jahr vor mir, seit er mir diese Nachricht mit einer Einladung ins Theater auf meine letzte Hausarbeit des Semesters geschrieben hatte. Er hatte ihn ganz unten mit L. unterschrieben. Er verwendete immer seinen Vornamen, wenn ich den Hörer abnahm, und dieser Name stand auf all seinen Briefen. Er flehte mich an, ihn doch bitte damit anzusprechen.

Ich weigerte mich und würde es auch weiterhin tun. Ich würde niemals seinen Vornamen aussprechen, nicht ein einziges Mal, nicht in der ganzen Zeit, in der ich ihn kannte.

Father. Professor. Father-Professor.

Ich habe diese Titel stets zwischen uns gestellt, die ihnen eigene Förmlichkeit. Ich habe sie wie ein Schutzschild benutzt, und vor allem: als Mahnung.

Father dies und Father das, Father, ich habe keine Zeit, es tut mir leid, Father.

Die Anrede »Father« war meine schärfste Waffe. Jedes Mal, wenn ich sie benutzte, zwang ich ihn, sich daran zu erinnern, wer er war, wer er für mich war, wer er für alle war, wer er für sich selbst und für die Kirche war. Er war ein Priester, kein Mann. Er würde immer ein Priester sein und kein Mann, nicht wie die Jungs, mit denen ich ausging, er würde niemals sein wie sie. Das Keuschheitsgelübde der Priester macht sie zu Nicht-Männern, zu Männern, die keine romantischen Beziehungen, keine sexuellen Beziehungen haben, zu Männern, die ihre Schülerinnen nicht mit unangemessener Aufmerksamkeit überschütten, zu Männern, die ihren Schülerinnen nicht überallhin folgen oder sie ständig anrufen. Das war es, was ich damals glaubte, und was wahr sein musste, weil ich darauf angewiesen war.

Die anderen Priester-Professoren, die ich an der Georgetown und jetzt an der Graduate School hatte, nannte ich nie *Father*. Ich sprach sie von Anfang an mit *Professor* an oder, in einem Fall, mit *Doktor*. Der akademische Titel übertrumpfte den religiösen, denn ich war immer mehr an ihrer intellektuellen Autorität interessiert als an ihrer katholischen. In vielerlei Hinsicht war es mir völlig egal, dass diese Männer auch Priester waren. Ich war ihre Studentin, und sie waren meine Unterrichtenden. Punkt. Aber nicht bei ihm. Ihm gegenüber lernte ich, *Father* zu sagen, auch wenn ich ihn in den ersten Monaten wie die anderen mit *Professor* angesprochen hatte. Den Wechsel hatte ich im Laufe des Sommers vollzogen.

Ich baute also das Wort *Father* wie eine Mauer zwischen uns auf – die er jedes Mal wieder einriss.

Er bemühte sich, mir den Mund zu verbieten, damit es gar nicht erst über meine Lippen kam. Wenn ich ihm auf dem Flur begegnete, holte ich tief Luft und bereitete mich darauf vor, diese Begrüßung auszusprechen. Bevor ich *Father* sagen konnte, lieferte er seinen Vornamen und erinnerte mich an seine Aufforderung, ihn so zu nennen.

»Auf Wiedersehen, *Father*«, sagte ich kurz darauf und eilte davon.

»Wir sind da, *Father*«, sagte ich, als ich in die Einfahrt des Klosters einbog.

Ich schaltete den Motor nicht aus, stellte das Auto nicht einmal auf einen Parkplatz. Ich sah ihn nicht an, blickte stur geradeaus, starrte aus der Windschutzscheibe in die Dunkelheit, die Hände umklammerten das Lenkrad, auf zehn Uhr und zwei Uhr, den Fuß fest auf die Bremse gedrückt. Ich erinnere mich, dass ich mich eingezwängt fühlte, mit einem Schal um den Hals und einem unförmigen Mantel, der meinen Körper bedeckte. Meine Haut prickelte wegen der Wärme.

Er machte keine Anstalten auszusteigen. Er saß einfach schweigend da.

Aus den Augenwinkeln konnte ich sehen, dass er mich beobachtete.

Ich habe den Kopf nicht gedreht.

»Auf Wiedersehen, *Father.*« Ein neuer Versuch.

Ich konnte ihn atmen hören.

Alles schien so dunkel, dunkler als sonst. Dunkel im Auto und dunkel in der Einfahrt des Klosters, in der kein Licht brannte, zumindest erinnere ich mich nicht daran.

Ich wartete darauf, dass er ausstieg. Der Motor des Wagens tuckerte im Leerlauf vor sich hin.

Was war los? Warum stieg er nicht aus?

Er atmete tief ein und lehnte sich zu mir herüber.

Er drückte mir einen dicken, feuchten Kuss ins Gesicht, auf die rechte Seite.

»Don-*na*«, sagte er, seine Lippen immer noch dicht an meiner Haut. »Ich *mag* dich!«

Er sagte dies mit einer solchen Kraft, einer solchen Lautstärke, die Betonung auf dem *»mag«*, und dann tastete er nach dem Hebel der Autotür, öffnete sie, schnappte sich sein Gepäck und rannte davon. Er rannte buchstäblich davon, rannte bis zum Klostereingang, ohne sich umzudrehen.

Ich saß da, fassungslos, angewidert, abgestoßen, der Motor tuckerte immer noch vor sich hin, die Hände umklammerten immer noch auf zehn und zwei Uhr das Lenkrad, der Fuß drückte immer noch fest auf die Bremse, und ich versuchte zu verstehen, was da gerade passiert war, wie in aller Welt er das gemeint hatte. Endlich hatte er die Grenze hin zu etwas Körperlichem überschritten, und doch war es so unbedeutend, nur ein Kuss auf die Wange. Es war fast noch schlimmer, dass er nur das getan hatte anstatt etwas Gravierenderes zu unternehmen. Es ließ Raum für Zweifel, wie es bei ihm immer der Fall war.

Wie sollte ich diesen Kuss einordnen? Sollte ich ihn als romantisch, als freundlich verbuchen? Als väterlich oder großväterlich? Ich hatte noch nie Küsse von einem Unterrichtenden bekommen, und schon gar nicht von einem Priester. In all den Jahren meines Aufwachsens als Katholikin hatte ich noch nie einen Priester umarmt, und es kam selten vor, dass ich einen Lehrer oder einen Professor umarmte, vielleicht bei der Abschlussfeier.

Ich mag dich, hatte er mit seiner sanften Stimme gesagt.

Es hallte um mich herum im Auto wider.

Ich konnte immer noch die Feuchtigkeit seiner Lippen auf meiner Wange spüren, wie er sein Gesicht für einen Moment darauf gedrückt hatte, die Hitze seines Atems, meine glitschige Haut, nachdem er von mir abgelassen hatte, seinen schleimigen Speichel. Er führte sich auf wie ein verknallter Junge aus der Mittelstufe, der seine Gefühle gestanden hatte und über den Spielplatz davonlief. Ich dachte, ich müsse kotzen. *Ich* kotzte mich an. Ich wollte das, was gerade passiert war, aus meinen Haaren waschen, als wären es Läuse.

Ich fuhr nach Hause.

Ich bewegte mich auf Autopilot durch die Welt.

Bewältigte irgendwie den Alltag, die Arbeit, die Graduate School, die Treffen mit Christopher und meinen Freunden und Freundinnen. Meine Sinne waren abgestumpft, ich hörte kaum mehr die Stimmen der Menschen, sah kaum noch Farben und Formen. Ich war wie betäubt. Aber nach außen hin tat ich weiterhin so, als wäre alles in Ordnung, als wäre alles supertoll, bis auf die eine offenkundige, eindeutig überhaupt nicht tolle Tatsache, dass meine Mutter an Krebs erkrankt war und vielleicht sterben würde.

Die Einschreibung für das Frühjahrssemester rückte heran und verstrich. Ich hatte mich für keines seiner Seminare angemeldet, was bedeutete, dass ich – akademisch gesehen – in der Klemme saß. In meinem Studiengang musste ich seine Seminare belegen, aber ich tat es nicht. Natürlich saß ich auch, was ihn betraf, in der Klemme, denn er wollte mich dabeihaben. Andere Studenten fingen an, mir Fragen über das Warum zu stellen. Warum war ich in ihrem Studiengang, aber in keinem ihrer Kurse? Wollte ich den Schwerpunkt wechseln? Hatte ich vor, das Studium abzubrechen?

Ich weiß es nicht. Vielleicht?

Es interessierte mich nicht mehr.

Ich ließ meine Geschichte über ihn vom Stapel, falls die Leute sich wunderten, obwohl ich wusste, dass sie gelogen war.

Ich war müde, ich hatte Angst. Ich war allein. In meinem ganzen Leben war ich noch nie so allein.

Ich hatte dieses Geheimnis monatelang mit mir herumgetragen, hatte es so fest umschlossen, dass es zu einem Knoten in der Mitte meiner Brust geworden war, ein harter Ball aus Angst und Furcht. Ich konnte kaum noch atmen. Jeden Tag wurde es größer, nahm mehr Platz ein und erstickte mich.

Eines Tages, Anfang Dezember, war ich in Rhode Island und lernte für die Abschlussprüfungen.

Ich saß am Küchentisch. Meine Mutter lag auf der Couch. Das Wohnzimmer und die Küche in meinem Elternhaus waren ein einziger großer, offener Raum. Sie sah fern, ruhte sich aus, und ich leistete ihr Gesellschaft, während ich arbeitete. Plötzlich rief meine Mutter nach mir.

»Ist es nicht schön, dass Father L. uns im Januar besuchen wird?«

Mein Herz schlug schneller.

Ich drehte mich zu ihr um. »Was?«

»Er hat es dir nicht erzählt?«

»Ich habe keine Ahnung, wovon du redest, Mom.«

»Father L.? Er kommt über die Feiertage nach Narragansett. Zuerst besucht er uns, und anschließend wollten wir im Haus der Küstenwache Mittag essen. Du, ich, er und Oma – wir vier. Sofern ich dazu in der Lage bin.«

Ich wollte mich auf den Boden legen und mich zu einer Kugel zusammenrollen. »Oh, ja, ich hab's vergessen. Er hat es mir erzählt, Mom.«

»Er dachte, so ein Zusammentreffen würde uns allen gefallen. Er freut sich, den ganzen Tag hier gemeinsam mit uns in Narragansett zu verbringen.«

Ich bekam keine Luft mehr. »Klar. Das wird klasse. Wir werden eine wunderbare Zeit haben.«

Der Moment war vorbei. Meine Mutter widmete sich wieder dem Fernsehprogramm.

In diesem Augenblick wusste ich, dass es jetzt reichte. Ich hatte die Nase voll.

17

Noch drei Seiten, dann zwei und schließlich nur noch eine.

Mitte Dezember druckte ich die letzte Semesterarbeit aus und setzte mich ins Auto, um sie in der Uni bei meinem Professor einzureichen. Diese Abschlussarbeit, meine letzte in diesem Kalenderjahr, war von großer Wichtigkeit. Sie bedeutete, dass ich in meinen Bemühungen um einen Doktortitel einen Schritt weitergekommen war, dass die Weihnachtsferien vor der Tür standen und dass ich für ein paar Wochen aufhören konnte, fürs Studium zu lernen. Aber es bedeutete auch etwas viel Wichtigeres. Ich hatte an diesem Tag in meiner Küche in Rhode Island eine Abmachung mit mir selbst getroffen.

Steh diese Prüfungsphase durch. Steh dieses Semester durch. Steh diese höllische Phase durch, mit dem Krebs meiner Mutter und der Chemotherapie und der Angst und dem Gedanken, dass ihr Tod nahe bevorsteht, jederzeit. Steh das alles durch, und dann …

Ich würde darüber reden.

Das war der Deal: das Studium bis zum letzten Wort der letzten Seminararbeit durchziehen, und dann raus mit der Sprache. Ich wollte endlich alles erzählen. Ich wollte das, was mir widerfahren war, in Worte fassen und diese laut aussprechen. Die wahren Worte. Nicht die falsche Geschichte, mit der ich seit Monaten hausieren ging. Nicht die Vertuschung.

Ich fuhr durch die Stadt, die in Dunkelheit gehüllt war, und drückte kräftig aufs Gaspedal. Ich raste über gelbe Ampeln, die gerade rot wurden.

Ich hatte den Weg zum Campus der Graduate School so oft zurückgelegt, dass ich mir die Ampelschaltung an jedem Block eingeprägt hatte und genau wusste, wie viele Sekunden ich hatte, um über die Kreuzung zu rasen. Ich konnte gar nicht schnell genug dort ankommen. Ich wollte die Seminararbeit hinter mich bringen. Wenn ich es nicht bald jemandem erzählte, würde ich sterben. Ich musste die Ziellinie überqueren, die ich mir selbst gesetzt hatte, denn auf der anderen Seite würde ich möglicherweise Hoffnung finden. Auch Scham und Demütigung. Aber die Möglichkeit bestand, dass es dort Hoffnung gab. Erleichterung. Vielleicht, nur vielleicht, wäre ich dort nicht mehr allein mit meinem Geheimnis.

Als ich auf dem Campus ankam, machte ich mir nicht einmal die Mühe, einen Parkplatz zu suchen. Ich stellte mein Auto am Straßenrand ab, rannte hinein, rannte die Treppe hinauf, fand den Professor, der mich betreute, in seinem Büro und hielt ihm meine Arbeit hin.

Der Seminarleiter war ebenfalls ein Priester und einer von meinen Lieblingsprofessoren, ein älterer, für sein Alter jedoch sehr stattlicher Herr. Er hatte erstaunlich fülliges, wogendes weißes Haar und lächelte oft etwas schief. Er bewegte sich langsam, ohne Eile, erschien stets ruhig und beständig. Es kam mir wie eine Ewigkeit vor, bis die Seminararbeit aus meinen Händen in seine wanderte.

»Frohe Weihnachten«, wünschte ich ihm, um zu verdeutlichen, dass ich nicht lange bleiben würde, während ich immer noch schnaufte und keuchte und nach Luft rang, wegen der Angst, die in mir aufwallte, wegen der Gewissheit, was ich gleich tun würde, wegen des Bedürfnisses, es hinter mich zu bringen.

Er fragte nach meiner Mutter, nach meiner Familie, ob ich nach Hause führe, um sie zu sehen, wollte wissen, wie es ihr geht. Ich gab oberflächliche Antworten, und dann, als es mir möglich schien zu gehen, ohne unhöflich zu sein, lief ich zurück zu meinem Auto und kramte in meiner Handtasche nach meinem Handy.

Mobiltelefone waren zu dieser Zeit neu. Nun ja, Mobiltelefone, die sich ein normaler Mensch leisten konnte, waren neu. Ich hatte mir Anfang der Woche eins zugelegt, und nun hielt ich es in der Hand, bereit, die Nummer der Person zu wählen, der ich es erzählen wollte. All die Monate des Schweigens und der Geheimniskrämerei, und jetzt, ganz plötzlich, konnte ich nicht schnell genug zu dem Punkt kommen, an dem ich reden würde. Die wahre Geschichte schnell jemandem zu erzählen, duldete keinen Aufschub mehr.

Ich hatte mir sehr viele Gedanken darüber gemacht, wer diese Person sein sollte. Selbstverständlich brauchte ich jemanden, dem ich vertrauen konnte, jemanden, mit dem ich eng befreundet war, mit dem ich etwas unternahm, zu dem ich eine innige Beziehung hatte. Aber ich wollte auch jemanden, von dem ich glaubte, dass er oder sie die Situation gut einschätzen würde, jemanden, den ich respektierte. Jemand, der sich nicht automatisch auf meine Seite schlagen würde, nur weil wir befreundet waren, sondern der Mitleid mit diesem Mann hätte und eine Art geistige Verwandtschaft mit dem, was er darstellt, spüren würde. Ich wollte die Wahrheit, ich wollte nicht, dass mir jemand nach dem Mund redete. Ich wollte eine faire und unparteiische Jury. Ich wollte wissen, ob ich verrückt war, ob ich mir Sachen ausgedacht hatte und das, was passiert war, meine Schuld war.

Die Person, die ich auswählte, war ein Freund der besonderen Art. Ein Kommilitone aus meinem Studiengang, was wichtig war, weil er meinen Professor kannte. Er war im Bilde über sein Kaliber und seinen akademischen Ruf, seine Brillanz und seine Bedeutung als Gelehrter auf meinem Gebiet, über die Liebe und Bewunderung, die unsere Mitstudierenden für ihn hegten. Er kannte den Mann als freundlich und liebenswürdig, als über jeden Vorwurf erhaben. Er mochte ihn, genau wie alle anderen um mich herum. Ich hatte mir diesen Freund ausgesucht, weil er genau die Art von Person war, von der ich immer befürchtet hatte, dass sie mir nicht glauben würde, jemand, der meinem Professor einen Vertrauensvorschuss geben würde, jemand, dem es sehr schwer fallen würde zu glauben, dass dieser Mann etwas Falsches getan hatte.

Ich hatte mich für Dan, Christophers Mitbewohner, entschieden.

Es gab noch einen Grund, warum Dan eindeutig für diese Aufgabe geeignet war. Solange ich ihn kannte, hatte Dan darüber nachgedacht, selbst Priester zu werden. Er hegte größten Respekt vor dem Amt des katholischen Priesters, vor Priestern im Allgemeinen, vor den Gelübden, die sie ablegten, und vor den schwierigen Positionen, die sie ihr ganzes Leben bekleideten, sowohl als Männer Gottes als auch als Männer unter Menschen. Er verstand, was sie für dieses Amt aufgaben – nämlich die Liebe, die menschliche Liebe, die romantische Liebe. Ein Teil von Dans eigenem Kampf drehte sich um eine Frau, mit der er seit mehreren Jahren immer mal wieder zusammen war. Zurzeit machten sie eine Beziehungspause, aber sie war immer in seinen Gedanken und in seinem Herzen. Ich habe mich für Dan entschieden, weil ich ihm vertraute, weil er ehrlich, fair und freundlich war, aber vor allem wegen seiner Verbindung zum Priestertum und weil ich meine Chancen vergleichsweise klein halten wollte.

Ich hatte so lange an mir selbst gezweifelt, hatte geglaubt, ich müsse im Unrecht sein, und ich brauchte jetzt jemanden, der all die Mauern überwinden müsste, die ich erklommen hatte, um an den Punkt zu gelangen, an dem ich angekommen war. Ich wollte, dass es schwer sein würde, mir zu glauben. Wenn die Person, der ich es erzählte, bejahte, dass etwas nicht stimmte, dann bedeutete das, dass da *tatsächlich* etwas *ganz und gar* nicht stimmte. Da Dan anfällig dafür war, eine gute Meinung von diesem Mann zu haben, könnte ich, falls auch er sah, was ich sah, endlich darauf vertrauen, dass mein Bauchgefühl richtig war. Dass mein Bauchgefühl die ganze Zeit richtig gewesen war.

Eingepfercht in meinem unzuverlässigen Mazda, auf demselben Sitz, auf dem ich wenige Wochen zuvor den feuchten Kuss meines Professors auf die Wange bekommen hatte, tippte ich Dans Nummer ein. Er ging sofort dran. Ich sagte ihm, dass ich mit ihm sprechen müsse, jetzt gleich, noch am selben Abend, innerhalb der nächsten Stunde, dass ich unmöglich bis morgen warten könne, dass es dringend sei, ein Notfall. Er solle niemandem sonst von diesem Anruf und meiner Bitte erzählen.

Er sagte mir, er habe in dreißig Minuten Zeit für mich. Ich fuhr sofort los.

Wir trafen uns in einem Coffee Shop im Georgetown-Viertel.

»Vielleicht bin ich verrückt«, begann ich. »Ich weiß nicht, ob ich mir das alles nur einbilde, aber ich glaube, mit Father L. stimmt etwas nicht.«

Ich erzählte Dan, nach einem Jahr des Schweigens, die ganze Geschichte. Jedes kleinste Detail, von Anfang bis Ende. Ich achtete gewissenhaft, sehr gewissenhaft darauf, mich selbst zur Rechenschaft zu ziehen. Ich war fest entschlossen, Verantwortung zu übernehmen für die Situation, in der ich mich befand. Ich gab meinem Priester-Professor jeden erdenklichen Vertrauensvorschuss und zählte alles auf, was ich meiner Meinung nach getan hatte, um diese Situation zu schaffen, sie zu verschlimmern, sie aufrechtzuerhalten. Es war unerlässlich, dass ich alles beichtete, dass ich alles zugab. Dies war eine Beichte, das ist das einzige Wort dafür. Ich legte jede Scham und jeden Zweifel vor meinem Freund auf den Tisch. Ich belichtete die Szenen aus unterschiedlicher Perspektive so grell wie möglich. Ich leuchtete sie aus, damit wir beide einen klaren Blick darauf werfen konnten.

Doch es war die ehrliche Version der Geschichte. Es war eine Erleichterung, sie laut auszusprechen, auch wenn ich Angst vor den Konsequenzen hatte. Ich schälte mich, löste sie von mir ab und übergab sie jemand anderem, damit er sie eine Weile in der Hand hielt, um sie zu betrachten und zu studieren, um mir zu helfen, sie zu tragen, um festzustellen, was sie bedeutete, oder um festzustellen, dass sie rein gar nichts bedeutete.

Dan hörte meinem Monolog zu, ohne mich zu unterbrechen.

Als ich fertig war, als ich endlich zu dem Kuss im Auto und der geplanten Reise dieses Mannes nach Rhode Island kam, wo er meine Mutter treffen wollte, mein Zuhause kennenlernen, mit ihr, mir und meiner Großmutter zu Mittag essen wollte, schloss ich meinen Monolog mit der gleichen Unsicherheit und dem gleichen Zweifel, mit dem ich ihn begonnen hatte.

»Bin ich verrückt? Wahrscheinlich bin ich verrückt, oder? Es ist nichts Falsches daran, oder? Ich bilde mir die Dinge nur ein, richtig? Richtig?«

Ich keuchte, war nervös und erschöpft, weil ich so viel auf einmal losgeworden war. Plötzlich nahm ich das grelle Deckenlicht des Cafés wahr, den runden weißen Tisch, an dem wir saßen, die Autos und Menschen, die auf der anderen Seite der Fenster die M Street entlangkamen. Während meines Monologs hatte ich sie nicht mehr wahrgenommen, als wären sie verschwunden gewesen und erst jetzt wieder aufgetaucht.

Dan stellte mir nur eine einzige Frage. Seine Stimme klang ruhig und fest. »Was soll mit Father L. passieren?« Er sagte mir, ich solle ehrlich sein.

Mein Herz klopfte wie wild. Die Wahrheit kochte in mir hoch, und vor Wut schäumend platzte ich damit heraus. »Ich will ihn nie wieder sehen. Ich will ihn nie wieder sehen oder sein mich kritisierendes Stimmchen hören. Es ist mir egal, ob er stirbt. Ich habe noch nie in meinem Leben jemanden so sehr gehasst. Ich hasse ihn, und ich will, dass er verschwindet. Ich will, dass er verschwindet.«

Dan nickte. »Dann lass uns herausfinden, wie wir das bewerkstelligen können.«

Ich starrte ihn an. »Du glaubst also, dass etwas nicht stimmt?«, fragte ich ihn im Flüsterton.

»Donna«, setzte er an. »Du arbeitest im Wohnheim. Wenn einer deiner RAs oder ein Studierender aus deinem Wohnheim dir die Geschichte erzählen würde, die du mir gerade erzählt hast, würdest du dann denken, dass da etwas nicht stimmt?«

»Ja«, antwortete ich, ohne zu zögern.

»Genau, weil etwas daran *nicht stimmt*«, sagte er. »Und zwar ganz gewaltig. Ich bin so wütend, ich bin wütend auf ihn, aber auch wütend auf dich. Es tut mir leid, dass dir so etwas widerfährt. Es tut mir so leid, dass du das Gefühl hattest, du könntest es niemandem erzählen, bis jetzt. Danke, dass du es mir gesagt hast.«

Während er sprach, sah Dan mich unverwandt an. Ich glaube, er wollte, dass ich sehe, wie sicher er sich seiner Worte war, dass ich zwar Zweifel und Ängste in Bezug auf meine Geschichte haben mochte, er aber keine Zweifel und Ängste in Bezug auf seine Schlussfolgerungen hatte. Die Stärke seiner Gewissheit war wie ein Balsam, von dem ich bis zu diesem Zeitpunkt nicht gewusst hatte, dass ich ihn brauchte.

»Donna«, fuhr er fort, »das Ganze ist nicht einfach nur unangemessen, es ist Besessenheit. Das ist Stalking. Father L. stalkt dich.«

Ich konnte nicht atmen.

»Wir werden gemeinsam eine Lösung finden«, sagte Dan. »Okay?«

Ich nickte. »Okay.«

Und plötzlich war ich nicht mehr allein.

DRITTER TEIL

18

Dan half mir dabei, einen Plan zu schmieden.

Meine Welt, mein Leben, meine alltägliche Existenz, veränderte sich. Ich war nicht mehr allein, und Dan beharrte darauf, dass ich sogar noch weniger allein sein sollte, dass wir es jemandem an der Uni erzählen, nur einer Person, aber jemandem mit Autorität, dem wir vertrauen konnten. Aber auch ich beharrte noch immer auf einige Dinge. Vor allem darauf, dass wir aus der Situation keine allzu große Sache machen sollten. Auch wenn ich dadurch, dass ich Dan davon erzählt hatte und er mir glaubte, etwas festeren Boden unter den Füßen gewonnen hatte, graute es mir davor, dass die Leute herausfänden, was los war, dass ich Ärger bekäme, weil ich das, was passiert war, selbst herbeigeführt hätte, dass man mir nicht glaubte, dass man mich verurteilte. Ich wollte immer noch nicht, dass Christopher es erfuhr, also musste Dan mir versprechen, es ihm nicht zu sagen – womit er einverstanden war, wenn auch nur widerwillig. Außerdem machte ich mir Sorgen, diesen Mann, diesen Priester, zu verletzen. Ich hatte Angst davor, was mit ihm passieren würde, wenn ich offiziell Beschwerde einreichte. Ich hatte Angst, für einen Vorgang verantwortlich zu sein, der seinen Job, sein Leben, sein Ansehen gefährden würde.

Man sollte meinen, ich würde mir wünschen, dass ihm etwas Schreckliches zustößt, dass er seinen Job verliert. Man sollte meinen, ich wäre mir nun ganz sicher, jetzt, wo ich jemanden an meiner Seite hatte, einen Freund, dem ich vertraute und den ich respektierte, meinen unparteiischen alleinigen Richter, der nicht eine Sekunde lang daran zweifelte, dass etwas sehr falsch ablief. Dan war sich in dem Maße sicher, dass das Verhalten dieses Professors unangemessen, ja sogar missbräuchlich war, wie ich deswegen verunsichert war. Er hatte kein Problem damit, es zu benennen, aber mir gelang das immer noch nicht.

Es zu benennen, machte es real. Es zu benennen, machte es unbestreitbar, und ich wollte immer noch das Recht haben, es zu leugnen. Ich wollte in der Lage sein, es für mich selbst und vor mir selbst zu leugnen.

Verleugnen ist ein mächtiges Mittel. Es ist ein mächtiges Werkzeug, ein mächtiger Überlebensmechanismus. Ich wollte immer noch, dass alles in Ordnung war. In gewisser Weise wollte ich immer noch den Beweis erbringen, dass ich mir das alles nur ausgedacht hatte, denn dann müsste ich nichts von dem durchmachen, was ich gerade im Begriff war durchzumachen. Ein Teil von mir, ein großer Teil, hoffte immer noch, dass ich daraus aufwachen würde, als wäre es ein böser Traum gewesen.

Seit Beginn meines Studiums hatte ich in meinen Kursen über die Macht des Benennens in der feministischen Theorie gelesen. Ich sprach, lernte, las und schrieb Abhandlungen über das Benennen als Instrument der Ermächtigung, während ich mich gleichzeitig in meinem eigenen Leben dagegen wehrte.

Das Benennen hatte für mich konkrete Konsequenzen, und ich war nicht bereit, sie zu tragen. Missbrauch zu benennen, sexuelle Belästigung zu benennen, eine Sache wie Stalking zu benennen, begangen von einem Professor, meinem Mentor, einem Priester, war eine Geschichte, die jemand anderem widerfuhr, nicht mir. Es war der Stoff, aus dem Klatsch und Tratsch gemacht wurden, leises Geflüster, skandalisiertes Gerede. Es war etwas, von dem man wusste, dass es Menschen passierte, aber nicht einem selbst oder jemandem, den man kennt. Wenn ich diese Sache benennen würde, bliebe sie an mir haften, versänke in mir, würde ich ganz sie werden. Sie würde mich nicht nur von innen heraus verfaulen lassen, sondern die Fäulnis würde nun auch sichtbar werden. Sie würde an mir haften und mich brandmarken. Ich müsste mit ihr durch die Welt laufen und sie sichtbar herumtragen, und die Welt würde sie an mir sehen und mich deswegen ablehnen. Wegen ihr wäre ich am Ende meiner Kräfte.

Benennen bedeutete Verlust. Es bedeutete den Verlust einer Vision, an der ich mich festhielt, an der ich mich weiterhin festhalten wollte, über mich und mein intellektuelles Versprechen, meine akademischen Talente, meine Attraktivität als junge Frau und angehende Inhaberin eines Doktortitels. Aufgrund seines Interesses an mir, na ja, seien wir ehrlich – seiner Hingabe –, glaubte ich zunächst, dass ich etwas Besonderes sei. Außergewöhnlich. Aber indem ich es jetzt als das benannte, was es wirklich war, kam es mir so vor, als degradiere ich mich selbst zum *Sex-Objekt*. Als neutralisiere ich meinen Intellekt und tausche ihn gegen einen leeren weiblichen Körper ein. Als ließe ich zu, dass aus mir eine Hülle würde. Als verkünde ich dem Rest der Welt meinen Status als Sexobjekt. Es zu benennen, bedeutete, mich auf eine Kernaussage zu reduzieren, und diese Kernaussage lautete *Sexspielzeug*. In den Augen dieses Professors besaß ich keinen wirklichen Wert, ich war weder ihm gleichgestellt noch eine zukünftige Kollegin, sondern nur ein kleines Mädchen, das man beobachten und bewundern, aber niemals hören oder anhören sollte. Es war nur zum Anschauen da.

Benennen bedeutete, dass ich zugeben musste, dass ich jünger war, als ich mich selbst einschätzte. Weniger reif, weniger erwachsen, weniger Frau und mehr Mädchen. Zu benennen, was geschehen war und was immer noch geschah, bedeutete, dass ich keine Kontrolle hatte, dass ich die Kontrolle verloren hatte, und vielleicht erforderte es auch, zuzugeben, dass ich sie nie gehabt hatte – ich war lediglich davon ausgegangen. Benennen bedeutete, mir selbst und anderen gegenüber laut auszusprechen, dass man die ganze Zeit Jagd auf mich gemacht hatte. Dass ich leichtgläubig gewesen war. Naiv auf die schlimmste Art und Weise.

Das hier zu benennen, diese *Sache*, war mir unangenehm. Es fühlte sich an, als gäbe ich mein Einverständnis, die Scham, die ich über meine Rolle in all dem empfand, für den Rest meines Lebens wie einen grellen Lippenstift in meinem Gesicht zu tragen. Es fühlte sich so an, als bestünde ich aus Scham, als verkörperte ich sie und akzeptierte diesen Zustand als eine permanente, ontologische Verschiebung meiner Existenz. Es bedeutete, dass ich bereit war, mir diese Scham auf den ganzen Körper zu tätowieren.

Ich befand mich in einer Männerwelt. Die akademische Welt war und ist immer noch eine Männerwelt, und mein Platz darin, in Philosophie und in den Religionswissenschaften, ist besonders männlich. Wenn die Männer an der Macht herausfinden würden, wer ich war, wenn sie wahrnehmen würden, was ich getan hatte, wenn sie begreifen würden, was ich ihm angetan hatte, würde ich niemals meinen Platz in dieser Welt finden, zu der ich so gerne gehören wollte.

Sie würden nicht ihn für das zur Rechenschaft ziehen, was er mir angetan hatte, sondern mich für das, was ich ihm angetan hatte. Die Dinge zu benennen, hieße, mich in den Augen jener Männer zu verdammen, die unweigerlich über mein berufliches Schicksal bestimmen würden, denn es waren Männer, die noch immer das berufliche Schicksal von uns allen in diesen Bereichen bestimmen.

Daher fühlte sich, in genau diesem Moment, das Benennen für mich überhaupt nicht ermutigend an, sondern eher wie eine Niederlage. Wieder einmal hatte ich beim Feminismus versagt. Oder schlimmer noch, der Feminismus hat mich im Stich gelassen.

Wir beschlossen, es einer Professorin zu sagen, die wir beide gut kannten. Sie war die Leiterin von Dans Dissertation, und auch ich hatte ihre Kurse besucht und mochte sie sehr. Sie war eine der Frauen, die mich an die feministische Theorie herangeführt hatte und mir half, selbst Feministin zu werden. Wir beschlossen, es ihr vertraulich zu erzählen und dafür zu sorgen, dass sie es an niemanden sonst weitergab, aber sie würde eine weitere Hüterin der Situation sein, in der ich mich befand; sie würde über das Wissen verfügen, es aber nie laut vor anderen aussprechen – es sei denn, es wäre unbedingt erforderlich. Sie war unsere Absicherung, »nur für den Fall«, dass die Dinge aus dem Ruder liefen.

Dan hielt es für wichtig, dass jemand an der Graduate School wusste, was vor sich ging, denn wenn die Lage sich verschlimmerte, konnten wir sagen, dass wir eine Professorin des Studiengangs informiert hätten, die dort arbeitete, aber keine »offizielle« Funktion innehatte. Wenn ich die Sache außerhalb der offiziellen Kanäle regeln könnte, würde ich die Situation vielleicht unbeschadet überstehen – oder zumindest relativ unbeschadet. Ich hoffte die ganze Zeit, dass ich am Ende wieder die Donna sein würde, die ich immer gewesen war, die idealistische Studentin, der ihr Studium immer nur Freude bereitet hatte. Mir war noch nicht klar, oder ich weigerte mich, zu begreifen, dass diese Donna bereits tot war.

Als mein Freund und ich beschlossen, mit dieser Professorin zu sprechen, war das eine andere Zeit, lange bevor es an den Universitäten im ganzen Land so etwas wie eine Meldepflicht gab – Gott sei's gedankt. Die Meldepflicht, ein jüngeres Nebenprodukt des Title IX, verpflichtet Lehrkräfte, Personal und Verwaltung, einen offiziellen Bericht zu erstellen, wenn sie von sexuellen Übergriffen und Belästigungen erfahren, selbst wenn die Person, die den Missbrauch erlitten hat, nicht will, dass sie es melden, nicht dazu bereit ist oder sie anfleht, es nicht zu tun. Die Meldepflicht entreißt dem Opfer die Macht der Benennung und legt sie in die Hände anderer. Sie entreißt sie dem Opfer gewaltsam und droht meiner Meinung nach die Person erneut zum Opfer zu machen.

Hätte ich gewusst, dass ich, wenn ich mit jemandem über meine Situation spreche, Gefahr laufe, offizielle, rechtliche Schritte an meiner Institution auszulösen, hätte ich vielleicht nie jemandem davon erzählt, vielleicht nicht einmal Dan. Ich hätte weiter im Stillen und im Verborgenen gelitten.

Die Meldepflicht war von Anfang an umstritten, und zwar aus genau diesen Gründen. Möglicherweise hält sie Opfer davon ab, überhaupt etwas zu melden oder sich auch nur um Unterstützung bei dem, was sie durchgemacht haben, zu bemühen, denn genau diese Bitte setzt vermutlich einen Prozess in Gang, den sie nicht aufhalten können. In der Theorie sieht die Meldepflicht vor, dass die Institutionen zur Rechenschaft gezogen werden, damit sie nicht weiterhin Klagen über Belästigung und Übergriffe unter den Teppich kehren. Sie sieht vor, dass die Schulen gezwungen sind, diese Vorwürfe zu zählen und sie offiziell zu registrieren. Aber manchmal frage ich mich, ob das Ganze nicht nur ein weiterer Schachzug von Seiten der Institutionen ist, um es für die Betroffenen schwerer und beängstigender zu machen, Übergriffe und Belästigungen zu melden, denn genau dies hat sie zur Folge.

Die Meldepflicht verlangt zu vielen Opfern viel zu früh zu viel ab.

Durch sie werden die Konsequenzen, die sich aus der Tatsache ergeben, dass man den Mund aufgemacht hat, sehr viel realer und unmittelbarer.

Ich wollte, um das alles durchzustehen, winzige Schritte machen, das Tempo drosseln, sodass ich das Ganze bewältigen konnte. Zuerst erzählte ich es einem meiner zuverlässigsten Freunde. Dann erzählten wir beide es einer zuverlässigen Professorin. Als Nächstes versuchte ich, die Situation außerhalb der offiziellen Kanäle zu regeln, und hoffte auf das Beste, hoffte, dass die ganze Sache dort beendet würde. Mein eigenes Überleben hing von der Möglichkeit ab, weiterhin das Sagen zu haben, die Entscheidungen zu treffen, Ja oder Nein zu den Leuten zu sagen, die nun über meine Situation Bescheid wussten. Ich musste die Kontrolle behalten – oder vielmehr: sie *wiedererlangen* –, denn im letzten Jahr hatte ich vor allem die Erfahrung gemacht, dass ich über rein gar nichts die Kontrolle hatte.

Für mich und meinen Heilungsprozess war es so wichtig, dass meine Wünsche respektiert, akzeptiert und berücksichtigt wurden. Auch wenn Dan und die ins Vertrauen gezogene Professorin meine Entscheidungen nicht immer befürwortet haben, missachteten sie meine Wünsche nie. Für mich war es wichtig, dass ich sagen durfte: »Das will ich, aber das nicht« und »Das ist in Ordnung, aber das nicht«; dass die Person, zu der ich das sage, es aufnehmen und entsprechend reagieren würde; dass ich sicher sein konnte, sie würden mich nicht einfach übergehen und so tun, als hätte ich nichts gesagt – denn das war die Erfahrung, die ich bereits ein Jahr lang gemacht hatte. Ich brauchte die Gewissheit, dass er, obwohl meine vielen Neins für ihn vielleicht bedeutungslos waren, ein Einzelfall war, dass andere Menschen meine Zustimmung und meine Nichtzustimmung sehr wohl hören konnten und hören wollten, dass sie sie akzeptieren würden, weil sie *ihnen* etwas bedeutete.

Ich denke, das ist der springende Punkt: Die Meldepflicht ist wie eine erneute Vergewaltigung. Sie verstößt gegen unsere eigenen Lehrinhalte zum Thema »Einvernehmen«, was es bedeutet und wie es funktionieren soll. Die Meldepflicht sagt einem Opfer:

Du bekommst wieder einmal weder ein Nein noch ein Ja, deine Neins und Jas sind uns hier egal, es interessiert uns nicht, ob es einvernehmlich war oder nicht. Wieder einmal wird dir deine Handlungsfähigkeit gewaltsam entzogen. Du wirst zu einem Objekt degradiert, zu einer Nummer, einer potenziellen Klage, zu jemandem, der keinen Willen hat und kein Mitspracherecht, was mit ihm oder ihr geschieht. Wieder einmal wird deine Stimme nicht gehört oder respektiert. Du kannst so oft »Nein, nein, nein« sagen, wie du willst, aber die Meldepflicht übertönt deine Neins, bis du lernst, den Mund zu halten und es hinzunehmen, wenn du mal wieder versehentlich eine wie auch immer geartete, gegen dich gerichtete Aktion in Gang gesetzt hast. Die Meldepflicht verstärkt nur die Ohnmacht der Opfer und deshalb auch die Scham, die sie über ihre eigene Ohnmacht empfinden. Dadurch wird ein Zustand der Hilflosigkeit und Isolation aufrechterhalten. Sie manifestiert die Fortsetzung des Schweigens und des Geheimhaltens auf Seiten der Opfer.

Für mich musste mein Recht auf eine eigene Entscheidung über mein Schicksal wiederhergestellt und in meine eigenen Hände gelegt werden. Ich benötigte meine eigene Stimme, wenn sie ein Ja und ein Nein aussprach, damit sie für jemand anderen wieder eine Bedeutung bekam, damit sie für dieses Gegenüber Gewicht hatte, damit sie etwas bewirkte. Ich brauchte die Gewissheit, dass mich jemand hören und meine Wünsche berücksichtigen würde. Ich brauchte all dies, als hinge mein Leben davon ab. Ich glaube, es hing tatsächlich davon ab. Manchmal denke ich, dass es das immer noch tut.

Dan und ich suchten die Professorin persönlich in ihrem Büro auf.

Wir erzählten ihr die Grundzüge der Geschichte. Ich hielt ihr eine Plastiktüte voll mit Briefen hin, die er mir geschrieben hatte.

Ihre Augen wurden groß, als sie hineinschaute. Sie war ruhig und geduldig und war, mehr als alles andere, um mich besorgt.

»Was soll jetzt passieren?«, fragte sie, genau wie Dan am Abend zuvor.

»Ich will ihn nie wieder sehen«, wiederholte ich.

»Okay«, sagte sie, und dann zählte sie die Möglichkeiten auf, von denen eine darin bestand, dass ich es bei der Graduate School melden sollte.

»Auf keinen Fall«, lautete meine Antwort.

»Ich will nur, dass er damit aufhört«, sagte ich.

Dan und unsere Professorin halfen dabei, Maßnahmen einzuleiten, die zwischen »nichts tun« und »etwas Offizielles tun« angesiedelt waren.

Ich würde also eine Liste mit jedem einzelnen Vorfall verfassen, zu dem es jemals durch ihn gekommen war, eine Liste mit all seinen unerwünschten Verhaltensweisen, all seiner unerwünschten Aufmerksamkeit. Ich würde alles aufschreiben und darauf achten, konkret zu sein, ins Detail zu gehen, das ganze Spektrum abzudecken. Ich würde es aufschreiben, damit ich es in den Händen halten und vor mir sehen konnte. Dann würde ich einen günstigen Zeitpunkt wählen, ihn anrufen und ihm diese Liste Wort für Wort vorlesen, wobei ich darauf achten würde, nichts auszulassen. Wenn er versuchte, zu protestieren oder mich zu unterbrechen, würde ich ihn übertönen und einfach weiterlesen und, falls nötig, bestimmte Zeilen wiederholen, um sicherzustellen, dass er jeden einzelnen Punkt auf meiner Liste zu hören bekam. Dies sollte kein Gespräch sein, kein Austausch. Dies war keine Einladung, seine Seite der Geschichte anzuhören, sobald ich mit dem Vorlesen fertig war. Dies war eine Bekanntgabe, eine Unterlassungsaufforderung, eine offizielle Mitteilung meinerseits, mit der ich ihn davon in Kenntnis setzte, dass es von diesem Moment an keinen Kontakt mehr zwischen uns geben würde. Was auch immer vorgefallen war, was auch immer er getan hatte, wäre sofort zu beenden, und weitere Diskussionen darüber würde es nicht geben. Dies würde ein einseitiges Gespräch sein, in dem ich diese eine Seite beanspruchte.

Damit war ich einverstanden, aber nicht, weil ich es wollte, sondern weil ich wusste, dass ich keine andere Wahl hatte. Ich musste mich über die Tatsache hinwegsetzen, dass er mein Professor und zudem ein Priester war, damit ich mit ihm reden konnte, als wäre er eine Plage und, noch schlimmer, ein Raubtier. Ein Mann, der sich an mich heranmachte wie irgendein Typ in einer Bar, der sich weigert aufzugeben. Ich musste diesen Berg erklimmen, ob ich wollte oder nicht. Ich hatte furchtbare Angst.

Ich rief am 22. Dezember an. Frohe Weihnachten, Donna.

Ich hatte Stunden damit verbracht, diese Liste zu verfassen, sorgfältig Buchstabe für Buchstabe niedergeschrieben, Wort für Wort, bis mir die Hand wehtat. Einige der Wörter schrieb ich in Großbuchstaben, als ob ich schreien würde. Sie erstreckte sich über mehrere Seiten, nicht nur, weil so viele Dinge auf meiner Liste standen, sondern auch, weil die Zeilen immer größer, breiter und höher wurden, als würde ihre Größe die Chance erhöhen, dass er hörte, was sie enthielten. Ich hatte alles auf leeres weißes Kopierpapier geschrieben. Dan sah sich an, was ich geschrieben hatte, unsere Professorin ebenso, und dann war ich bereit, es hinter mich zu bringen.

Ich beschloss, ihn im Laufe des Nachmittags von meiner Wohnung aus anzurufen. Wir hatten beschlossen, dass es wichtig für mich war, den Anruf unter Bedingungen vorzunehmen, unter denen ich mich am sichersten und am wohlsten fühlte. Wir hatten beschlossen, dass die Verlesung meiner Liste nicht stattfinden sollte, wenn er mich zufällig anrief, dass es genau umgekehrt sein musste – dass ich den Zeitpunkt des Anrufs wählen musste, damit ich die Situation von Anfang an unter Kontrolle hatte. Ich habe mich für den Nachmittag entschieden, weil ich wollte, dass es vor meinem Fenster hell ist. Ich wollte, dass das Tageslicht mir Sicherheit gab und mich beruhigte.

Ich zerrte das klobige, uralte Telefon zu meinem Couchtisch, nahm den Hörer ab und tippte seine Nummer ein. Wie immer blieb ich stehen, mit dem Skript in der freien Hand. Er nahm sofort ab. Zuerst war er glücklich. Es war lange her, Monate, seit ich ihn das letzte Mal angerufen hatte. Er hatte mich immer wieder angerufen, immer und immer wieder, nonstop, und ich hatte es nicht erwarten können, wieder aufzulegen. Ich glaube, er war überrascht, plötzlich diese lang ersehnte Aufmerksamkeit von mir zu bekommen.

Schnell, sehr schnell, noch bevor die anfängliche Freude bei ihm sacken konnte, teilte ich ihm mit, dass dies kein privater Anruf sei, dass ich ihm etwas zu sagen hätte und dass er zuhören müsse, bis ich fertig sei.

Und dann habe ich es getan, ich habe ihm meine Liste vorgelesen.

Ich weiß nicht, wie lange ich dafür gebraucht habe, aber es kam mir vor, als hätten wir ewig telefoniert. Ich las jede einzelne der von mir verfassten Zeilen vor, und ich ließ die fertigen Seiten zu Boden fallen. Ich nahm wahr, wie er atmete, während er mir zuhörte. Meine Hände zitterten, genau wie meine Stimme.

Rufen Sie mich nicht auf meiner Nummer an der Georgetown an.

Rufen Sie mich nicht auf meiner Privatnummer in Rhode Island an.

Rufen Sie nie wieder meine Mutter an.

Schreiben Sie keine Briefe an mein Uni-Postfach.

Schreiben Sie keine Briefe an meine Privatadresse auf dem Campus.

Schreiben Sie keine Briefe an die Privatadresse meiner Familie in Rhode Island.
Laden Sie mich nicht zu einem Theaterstück ein.
Laden Sie mich nicht zu einem Sinfoniekonzert ein.
Laden Sie mich nicht zu einem Kaffee ein.

Die Liste ging weiter und weiter, und sie war sehr konkret. Als ich schließlich zum Ende kam, schwieg er zunächst, aber dann wollte er antworten.

»Haben Sie alles verstanden, was ich gesagt habe?«, unterbrach ich ihn und redete über ihn hinweg.

Er begann erneut zu protestieren.

»Haben Sie alles verstanden, was ich gesagt habe?«, wiederholte ich und übertönte mit meiner Stimme die seinige.

Es gab eine Pause.

Dann: »Ja.«

»Gut«, sagte ich. »Ich lege jetzt auf.«

Ich legte den Hörer zurück in die Gabel. Ich dachte, ich würde ohnmächtig werden. Aber ich hatte es geschafft. Nach all dieser Zeit war es vorbei. Endlich, *endlich* war ich frei.

19

Zwischen Weihnachten und Neujahr schickte er mir eine Karte in einem Umschlag ohne Absender.

Ich war gerade von einem Abendessen mit meiner Freundin Hannah nach Hause gekommen und hatte meine Post im Residence Life Office abgeholt. Hannah und ich trafen uns gleich nach meiner Rückkehr aus Rhode Island, wo ich die Ferien mit meiner Familie verbracht hatte.

»Also«, sagte sie, als wir uns gegenübersaßen und sie mich aus ihren großen blauen Augen anstrahlte. Hannah ist sehr blond, hat ein offenes, rundes Gesicht und sieht aus, als könnte sie die Rolle von Goldlöckchen in einem Theaterstück spielen, was wahrscheinlich der Grund dafür war, dass sie in jedem Musical, für das sie vorsprach, die Rolle des naiven kleinen Mädchens bekam. »Jetzt sag schon, was mit dir los ist!«

Hannah war und ist immer noch eine meiner besten Freundinnen. Vom ersten Moment unseres Kennenlernens entstand zwischen uns eine Vertrautheit, die wir nie verloren haben. Sie ist eine der Personen, an die ich mich in meinen dunkelsten Momenten gewandt habe. Sie hat eine außergewöhnliche Stimme, und in den kommenden Jahren würde sie diejenige sein, die bei meiner Hochzeit und auch bei der Beerdigung meiner Mutter sang. Ich habe Hannah alles erzählt, immer.

»Ach, weißt du«, wiegelte ich ab, »es war gut, meine Familie zu sehen. Meine Mutter hält durch, aber es ist schwer. Mit Christopher läuft es gut. Erzähl mir lieber, was bei *dir* los ist.«

Hannah legte los, und das Gespräch nahm seinen Lauf.

Ich hätte Hannah alles, was mir widerfuhr, was mir schon seit einem Jahr widerfuhr, noch am selben Abend erzählen können. Das hätte ich schon vor Monaten tun können, und sie wäre die wunderbare Freundin geblieben, die sie immer war. Ich hätte Hannah in dieser Nacht *alles erzählen sollen.* Was bedeutete schon eine weitere Person auf der Liste der Menschen, die Bescheid wussten?

Ich würde es ihr erzählen, bald, aber noch nicht jetzt. Schweigen und Verleugnen waren eigentlich immer noch meine Realität, meine Norm, meine Strategie. Je weniger Menschen davon wussten, desto besser, denn dann war es weniger real als bestimmender Faktor meines Lebens. Außerdem – das hatte ich mir seit meinem Anruf am 22. Dezember mehrfach überlegt – lag diese Situation nun hinter mir, sodass ich vielleicht keinem einzigen anderen Menschen mehr davon etwas erzählen musste, nicht einmal jemandem wie Hannah. In den allermeisten meiner Beziehungen wüsste weiterhin nur ich Bescheid über meine Scham, was bedeutete, dass sie umso schneller verschwinden würde. Bald würde sich »all das« weit weg anfühlen und das Leben würde wieder normal sein, so als wäre das Ganze nie passiert.

Doch wegen des Umschlags, den ich nun in der Hand hielt, war die Hoffnung im Begriff zu zerschlagen.

Die Ferien zu Hause waren eine Achterbahn der Gefühle gewesen, aber wir hatten es geschafft, Weihnachten in unserem Haus zu feiern. Meine Mutter liebte Weihnachten, und deshalb liebten wir anderen es auch. Weihnachten bedeutete stundenlanges Kochen, das Backen der italienischen Kekse, die mein Vater liebte – genau wie unsere Nachbarn, denn jedes Jahr bereiteten wir besondere Teller vor, die meine Mutter in durchsichtige Plastikfolie einpackte und mit glänzenden Schleifen schmückte, um sie an alle zu verteilen. Weihnachten bedeutete, Nudeln von A bis Z selbst herzustellen, Soßen und italienisches Fleisch zuzubereiten und so gut wie pausenlos zu essen.

Vor ihrer Alzheimer-Erkrankung konnte meine Großmutter in der Küche zaubern; sowohl sie als auch meine Mutter kannten die Familienrezepte auswendig und bereiteten sie blitzschnell und mühelos zu, als befolgten sie eine detaillierte Anleitung. Aber in diesem Jahr, mit Oma, die sich schwertat, und meiner Mutter, die oft nicht mehr aus dem Bett kam, fiel es mir zu, das Weihnachtskochen zu organisieren. Meine Mutter half, wann immer sie dazu in der Lage war, aber die meiste Zeit bereitete ich alle Gerichte zu, während mein Vater hin und wieder Aufgaben übernahm: etwas auf dem Herd im Auge zu behalten oder unter meiner Anleitung etwas aus dem Ofen zu holen. Irgendwie hat meine Mutter ihre Kekse gebacken, sodass die Nachbarn ihre auch bekamen. Das Backen dieser Kekse fühlte sich an, als würde meine Mutter ihrem Todesurteil trotzen – so wie sie es seit der Diagnose eigentlich jeden Tag tat.

An Weihnachten trafen sich die Leute in unserer Nachbarschaft und sangen Weihnachtslieder, und meine Mutter war immer eine der Anführerinnen gewesen. Aber in diesem Winter hatte sie nicht die Kraft, bei Kälte und Schnee durch die Nachbarschaft zu laufen und stundenlang zu singen.

Die Sternsinger klingelten zweimal an unserer Tür, einmal am frühen Abend und dann später noch mal, damit meine Mutter für ein paar Minuten mitsingen konnte. Ich weiß noch, wie beim zweiten Mal einer der Nachbarn lachend zu meinen Eltern sagte:

»Diesmal haben wir die Nichtsänger aussortiert«, um zu erklären, warum unser Haus eine Sonderbehandlung erhielt. Doch natürlich wusste jeder über meine Mutter Bescheid und dass der zweite Besuch wegen ihrer Krebserkrankung stattfand, weil es für sie vielleicht kein weiteres Jahr mit den Sternsingern geben würde.

Ansonsten war alles wie immer: der Weihnachtsbaum, die Geschenke darunter, das besondere Frühstück am Weihnachtsmorgen, gefolgt vom Kirchgang und unserem typischen, aufwendigen Weihnachtsessen mit viel zu viel Essen. Wir bekamen das alles hin, obwohl meine Mutter kaum etwas essen konnte, obwohl sie ein Kopftuch trug, weil sie eine Glatze hatte, wodurch sie allen Gottesdienstbesuchern, die nicht wussten, dass sie krank war, signalisierte, dass sie es war. Wir bekamen das alles hin, weil wir es mussten, denn es könnte unser letztes gemeinsames Weihnachten sein. Wir näherten uns der Sechs-Monats-Marke, die uns der Arzt nach ihrer Operation gesetzt hatte, dem drohenden Datum ihres möglichen Todes.

Ich erzählte meinen Eltern nichts während meines Aufenthalts. Ich hoffte immer noch, dass sie es niemals erfahren müssten.

Auf der Vorderseite des Umschlags, den ich in der Hand hielt, befand sich keine mir bekannte Handschrift, kein Absender in der linken oberen Ecke, nichts, was darauf hinwies, dass er von ihm stammte. Meine Adresse war getippt worden, der Umschlag ausgedruckt. Es sah aus wie einer dieser Briefe, die man in vielleicht von seinem Zahnarzt bekommt oder von einer dir kaum bekannten Person, die massenweise Weihnachtskarten an ihre Kundschaft verschickt.

Das Büro war dunkel, als ich mein Postfach inspizierte, weil es spät war und die meisten Mitarbeiter noch Urlaub hatten. Ich hatte nur ein einziges Licht im Raum angemacht, die Lampe über den Postfächern der Mitarbeiter. Die Stille war unheimlich. Normalerweise wimmelte es hier von Menschen, überall herrschte Gewusel und Lärm. Doch die friedliche Stimmung und die Ruhe waren schön. Ich hatte bereits die erste Weihnachtskarte auf dem Stapel geöffnet, dann noch eine und noch eine, bis ich bei dieser Karte angelangt war.

Ich fing gerade an, mich wieder glücklich zu fühlen, und ich schöpfte Hoffnung. Ich fing gerade an, die Fragmente meiner mentalen Gesundheit wieder zu kitten. Der Boden fühlte sich wieder stabiler an, meine Schritte wurden sicherer. Mein Professor hatte mich nicht kontaktiert, nicht ein einziges Mal. Nicht telefonisch, nicht in Rhode Island, nicht in meiner Wohnung auf dem Campus der Georgetown – nicht seit unserem Telefonat. Ich hatte keine Briefe erhalten, abgesehen von ein paar Nachzüglern, die er vor unserem einseitigen Gespräch abgeschickt hatte. Ich hatte ein glückliches, professorenfreies Weihnachten mit meiner Familie verbracht, und das genoss ich.

Ich war zu ihm durchgedrungen.

Er hatte sich meine Worte am Telefon angehört. *Endlich*. Endlich hatte er mir zugehört, mich wirklich angehört, mein Nein gehört. Jeden einzelnen aufgelisteten Punkt, jede einzelne an ihn gerichtete Forderung, jede einzelne seiner ihm von mir untersagten Handlungen, eine nach der anderen, während ich das alles von diesen Seiten ablas. Er hatte meine Worte gehört, und er hatte zugehört.

Alles würde wieder gut werden. Es schien fast zu schön, um wahr zu sein.

Ich hatte noch viel Schadensbegrenzung vor mir, dessen war ich mir bewusst. Ich hatte meiner Mutter immer noch nicht gesagt, dass unsere Verabredung zum Mittagessen im Coast Guard House in Narragansett abgesagt worden war, dass er nicht mehr nach Rhode Island kommen oder ihr schreiben würde. Ich wusste nicht, wie ich ihr das beibringen sollte, ohne ihren Unmut zu wecken, und ohne ihr die Wahrheit zu sagen, die ich ihr nicht sagen wollte. Ich wollte, dass meine Mutter ihren Glauben an die katholische Kirche, ihren Gott und ihre Priester bewahrt, denn sie waren ein Bestandteil ihrer Genesung, ihr Rettungsanker der Hoffnung. Ich wollte es nicht abwürgen, dieses Etwas, das ihr half, am Leben zu bleiben.

Ich wusste auch immer noch nicht, wie ich mit der Graduate School weitermachen sollte und mit der Tatsache, dass er sich überall in dem Gebäude aufhalten würde, in dem ich Seminare besuchte, und dass es sein gutes Recht war, sich dort aufzuhalten, weil er Professor war. Er hatte ein größeres Anrecht als ich darauf, sich dort aufzuhalten; das Gebäude war seit Jahren sein Arbeitsplatz. Und dann wäre da noch die Problematik rund um meinen Studiengang: die Tatsache, dass er der Leiter meines Studienschwerpunkts war, die Tatsache, dass er alle wichtigen Kurse unterrichtete, die ich belegen musste. Und da wäre auch noch die bedrückende Realität, dass ich ihn wahrscheinlich als Mitglied meines Dissertationskomitees, wenn nicht sogar als Doktorvater benötigen würde. Ich war mir nicht sicher, mit welchem Trick ich diese verfahrene, komplizierte Situation umschiffen könnte oder ob das überhaupt möglich wäre. Bestünde die Möglichkeit, ihn weiterhin zu meiden, ohne jemandem erklären zu müssen, warum?

Aber ich war noch nicht bereit, diese Mauer zu erklimmen. Ich lernte gerade wieder zu atmen, lernte aufrecht zu stehen, nachdem ich mich so lange weggeduckt hatte. Ich beschloss, dass mir ein paar Wochen Nichtstun zustanden, in denen ich nichts anderes tun würde, als mein Leben ganz bewusst zu leben, ohne seine ständigen Störungen. Ohne das Gefühl, belagert zu werden. Ohne die Angst, dass er jedes Mal, wenn ich um eine Ecke bog oder eine Tür öffnete, vor mir stehen könnte. Ohne die Angst vor der Frage, was er sich wohl als Nächstes ausdenken würde, um sich weiter in mein Leben und meine Familie zu drängen. Vielleicht würde ich mir irgendwann mal keine Sorgen mehr machen, wenn ich meine Seminare verließ, durchs Treppenhaus ging oder vom Parkplatz in mein Wohnhaus lief. Diese simplen Dinge wollte ich zurückhaben. Sie waren *alles*, was ich wollte.

Zu diesem Zeitpunkt wussten nur vier Personen auf der ganzen Welt Bescheid über das, was passiert war: Dan, die Professorin, der wir es erzählt hatten, ich und er. Ich wollte, dass es so blieb. Ich wollte die Geschichte aus meinem Leben streichen und weitermachen. Ich war von diesem Mann angewidert, aber noch mehr als das *widerte ich mich deshalb auch selbst an*. Ich hatte das Gefühl, dass ich abscheulich war und dass die anderen Leute ebenfalls erkennen würden, wie abscheulich ich war, sobald sie Bescheid wüssten. Christopher. Vielleicht sogar Hannah.

Bevor ich ständig nur noch Jogginghosen trug und vor dem Unterricht nicht mehr duschte, bevor ich versuchte, unsichtbar zu werden, stach ich in meinem Studiengang hervor. Ich war die schicke Donna, an einem Ort, an dem niemand sonst etwas über Klamotten und Outfits wusste oder sich dafür interessierte. Durch meinen Kleidungsstil stach ich hervor, und weil ich die starke Persönlichkeit meiner Mutter geerbt hatte und sie überall auslebte, egal, wo ich hinging. Jeder kannte mich, meine Lehrenden mochten mich, waren nett zu mir und freuten sich, dass ich in ihrem Studiengang war und promovierte. Man sagte mir, ich sei »ein frischer Wind«, und mir gefiel es, dieser frische Wind zu sein, der durch die Abteilung wehte und die Leute zum Lächeln und Aufschauen brachte, wenn ich an ihnen vorbeiging.

Aber genau aus diesem Grund würden die Leute auch mir die Schuld zuschreiben, wenn sie es herausfänden. Sie würden argwöhnen, dass ich dafür verantwortlich war. Ich war mir sicher, wenn die Leute die Wahrheit wüssten, würde ich nie wieder jemanden zum Lächeln oder Lachen bringen. Die Leute würden mich für einen fürchterlichen Menschen halten und denken, dass ich einen unschuldigen, im Zölibat lebenden Professor mit meinem Charme verführt hätte, mit diesen hochhackigen Stiefeln und kurzen Röcken, dass ich ihn verleitet hätte, sein Gelübde zu brechen. Ich würde nie wieder in der Lage sein, den Menschen erhobenen Hauptes in die Augen zu sehen. Lieber würde ich meine Promotion aufgeben, als dass diese Sache die Runde machte. Die Scham umhüllte mich wie eine undurchdringliche Blase.

Wäre er als Professor anders gewesen, hätte ich vielleicht anders empfunden. Wenn er gut aussehend gewesen wäre, wenn er größer gewesen wäre, wenn er kein Priester gewesen wäre. Von Männern, die keine Priester sind, wird immerhin erwartet, dass sie Frauen wahrnehmen, mit ihnen flirten und in einer sexuellen und romantischen Richtung über sie nachdenken, auch wenn sie ihre Studierenden nicht auf diese Weise wahrnehmen und so über sie nachdenken sollten. Wenn andere Leute ihn attraktiv fänden, wenn sie ihn auch als sexuellen Menschen wahrnehmen würden, dann würden sie mich, in Kenntnis meines Geheimnisses, vielleicht anders wahrnehmen. Als weniger abstoßend, weniger verwerflich, weniger als Hure. Vielleicht hätten sie seine Aufmerksamkeit für mich romantisch gefunden. Vielleicht hätte *ich* sie als romantisch empfunden.

Eine Freundin von mir sagte kürzlich, dass es sich wie eine Schwärmerei anhörte. Obwohl er ein viel älterer Mann sei, der es in seinem Beruf zu etwas gebracht habe, komme er ihr wie ein zwölfjähriger Junge vor, was Liebe und Sex anbelangt, dass ich sein erster Jugendschwarm sei, dass er nicht wisse, wie er mit seinen Gefühlen für mich umgehen solle oder was sie überhaupt zu bedeuten hätten. Das sagte sie, nachdem ich ihr von dem Kuss im Auto erzählt hatte, wie er mit seinem »Ich mag dich« herausgeplatzt und dann weggelaufen war.

Ich denke, in einem Punkt hat sie recht. Er war vielleicht älter und erfolgreicher, aber weil er sich als kleiner Junge entschieden hatte, Priester zu werden, war er zu einem Mann herangewachsen, der sexuell unterentwickelt war, ein Mann, der nie gereift war. Für alle, die ihn kannten und seine Werke lasen, war er vielleicht ein angesehener Professor, aber in Wirklichkeit hatte ich es mit einem Teenager zu tun, der kaum die Mittelschule hinter sich gebracht hatte. Ich war ihm ins Auge gefallen, und nun wusste er nicht, was er mit all diesen starken Gefühlen anfangen sollte, die sich in ihm ausbreiteten, während er mich auf dem Schulhof beobachtete.

Aber natürlich war er kein Teenager. Mit einem Teenager wäre ich klargekommen. Er war ein Mann mit Macht und Ressourcen, zu denen der Zugriff auf sämtliche persönlichen Informationen über mich, der Einfluss auf meine Seminararbeit, meinen Promotionsschwerpunkt zählten – sowie die Ermächtigung, über Erfolg oder Scheitern meines Vorankommens mit der Promotion und damit über meine Zukunft zu entscheiden. Er war ein Mönch und ein Priester der katholischen Kirche, ein bedeutender Akademiker, der alle Privilegien genoss, die mit diesen Rollen verbunden waren.

Außerdem ging es hier um mein Leben.

Ob es sich nun um Jugendliebe, eine harmlose Schwärmerei oder um etwas viel Schlimmeres handelte, er nutzte seine Macht aus und setzte sie ein, um mich zu beeinflussen, mich zu lokalisieren, mir zu folgen und mich endlos zu belästigen, selbst als ich mir alle Mühe gab zu entkommen. Er schwang seine Macht wie einen Knüppel, und falls in seinen Gefühlen für mich eine Arglosigkeit zum Ausdruck kam, dann war diese Arglosigkeit unredlich und verdorben, korrumpiert durch den alten Mann, der sie auslebte.

Schon Monate zuvor hatte ich angefangen, ihn mit E.T. zu vergleichen, wenn Leute nach ihm fragten. Ich wollte, dass die Leute ihn als harmlos, als gottergeben, als eine seltsame kleine außerirdische Figur sahen, die vorbeihuschte, hässlich, ja, aber letztlich konnte sie keiner Fliege etwas zuleide tun. Doch für mich war er damals schon das groteske, bucklige Monster, eine Art Gollum in meinem Leben, beängstigend und besessen. Ich konnte ihn nicht mehr als das Nicht-Monster sehen, so wie er in seinen wallenden Gewändern durch die Welt schritt, mit diesem vorgereckten Hals, dem gekrümmten und vorgebeugten Rücken, dem nach vorne gereckten Kopf. Seine Stimme war trügerisch sanft, sogar schwach, aber wenn er wütend war, schlug er damit um sich. Er war eine Art Eunuch, ein Mann, der sich selbst verstümmelt hatte, als er sein Keuschheitsgelübde ablegte, der sich selbst kastriert, entsexualisiert hatte und dennoch versuchte, einer Frau gegenüber den Mann zu spielen, obwohl er nur ein halber Mann war und niemals mehr sein könnte.

Ich riss den Umschlag in meiner Hand auf. Es war vielleicht der fünfte oder sechste, den ich aus dem Stapel holte. Die Vorderseite der Klappkarte selbst war unverfänglich – ich erinnere mich nicht daran, was darauf gedruckt war. Aber an die Innenseite erinnere ich mich genau.

Ich erkannte seine Handschrift sofort. Sie war winzig, und sie füllte sowohl die linke als auch die rechte Seite der Karte, eine schmale Zeile nach der anderen, die sich auf der Rückseite fortsetzte. Seine Schrift war wütend, er war wütend.

Wie hatte ich das zwischen uns nur so radikal beenden können? Wie konnte ich ihm das antun, uns das antun? Er hatte doch nichts Falsches getan, er hatte nie etwas auch nur annähernd Falsches getan. Ich muss alles missverstanden haben, alle seine Absichten. Was war mein Problem? Er hatte mir doch nur helfen wollen. Wie konnte ich einem Freund wie ihm nur so etwas antun? Ich musste meine Meinung ändern, ich musste unbedingt meine Meinung ändern und es wieder so hinbiegen, wie es vorher war.

Schlimmer noch, schrieb er, wie konnte ich meiner Mutter so etwas antun?

Wie konnte ich ihn bitten, ausgerechnet den Kontakt zu ihr abzubrechen? Wusste ich nicht, wie sehr sie ihn gerade jetzt brauchte? War mir nicht klar, wie wichtig Priester in ihrem Leben waren, für ihr Überleben nach dem Krebs, wie wichtig gerade er war? Indem ich ihre Korrespondenz beendete, indem ich ihm nicht erlaubte, nach Rhode Island zu fahren, um sie zu treffen, werde ich der Grund für ihr Leiden, ihr schreckliches, schreckliches Leiden sein. Ich musste meine Meinung ändern, nicht nur um seinetwillen und um unseretwillen, sondern auch um meiner Mutter willen. Ich musste es tun, ich musste. Er weigerte sich, die Alternative zu akzeptieren.

Ich stand da im schummrigen Licht des leeren Büros, hielt die Karte in der Hand, las und zitterte, die Beine zitterten, Arme und Hände zitterten. Er hatte diesen Anruf als Trennung aufgenommen, als das Beenden einer Beziehung, und jetzt drängte er mich, dass ich es mir noch einmal genau überlegte, es war ein Muss, er wollte es unbedingt, und er weigerte sich, die Alternative zu akzeptieren. Die Leere um mich herum fühlte sich nicht mehr friedlich, sondern beängstigend an. Ich war allein, aber war ich das wirklich? Lauerte er jetzt irgendwo im Büro? Wartete er irgendwo auf mich? Würde er hinter einer Tür, einem Gebäude, einem Baum hervorkommen, wenn ich im Dunkeln allein über den Campus zu meiner Wohnung ging?

In gewisser Weise hatte er recht. Ich hatte mich in jeder Hinsicht geirrt.

Er hatte mich an diesem Tag am Telefon nicht gehört. Er konnte mich immer noch nicht hören. Er weigerte sich, mich zu hören, wollte mich nicht hören, egal was ich sagte, nicht bevor ich ihm sein Ja gab. Ich hatte mir selbst etwas vorgemacht, indem ich etwas anderes glauben wollte, indem ich glauben wollte, mein

Leben sei wieder normal, wo doch in Wirklichkeit alles beim Alten geblieben war, dass er wie gehabt mein Nein nicht hörte, egal wie ich es sagte, auch dann nicht, wenn es in einer langen Liste niedergeschrieben und entschlossen und deutlich vorgetragen wurde, ein Nein nach dem anderen, in einem sorgfältig inszenierten Rahmen.

Ich habe niemandem von der Karte erzählt. Zuerst nicht.

Wieder einmal war ich nicht bereit. Ich wollte nicht zugeben, dass der Plan nicht funktioniert hatte. Ich wollte es mir nicht eingestehen, weil ich den Gedanken nicht ertrug, dass ich nicht frei war. Ich ertrug den Gedanken nicht, dass es nichts gab, was ich allein tun konnte, um ihn zu vertreiben. Ich ging an diesem Abend nach Hause, bei jedem Schritt auf der Hut, ich sah mich ständig um und zuckte bei dem kleinsten Geräusch, der kleinsten Bewegung, die ich aus dem Augenwinkel wahrnahm, zusammen.

Ein paar Tage später kam eine weitere Karte, ebenfalls ohne Absender. Diesmal kam sie getarnt in der Größe eines Geschäftsbriefes, wieder ohne Absender, und die Schriftart, in der meine Adresse gedruckt war, unterschied sich von der auf dem ersten Umschlag. Als ich ihn aufriss, kam mir gar nicht in den Sinn, dass er von ihm sein könnte. Bis Mitte Januar, als sich meine Weihnachtsferien dem Ende näherten, hatte ich drei dieser Karten ohne Absender erhalten. Ich fing an, mich vor meiner Post zu fürchten, fürchtete mich davor, jeden einzelnen Brief zu öffnen, auf dem mein Name stand.

Da habe ich den Kreis ein winziges bisschen erweitert.

Ich erzählte Christopher davon, wenn auch nicht die ganze Geschichte. Ich wollte nicht mehr als unbedingt nötig darüber sprechen. Auch Hannah habe ich es erzählt, aber auch ihr nur die wichtigsten Details. Beide waren entsetzt, dass ich es für mich behalten hatte, dass ich so viel Angst gehabt hatte und so einen Widerwillen, mich jemandem anzuvertrauen, nicht einmal ihnen.

Sie gingen behutsam mit diesem Thema um, vorsichtig, um nicht zu viel Druck auszuüben, als ob sie spürten, dass ich wie ein verängstigtes Reh war, das jederzeit die Flucht ergreifen würde. Die einzige Person, der ich jedes Detail erzählt habe, war Dan. Selbst wenn ich nur das Nötigste erzählte, war der Hass, den ich empfand, so stark, zu stark, als dass ich mehr als ein paar Details ansprechen konnte. Doch der Hass, den ich empfand, galt nicht ihm. Er richtete sich gegen mich.

In derselben Nacht, in der ich Christopher davon erzählte, rief ich auch meine Mutter an. »Hast du in letzter Zeit etwas von Father L. gehört?« Ich bemühte mich, diese Frage so normal wie möglich zu stellen. Ich wollte auf keinen Fall irgendeinen Alarm auslösen.

»Oh, ja«, sagte sie. »Ich habe neulich einen Brief von ihm bekommen. Er freut sich auf seinen Besuch bei uns.«

Ich beendete das Gespräch, und meine Hände zitterten. Ich zitterte jetzt andauernd. Ich war wieder zurück an dem Punkt, an dem ich mich schon so lange befunden hatte, geschockt, verzweifelt, gebrochen. Ich traf mich noch einmal mit Dan. Es war an der Zeit, dass ich etwas Offizielles unternahm.

AKADEMISCHES INTERMEZZO

In der Nähe meiner Wohnung gibt es ein Gebäude, an dem ich immer wieder vorbeikomme, mit einem alten Banktresor darin. Er hat eine unglaublich prächtige Tür, dick und glänzend, die Apparatur ist kreisförmig und kompliziert; die Bolzen sind massiv, vermutlich aus Messing. Diese Schließmechanismen zum Schutz vor Möchtegern-Räubern sind eine großartige Meisterleistung der Ingenieurswissenschaften. Der Safe erinnert mich an ein vertracktes Uhrwerk, wie etwas, das für einen Fantasyfilm voller Magie entworfen wurde. Die Tür kann ich durch die staubigen Fenster des leeren historischen Gebäudes sehen, in dem er untergebracht ist. Die oberen Stockwerke werden gerade renoviert. Die Tresortür steht immer offen, sodass die Leute sie im Vorbeigehen bewundern können.

Ich habe genau so eine Tür in meinem Kopf.

Diesen Gedanken hatte ich oft, wenn ich auf dem Heimweg von Whole Foods, die Taschen voller Lebensmittel, oder von der Wohnung meiner Freundin Mary, bei der ich oft zu Besuch bin, an dem Tresor vorbeiging.

Mein Gehirn hat diese Tür für mich gebaut. Mein Gehirn ist ein Meistertüftler. Aber mein Gehirn hält keinen Möchtegern-

Räuber fern, es sperrt ihn und alles, was mit ihm zu tun hat, in diese unglaubliche Meisterleistung menschlicher Ingenieurskunst ein, sperrt ihn weg und hofft auf mein Vergessen, dass er immer noch da drin lauert, da drin lebt, im Inneren meines Kopfes.

Neulich hielt ich an einer Universität im Pazifischen Nordwesten einen Vortrag über den Title IX und einvernehmliches Handeln. Die Studierenden, die in den Reihen vor mir saßen, waren bei der Sache, ihre Augen auf mich gerichtet. Ich konnte sehen, wie sich die Räder in ihren Köpfen drehten, konnte spüren, dass sie zuhörten und sich für dieses Thema interessierten.

Sie schienen nette Menschen zu sein.

Im Laufe des Abends erwähnte ich, dass ich ein Buch über den Title IX und einvernehmliches Handeln auf dem Campus geschrieben habe, das in ein paar Monaten erscheinen werde und dessen zentrale These darin bestehe, dass die Universitäten bei der Bekämpfung systemischer sexueller Gewalt auf dem Campus jahrelange Versäumnisse zu verantworten hätten. Ich erzählte den Studenten, wie traurig es mich macht, dass ein Bundesgesetz sowie die Drohung, staatliche Mittel zu verlieren, nötig waren, damit die meisten Universitäten endlich die Probleme der sexuellen Belästigung und Gewalt innerhalb ihrer Campus-Gemeinschaften anerkennen, dass es eines drohenden nationalen Skandals bedurfte, damit die Universitäten die Angelegenheit als wichtig erachteten. Aber ich habe ihnen auch gesagt, dass ich Hoffnung habe, dass dieser Gesinnungswandel eine Chance für einen Neuanfang ist, um einen Weg zu finden, die Dinge zu ändern.

Den ganzen Abend über, während ich meinen Vortrag hielt und anschließend den Fragen und Kommentaren der Studenten zuhörte, dachte ich an die Tatsache, dass ich selbst während meines Studiums eine Beschwerde nach Title IX einreichen musste.

Es lag mir auf der Zunge:

»Ich habe eine Title-IX-Beschwerde eingereicht. Damals in den späten Neunzigern.«

Diese Zeile brannte in meinem Mund, ich konnte sie schmecken, spüren, wie sie auf meinen Stimmbändern kribbelte. Ich wollte es den Schülern sagen, einfach damit herausplatzen, es beichten. Es fühlte sich fast wie eine Lüge an, es *nicht* zu erwähnen. Eine ganze Stunde und fünfundvierzig Minuten lang starrte ich in diese ernsten Gesichter und sehnte mich danach, ihnen mein Geheimnis zu verraten.

Ich habe es nicht getan.

Die Veranstaltung war zu Ende und ich hatte nicht den Mut dazu gefunden.

Die Worte lagen mir auf der Zunge, aber ich wusste immer noch nicht, wie ich sie aus meinem Mund herausbekommen sollte, ich bin im Umgang mit dieser Aussage noch nicht geübt genug, um sie aus dem Schutz meines Körpers herauszulassen. Ich *wollte* die Kraft finden, es zu sagen, mit Überzeugung, sogar mit *Stolz*: »Leute, ich bin Urheberin einer Title-Nine-Beschwerde! Ich werde mich nicht schämen!«

Aber die Angst davor, was die Leute denken würden, dass sie meine Erwähnung von so etwas in der Öffentlichkeit, vor Publikum und *während einer akademischen Vorlesung* für unangemessen halten könnten, diese Angst war immer noch größer als der Impuls, es auszusprechen. Während ich auf dem Podium in diesem prächtigen Vorlesungssaal voller Studenten stand, war ich wieder einmal zwei Personen, zwei Frauen, die eine Wissenschaftlerin und Forscherin zum Thema Title IX, einvernehmliches Handeln und Sex auf dem Campus, die andere ein Mädchen, verängstigt und beschämt, das selbst einmal eine Title-IX-Beschwerde eingereicht hatte und sich danach alle Mühe gab, um diese Tatsache aus ihrem Leben zu streichen.

Ein Teil von mir wünscht sich einen erneuten Versuch, dieser Teil wünscht sich, zurückzugehen und es dieses eine Mal laut *auszusprechen.*

Aber der andere Teil von mir hofft einfach, dass ich beim nächsten Mal den Mut finden werde, mich vor mir selbst dazu zu bekennen.

In den letzten zwölf Jahren habe ich aufgrund meiner Forschungen über Sex auf dem Campus an fast zweihundert Hochschulen und Universitäten Vorträge gehalten, immer im selben Kontext wie dem, als ich stumm blieb. Seit 2011 ist Title IX ein wichtiger Teil dieser Vorträge, spätestens seit die Obama-Regierung Hochschulen und Universitäten gezwungen hat, sich mit der Relevanz dieses Gesetzes für sexuelle Gewalt und Belästigung auf dem Campus auseinanderzusetzen.

Die längste Zeit habe ich dieses Gesetz von meinem eigenen Körper ferngehalten. Als hätte es nichts mit mir und meiner persönlichen Geschichte zu tun. Als wäre es damals und heute eine rein berufliche Angelegenheit, niemals etwas Persönliches.

Ein Trauma macht so komische Sachen. Es hilft einer Person, etwas so tief zu vergraben, dass sie sich buchstäblich nicht daran erinnert, dass es da ist – bis sie es wieder tut. Bis sie ein Dokument, das diese Tatsache beweist, in den Händen hält und es zwanzig Jahre später liest, so wie ich vor Kurzem.

In all den Jahren, in denen ich durch das ganze Land gereist bin, um Vorträge über meine Forschung zu halten und in diesem Zusammenhang das Thema Title IX anzusprechen, kam mir nie in den Sinn, dass auch ich während meines Promotionsstudiums gezwungen war, eine Title-IX-Beschwerde einzureichen. Ich habe in der Rolle der Wissenschaftlerin, Rednerin und Expertin agiert, als wüsste ich nicht einmal, dass ich selbst dieses Gesetz als notwendige Hilfsmaßnahme in Anspruch genommen hatte, um meine Universität zur Rechenschaft zu ziehen, so wie es die anderen jungen Frauen an den Unis in letzter Zeit scharenweise tun. Als Forscherin und Wissenschaftlerin weiß ich viel über Title IX, mehr als die meisten Menschen, genauso viel, wenn nicht sogar mehr als die Title-IX-Koordinierenden, die derzeit die Verantwortung für die Durchsetzung dieses Gesetzes an ihren Universitäten tragen. Ich habe ein Sachbuch geschrieben, in dessen Mittelpunkt Title IX steht – jenes Buch, das ich den Studenten in diesen Vorträgen vorstellte. Aber erst im Laufe der Arbeit an diesem hier vorliegenden Buch fing ich langsam an, mir bewusst zu werden, mich zu *erinnern*, dass auch ich *möglicherweise* vor Jahrzehnten eine Beschwerde nach Title IX eingereicht haben könnte. Ich wusste erst mit Sicherheit, dass dem tatsächlich so war, als ich die Akte aus dieser Zeit meines Lebens hervorkramte, eine Akte, die ich unter anderen Kisten in meinem Haus vergraben hatte.

Ich weiß, dass dies seltsam, ja sogar unmöglich klingen muss. Wie kann es sein, dass ich das nicht weiß? Wie kann der Title IX ein Jahrzehnt lang im Mittelpunkt meiner Forschung und meiner akademischen Identität stehen, ohne dass ich mir bewusst war und bin, dass er auch für mich als Person, als ehemalige Studentin, von zentraler Bedeutung ist?

Es ist nicht so, dass ich nichts über meine eigene Geschichte gewusst hätte – ich wusste es, irgendwo in meinem Gehirn –, aber Fakt ist, dass ich es nicht realisiert habe, weil der Teil meines Gehirns, in dem ich diese Art von Wissen abgespeichert habe, anders funktioniert als der Rest. Er scheint seinen eigenen Zeitstrahl zu haben, seinen eigenen Willen, und ich bin ihm ausgeliefert. Das Wissen hat sich in einem Teil meines Gehirns eingenistet, den ich abgeschottet hatte. Als ich mit meinen Nachforschungen über Sex auf dem Campus begann, war ich schon weit in mein Leben als Wissenschaftlerin hineingewachsen, und meine Erfahrungen mit diesem Professor befanden sich weit außerhalb meines Bewusstseins. Ich hatte ihn und alle mit ihm verbundenen Erinnerungen verbannt. Ich hatte sie mit Brettern vernagelt, sie einmal zugepflastert, dann noch einmal, dann zur Sicherheit noch ein weiteres Mal. Ich schloss sie hinter dieser prächtigen Tresortür weg, drehte das Einstellrad und sperrte sie ein. Dann lebte ich so, als gäbe es diese Erinnerungen nicht – oder besser gesagt, ich gab mir alle Mühe, damit es so war.

In den ersten Jahren, nachdem alles vorbei war, sprach ich nie über diesen Professor – und damit meine ich *nie*. Ich habe es keiner Menschenseele erzählt, und nur ein paar Menschen, die mir nahestanden, kannten die ganze Geschichte. Dan. Christopher. Hannah. Abgesehen von diesen Freunden und der Person, die ich schließlich heiratete, hatten die meisten Menschen in meinem Leben keine Ahnung, was passiert war, und ich wollte, dass es so bleibt.

Wann immer ich über die Graduate School sprach, tat ich so, als wäre es eine der schönsten Phasen meines Lebens gewesen – und das war es auch. Mit Ausnahme von allem, was mit diesem Professor zu tun hatte, war ich an der Graduate School aufgeblüht. Ich hatte fast perfekte Noten, war eine beliebte Studentin bei meinen anderen Professoren und Professorinnen und galt als vielversprechend auf meinem Gebiet. Da ich meine Erinnerungen an diese Zeit gespalten hatte, konnte ich mich entscheiden, ob ich die eine oder die andere Einheit an Erinnerungen abrufen wollte. In der einen Einheit war alles gut, wirklich wunderbar, gewesen. In der anderen gab es nur Dunkelheit und Scham und ein Leben unter dem ständigen Blick eines Mannes, der mich abstieß, der mich quälte, der mich erbarmungslos verfolgte und der deshalb mein Leben und meine Zukunft zu ruinieren drohte. Ich habe nie zugelassen, dass sich die beiden Einheiten vermischen. *Niemals*. Das galt es unbedingt zu unterbinden. Meine Karriere und mein Leben, so dachte ich, hingen davon ab.

Aber irgendwann holten mich die Erinnerungen ein und die damit verbundenen Verhaltensweisen, die ich als Bewältigungsmechanismen erlernt hatte. Sie überschwemmten mein Bewusstsein und übernahmen die Kontrolle über mein Gehirn, als ob dieser Professor außerhalb des Seminarraums, in dem nun ich unterrichtete, auf mich wartete, in meinem neuen Leben als Professorin Freitas, weit weg von dem Ort, an dem er selbst noch unterrichtete. Und schließlich, weil diese Erfahrungen immer schlimmer wurden, begann ich eine jahrelange Therapie wegen posttraumatischer Belastungsstörungen.

Weil die Erinnerungen, die Assoziationen mit dem, was ich damals erlebt und wie ich damals gelebt habe, ihrem eigenen Zeitstrahl folgen, ihrem eigenen Willen, weil sie in diesem Tresor in meinem Gehirn eingeschlossen sind, habe ich Jahre gebraucht, um zu begreifen, was ich persönlich durchgemacht habe und auf wie vielen unzähligen Wegen es mich immer noch beeinflusst, sich an Orten und in Momenten und Situationen an mich heranschleicht, wenn ich es am wenigsten erwarte. Meine Erinnerungen an ihn benehmen sich ähnlich wie er.

So ging es mir auch mit dem katholischen Missbrauchsskandal. Als er aufflog, las ich darüber, las alle Artikel in der Zeitung, über die Art und Weise, wie die katholische Kirche jahrzehntelang Verbrechen und Missbrauch durch ihre Priester vertuschte, wie sie einen öffentlichen Skandal vermied und Opfer für ihr Schweigen bezahlte. Ich empfand die gleiche Empörung und den gleichen Schock wie alle um mich herum, diskutierte mit Freunden und Kollegen – und das alles, ohne zu begreifen, dass das, was mir mit diesem Priester widerfuhr, vielleicht mit dem Skandal zusammenhing. Erst *etliche Jahre* nach Bekanntwerden des Skandals kam mir in den Sinn, dass mein Professor ein missbrauchender Priester war und dass ein Teil der anschließenden Vertuschung und des Schweigens, die ich an meiner Universität ertragen musste – einer dezidiert katholischen Universität, an der es viele Priester gab und die mit hochrangigen Bischöfen verbunden war –, mit derselben Methode der Irreführung und des Zum-Schweigen-Bringens der Opfer einherging, die die katholische Kirche seit Jahrzehnten anwendet.

Ich habe zwei Leben gleichzeitig gelebt und habe dementsprechend zwei Erinnerungsschienen. In der Regel folge ich meinem Leben nur auf dem einen Gleis, aber gelegentlich, sehr selten, wechsele ich für eine Weile auf das andere, oft nicht freiwillig, sondern weil etwas in meiner Gegenwart ein Partikel meiner Vergangenheit wachruft und die Tresortür einen Spalt öffnet. Lange Zeit wusste ich nicht, dass die Taten dieses Professors mich für den Rest meines Lebens heimsuchen würden, dass sie meine Beziehungen, meine täglichen Aktivitäten und meine Karriere beeinträchtigen würden. Ich wollte ihm diese Art von Macht nicht geben. Das tue ich immer noch nicht. Aber in vielerlei Hinsicht hat er sie immer noch. Er wird sie immer haben, wenn ich ehrlich bin. Und jedes Mal, wenn ich spüre, dass seine Macht von mir Besitz ergreift, gebe ich mir alle Mühe, um sie ihm sofort wieder zu entreißen.

Obwohl ich all diese Dinge über mich selbst weiß, darüber, wie meine Erinnerung gespalten ist, habe ich Schwierigkeiten, mit der Tatsache klarzukommen, dass ich ein ganzes Jahrzehnt lang nicht bemerkt habe, dass meine Arbeit über Sex auf dem Campus und insbesondere über sexuelle Übergriffe und Belästigung, die Art und Weise, wie Universitäten diese Vorfälle begraben haben, relevant ist für das, was ich selbst erlebt habe. Dass ich, als ich da draußen über Title IX sprach, auch über mich selbst sprach. Nun, es war mir nicht bewusst, bis ich es eines Tages realisierte.

Vielleicht beginnt hier der schlimmste Teil dieser Geschichte, auch wenn das schwer zu sagen ist. War es all die unerwünschte

Aufmerksamkeit eines Professors, den ich einst bewunderte und der zu einem Mann geworden war, den ich abstoßend fand? Waren es die unablässigen Anrufe, das Aufkreuzen, das Schreiben von Briefen, die Einladungen hierhin und dorthin und die Rügen, wenn ich mich weigerte mitzukommen? Oder war es der Teil, als ich anfing, meine Universität um Hilfe zu bitten, eine Universität, von der ich annahm, ich könne ihr vertrauen, weil sie eine Universität war und in dieser Funktion mein heiligster Zufluchtsort, und als diese Universität mich belog und beschloss, dass die einzige Vorgehensweise darin bestand, dafür zu sorgen, dass ich wegging, dass meine Stimme für immer zum Schweigen gebracht wurde?

Ich denke, es könnte Letzteres sein.

20

Es war ein kalter Januartag, als Dan und ich den Leiter unseres Fachbereichs, Professor H., aufsuchten.

Er war der Mann, der mich für das Graduiertenprogramm rekrutierte, der mehr Geld auftrieb, um mich dort zu unterstützen, als jede andere Uni, an der ich angenommen worden war. Ich erinnere mich, als er mich anrief – ich war gerade auf Hawaii und arbeitete einige Wochen an einem Bildungsprogramm für Highschool-Schüler –, um mir ein Angebot zu machen, um sein letztes Angebot *zu erhöhen* und mich zu überreden, in sein Programm einzusteigen. Während dieses Anrufs habe ich Ja gesagt. Ich war so aufgeregt. Und dieser Mann war einer der Professoren, auf den ich mich am meisten freute, weil er Hermeneutik lehrte und ich wegen meines Studiums an der Georgetown immer ein Philosophie-Fan sein werde.

Dr. H. war groß und schlank und lächelte oder lachte immerzu.

Er war auch Priester.

Es fühlte sich wie eine weitere Prüfung an. Ich hatte es Dan erzählt, der darüber nachdachte, Priester zu werden, und dann hatten wir es unserer Professorin erzählt, die die Art von Person war, die vermutlich über einen Priester die Augen verdrehen würde.

Aber jetzt sollten wir es einem anderen Professor sagen, der selbst Priester war und zu den Professoren gehörte, die ich im gesamten Graduiertenprogramm am meisten bewunderte. Was, wenn er mir nicht glaubte? Was, wenn all die Begeisterung, die er über meine Anwesenheit im Programm gezeigt hatte, in dem Moment verflog, in dem er diese Geschichte hörte? Was, wenn er den Anruf bei mir auf Hawaii und das damit verbundene Angebot, mich finanziell zu unterstützen, damit ich seine Graduate School besuchen konnte, schließlich bereuen würde?

Dan und ich vereinbarten keinen Termin. Wir tauchten einfach in Professor H.s Büro auf. Es war ein paar Tage vor Ferienende und dem Beginn der Vorlesungen im Frühjahrssemester. Professor H. war immer da, ein fester Bestandteil des Fachbereichs, er begrüßte die Studenten und lud sie zu einem Gespräch ein. Er war freundlich und umgänglich, einer der geselligsten Professoren der Graduate School. Wir sagten seiner Assistentin, dass wir ihn sprechen wollten, aber nicht warum, und schon bald geleitete sie uns in sein Büro.

Das Licht war grau. Die Jalousien waren leicht geöffnet, der schmutzige Schnee draußen war dahinter zu sehen. Der Raum war groß, aber alles an ihm war alt, wie das Büro eines Schuldirektors aus den 1980er-Jahren mit einem abgenutzten geknüpften Teppichboden von einer Wand zur nächsten und einem schweren Metallschreibtisch, der mit Papierstapeln und einem riesigen, klobigen Computer beladen war.

In meinen Händen hielt ich die Einkaufstüte mit den Briefen, die ich erhalten hatte, darunter auch die ohne Absender, die er zuletzt geschickt hatte. Die Bücher, die er mir geschenkt hatte, hatte ich auch hineingestopft, und sie lagen schwer am Boden der Tüte. Es waren sechs oder sieben Stück.

Dan und ich setzten uns. Professor H. hatte in seinem Büro einen Bereich mit Stühlen und einem Couchtisch. Wir drei bildeten ein kleines Dreieck, Dan und ich auf einer Seite des Tisches, der Professor gegenüber auf der anderen Seite. Zuerst wusste ich nicht, wie ich anfangen sollte. Dann nahm ich die Einkaufstüte und legte sie auf den Tisch.

Ich zeigte auf sie und sagte: »Die sind von Father L.«

Dann begann ich, wie schon bei Dan, die Einzelheiten zu erzählen.

»Es fing an, als ich vor einem Jahr zustimmte, mit ihm ins Theater zu gehen.«

Ich hielt inne. Ruderte zurück.

»Na ja, vielleicht auch nicht. Vielleicht liegt es daran, dass ich in meinem ersten Semester hier jede Woche in seine Sprechstunde gegangen bin.« Ich strauchelte wieder. Versuchte, mich zu rechtfertigen. »Na ja, eigentlich war es wahrscheinlich mehr als einmal pro Woche. Manchmal sogar zweimal. Eigentlich bin ich ständig zu ihm gegangen.«

Während ich sprach, konnte ich sehen, wie mein Fehler in jedes Wort, jeden Satz, den ich aussprach, hineingeschrieben wurde. Schuldig. Schuldig. Ich war offensichtlich schuldig.

Aber ich machte weiter. Professor H. saß da und hörte zu, den Knöchel auf dem Knie, wie immer, die Hände darüber verschränkt, eine Haltung der Ruhe, des Friedens, der Geduld. Er trug genau das gleiche Outfit, das ich von Father L. gewohnt war: das schwarze Hemd und die Hose des Priesters, weißer Kragen um den Hals. Fast alle Professoren-Priester in meinem Studiengang trugen diese Uniform.

Die Freundlichkeit von Professor H., sein Lächeln, verschwand, während ich sprach.

Sein Mund wurde zu einer fest zusammengepressten Linie, als ich die Liste der verschiedenen Dinge aufzählte, die Father L. tat. Telefonanrufe. Einladungen. Post. Einsicht in meine Akte. Meine Mutter.

Meine Mutter, meine Mutter, meine *Mutter*.

Als ich meine Rede beendet hatte, eine überarbeitete Version der längeren Geschichte, die ich Dan erzählt hatte, aber immer noch eine ausführlichere Version als die für Christopher und Hannah, war ich erschöpft, ich zitterte – seit Neuestem mein Dauerzustand –, nur leicht, nur ein Zucken, aber ich spürte es, konnte es an meinen Händen wahrnehmen. Ich fragte mich, ob andere Menschen es auch sehen konnten, und ich fragte mich, wie sie es deuten würden – ob sie es als Angst, als Müdigkeit oder als Eingeständnis von Schuld verstehen würden.

Ich hatte Angst vor dem Urteil des Professors.

Sie waren Kollegen. In der Lehre und im Priestertum. Sie waren Kollegen auf zahlreichen Ebenen.

Professor H. beugte sich vor und schaute erneut in die Einkaufstüte. Dann sah er auf.

»Donna«, sagte er leise. Er schien nach den richtigen Worten zu suchen.

Gleich würde er mich verurteilen. Die Sache war gelaufen. Wahrscheinlich. Stimmt's?

»Das ist inakzeptabel«, sagte er. »Inakzeptabel.«

Welcher Teil? Was er getan hat, oder was ich getan habe?

Dann sagte er, genau wie Dan: »Es tut mir leid.«

Er klang so bestimmt. So überzeugt.

Also nicht *ich*. Nicht ich. Okay.

Professor H. sprach weiter. Er war entsetzt. Die schiere Menge der Korrespondenz in der Einkaufstüte entsetzte ihn, dabei war es nur eine kleine Auswahl, etwa vierzig Stück, denn die anderen Briefe waren längst weg. Er war so entschieden. Irgendetwas stimme nicht, es sei richtig, zu ihm zu kommen und ihn darauf anzusprechen, und er wolle sein Bestes tun, damit dieses Verhalten aufhört.

Ich erinnere mich, dass ich überwältigt war.

Ich bin mir nicht sicher, ob das darauffolgende Gefühl nur Erleichterung war. Erleichterung war ein Teil davon; Professor H.s Bestätigung dessen, was ich schon lange vermutet hatte, bedeutete, dass ich nicht verrückt war, dass ich keine Dramen erfunden und auf harmloses Verhalten überreagiert hatte. Aber dass eine andere Person – die ebenfalls Professor und Priester war, jemand mit so viel Autorität, jemand, den ich ganz besonders respektierte und bewunderte – bestätigte, dass hier ein Problem vorlag, bedeutete, dass hier wahrscheinlich wirklich ein Problem vorlag. Und ich wollte immer noch aus der Sache herauskommen, ohne dass sie ein Problem war, ohne Probleme zu verursachen – weder für mich noch für andere.

Der Professor versprach mir umgehend mehrere Dinge. Erstens, dass ich nie wieder einen Kurs bei diesem Mann belegen müsse, dass wir einen Weg finden würden, die von ihm unterrichteten Anforderungen zu umgehen; er würde dafür sorgen. Zweitens, dass ich mir keine Sorgen mehr machen müsse, auf diesen Mann in meinem Dissertationskomitee angewiesen zu sein, denn das würde er auf keinen Fall zulassen. Und drittens würde er selbst ein Treffen mit diesem Professor anberaumen, um ihm mitzuteilen, dass er keinen weiteren Kontakt mit mir haben dürfe, um all die Punkte zu bekräftigen, die ich ursprünglich am Telefon gesagt hatte, die Forderungen, dass er sich mir nicht mehr nähern oder mich anrufen oder an meine Mutter schreiben dürfe.

Aber auch ich musste dem Professor etwas versprechen.

Ich würde das Büro, das an meiner Universität für sexuelle Belästigung zuständig war, aufsuchen und eine Beschwerde einreichen, ich würde das sofort erledigen, direkt nach dem Verlassen seines Büros. Er sagte mir, dass er zum Telefon greifen würde, wenn ich zur Tür hinausginge, um die zuständige Frau wissen zu lassen, dass ich auf dem Weg sei.

Ich stimmte zu, aber das war definitiv nicht das, was *ich* gewollt hatte. Nichts von alledem war das, was ich gewollt hatte. Ich hätte gewollt, dass die ganze Sache still und unbemerkt verschwindet, ohne dass jemand anderes davon erfährt. Je mehr Leute davon wüssten, desto größer würde diese Sache werden. Aber Dr. H. versicherte mir, dass mein Handeln unerlässlich sei und dazu beitragen würde, die notwendigen offiziellen Schritte einzuleiten, damit er seinen Job in meinem Namen erledigen könne.

Komischerweise weiß ich genau, dass Dan während des gesamten Treffens bei mir war. Ich erinnere mich, dass er mich begleitet hat, ich erinnere mich, dass ich mit ihm in das Büro des Professors gegangen bin und mich mit ihm dort hingesetzt habe. Doch sobald meine Geschichte beginnt, *diese Geschichte*, kann ich Dan nicht mehr sehen. Es ist, als würde er in meiner Erinnerung aus dem Raum verschwinden. Es ist, als würde ich ihn auslöschen, oder vielleicht schleicht er sich auf Zehenspitzen hinaus.

Ich erinnere mich nur an Professor H., und ich erinnere mich so deutlich an ihn, an den Ton in seiner Stimme, wie überzeugend, aber auch fürsorglich, wie betroffen er war, dass mir das alles passierte, und wie traurig er war, dass ich bis jetzt Angst gehabt hatte, jemandem davon zu erzählen. Die ganze Zeit, in der ich in seinem Büro war und er meinem Bericht zuhörte, sich anhörte, was ich zu sagen hatte, verzog er keine Miene.

Nach all dem Geschehenen würde ich Professor H. als meinen »Akademischen Vater« betrachten.

Der Vater, der auch ein »Father« war; ein Vater im Quadrat. Dieser Mann, dieser Priester, dieser Professor, der mich rekrutiert hatte, der mir telefonisch sein aufregendes Angebot für finanzielle Unterstützung unterbreitet hatte, würde der Mentor werden, für den ich ursprünglich Father L. gehalten hatte. Nur dass Professor H. tatsächlich mein Mentor war.

Von diesem Tag in seinem Büro an baute sich Professor H. wie eine Mauer um mich herum auf, hob einen Festungsgraben um mein intellektuelles Streben aus und flutete ihn – und er tat sein Bestes, um für mich einen hellen, angenehmen Ort zu schaffen, damit ich mich wieder sicher auf dem akademischen Spielplatz bewegen konnte, der einst mein Glück gewesen war. Er sollte die Gegenkraft in allem werden, was als Nächstes passierte, die Person, die mich gegen die Leute verteidigte, die viel mehr Macht hatten als wir beide und nicht auf meiner Seite standen. Er würde viele meiner verbleibenden Kurse abhalten, und er würde schließlich mein Doktorvater werden, weil er meinem Intellekt leidenschaftlich vertraute. Er würde mir beweisen, dass katholische Priester immer noch gut sein können. Dass die Universität immer noch mein Zuhause war. Dass ich immer noch Glück mit meinen Professoren und Professorinnen hatte. Dass ich eines Tages selbst einen Lehrauftrag haben würde, ungeachtet dieser Misere – auch diesen Teil ließ er mich nie vergessen. Er sprach mich in all seinen Briefen und irgendwann auch in den E-Mails mit »Liebe zukünftige Dozentin Freitas« an.

Ich verdanke Professor H. die Tatsache, dass ich heute Schriftstellerin bin. Indem er meine Dissertation leitete, durch die Art und Weise, *wie* er sie leitete, durch seine Regeln, wie man eine Dissertation durchsteht, lehrte er mich, wie man ein Buch schreibt. Diese Regeln haben sich mir eingebrannt, sie begleiten mich auf Schritt und Tritt, sie sind präsent, wenn ich mich morgens an meinen Laptop setze, genau wie sein Glaube daran, dass ich meinen Traum verwirklichen würde, dass ich viele Bücher schreiben würde, alle Arten von Büchern – er war davon überzeugt und sagte es mir oft.

Viele Jahre später in der Zukunft würde mein erster Roman seinem Andenken gewidmet sein, und auch dem meiner Mutter und meiner Großmutter – seinem Andenken, weil er unerwartet sterben würde, nur wenige Monate nachdem er mir mein Diplom überreicht hatte. Ich würde ihn verlieren, so wie ich auch meine Mutter und meine Großmutter verlieren würde, alle im Abstand von wenigen Monaten.

Ich glaube, bevor ich an diesem Tag in Professor H.s Büro auftauchte, waren er und Father L. Freunde. Oder zumindest Kollegen. Beides kluge Männer, begnadete Intellektuelle, außergewöhnlich, lebhaft und mitreißend, wenn sie über Ideen sprachen. Deshalb hatte ich mich während meines Studiums zu beiden hingezogen gefühlt, wenn auch mit sehr unterschiedlichen Folgen.

Ja, es *war* eine Anziehungskraft, eine Art Eros, den ich empfand, aber von der intellektuellen Art. Im Zusammenhang mit Father L. wurde diese Anziehungskraft verdorben und falsch, etwas, das ich als Strafe dafür ansah, dass ich in das traditionell männliche Gebiet des Geisteslebens, der Philosophie und Theologie, vorgedrungen war, ohne Angst vor dem, was ich dort finden könnte, naiv gegenüber den zugeschütteten Schlaglöchern und verborgenen Klippen, der Dunkelheit, den Strafen für die Unverfrorenheit und Kühnheit von Frauen. Aber bei Professor H. würde ich eine andere Landschaft vorfinden, strahlend und farbenfroh und sonnenbeschienen. Ein Ort, wo ich hingehörte und aufblühte.

Falls Professor H. und Father L. an dem Tag, an dem ich in seinem Büro auftauchte, befreundet waren, dann waren sie es mit Sicherheit nicht mehr, als ich ging.

Vor seinem Tod machte Professor H. mir noch ein wertvolles Geschenk. Er gab mir den Glauben zurück, dass ein Professor ein Mentor und nur ein Mentor werden kann, der mich als Studentin und nur als Studentin sieht. Dass ich immer wieder zu einem Professor gehen und in seinem Büro sitzen konnte, voller Fragen zu einer Lektüre oder zu meiner Dissertation, aufgeregt redend, die

Hände gestikulierend, mit einem Lächeln im Gesicht, ohne dass er dies als etwas anderes interpretieren würde als das, was es war – eine Studentin, die sich mit ihrer Abschlussarbeit beschäftigte, eifrig und voller Ideen. Ich durfte all dies tun, während ich hochhackige Stiefel und ein schickes Outfit trug, ohne dass dies eine Rolle spielte; es spielte nie eine Rolle, was ich trug oder wie ich aussah, denn allein mein Intellekt war der Grund, warum wir wirklich dort zusammensaßen. Er versicherte mir, dass ein Professor mit einer Gruppe von uns in den neuen Star-Wars-Film gehen, mit Dan, Christopher und mir abhängen und auf dem Rasen vor dem Kino Fußball spielen kann, ohne dass es später zu etwas Schmutzigem, etwas Dunklem und Unerwünschtem wurde. Dass ich in seiner Gegenwart ein Mensch sein kann, traurig über meine Mutter, ängstlich, dass sie ihren Wunsch, mich mit dem Doktortitel abschließen zu sehen, nicht erfüllt bekäme, und dass er dies nicht als egoistische Gunst des Augenblicks ansah. Er erinnerte mich daran, dass sich ein katholischer Priester wie ein katholischer Priester verhalten kann und nicht wie etwas völlig anderes.

Was ich damals nicht wusste, war, dass Professor H. mir zu der Karriere verhalf, die zu meinem Kompromiss werden sollte, als mein Traum platzte. Schreiben, mein Nicht-Traum, im Tausch gegen den Titel einer Professorin, meinem wahren Traum.

Professor H. wusste das damals selbst nicht, und es war auch nicht seine Absicht. Er glaubte, er würde noch jahrelang da sein, um mir zu helfen, mich durch das berufliche Minenfeld zu navigieren, das durch meine Situation entstanden war, um mir zu sagen, dass ich lieber nach rechts statt nach links gehen sollte, um die Fragen abzuwehren, die unweigerlich zu meinen Bewerbungen gestellt werden würden – und zu dem, was jedes Mal unübersehbar fehlte: ein Schreiben von Father L. Die Ausrichtungen der akademischen Studienschwerpunkte sind überschaubar, und jeder kennt jeden, weiß, wer wo promoviert hat und wer ihn oder sie dort unterrichtet haben muss. Das ist auch der Grund, warum die Augenbrauen hochgehen, wenn ein Bewerber oder eine Bewerberin ohne ein Empfehlungsschreiben und einen unterstützenden Telefonanruf dieser Person aus seinem oder ihrem Fachgebiet erscheint.

An jenem Januartag im Büro von Professor H. habe ich mein Empfehlungsschreiben von diesem Mann verwirkt.

Indem ich Father L. verriet, setzte ich dieses Schreiben, das ich jedes Mal benötigen würde, wenn ich meinen Hut für eine akademische Stelle in den Ring warf, in Brand und sah zu, wie es in Flammen aufging. Wir alle sahen zu, wie es in Flammen aufging, wir drei – Dan, Professor H. und ich – in seinem altmodischen Büro, von dem aus der schmutzige Schnee durch die Jalousien zu sehen war. Es war und blieb jedes einzelne Mal seltsam, wenn ich zu einem Vorstellungsgespräch ohne Father L.s Gütesiegel erschien. Ich war mir dessen voll bewusst gewesen, als ich tausendmal ans Telefon ging, wenn er anrief, und als ich die Briefe, die er mir schickte, immer höher auf der Fensterbank meines Büros stapelte, aber die dazugehörige Realität war unscharf geworden. Das Einzige, was ich in jenem tristen Januar noch klar erkennen konnte, war die Notwendigkeit, Father L. vollständig und dauerhaft aus meinem Leben zu entfernen. Es musste sein. Um das Jobproblem würde ich mich später kümmern.

Aber als ich ihn bei Professor H. verpetzte, wie ein kleines Mädchen den Fiesling auf dem Spielplatz verpetzt, besiegelte ich mein Schicksal und sorgte dafür, dass ich bis in alle Zukunft Schwierigkeiten haben würde, eine akademische Stelle zu bekommen. Von diesem Tag an hatten meine Bewerbungen immer diesen einen Makel, den ich nur erklären und rechtfertigen könnte, indem ich den wahren Grund für das fehlende Empfehlungsschreiben – nämlich sexuelle Belästigung – zugäbe, was ich nicht tun würde, niemals tun könnte und was meine Kandidatur ohnehin dem Untergang weihen würde, sollte ich es tun. Ich bräuchte jemanden, der die Geschichte kannte, um das fehlende Schreiben zu meinen Gunsten auszuhebeln, der sich trotz des fehlenden Schreibens für mich einsetzte, was Professor H. hätte tun können, und ganz am Anfang, als er noch lebte, auch für mich getan hat. Und dann gab es ihn plötzlich nicht mehr, und ich stand allein da.

21

Im Februar wollte eine Freundin an der Graduate School unbedingt mit mir reden.

Es sei wichtig, sagte sie.

Sie kam auf mich zugelaufen, als ich draußen gerade von den Straßenparkplätzen, die den Campus säumten, den Hügel hinauflief. Ich mied immer noch den Parkplatz in der Nähe seiner Bürofenster und versuchte, auf dem Weg ins Gebäude nicht gesehen zu werden. Meine Freundin war klug, eine Pastorin, selbstbewusst und elegant. Sie und ich haben uns während unseres ersten Semesters sofort gut verstanden, obwohl unsere Leben so unterschiedlich waren. Sie war verheiratet, hatte Kinder und eine ganze Kirchengemeinde, die sich auf sie verließ, und ich war ledig und zu diesem Zeitpunkt überwiegend Agnostikerin, wenn auch immer noch an der Grenze zur Atheistin. Wir unterschieden uns in unserem Glauben und unseren Überzeugungen. Aber sie war blitzgescheit und wahnsinnig nett, und sie war eine der wenigen Studentinnen in meinem Studiengang, zu der ich schnell einen Draht hatte, mit der ich zum Mittagessen gehen und stundenlang reden konnte.

Im Dezember, als ich überlegte, was ich tun und wem ich es sagen sollte, hatte ich in Erwägung gezogen, mit ihr statt mit Dan zu reden. Wie Dan war sie jemand, den ich bewunderte, der gerecht und vorsichtig in seinem Urteil war, jemand, der nicht zu Dramen oder Überreaktionen neigte oder voreilige Schlüsse zog. Und wie Dan kannte sie diesen Mann, und zwar gut, sie schätzte ihn sehr und hatte viele seiner Seminare besucht, die ihr außerordentlich gut gefallen hatten. Allerdings war dieser Mann auch der Leiter ihres Fachbereichs. Ich wollte nicht, dass mein Ruin sie ebenfalls ruinierte. Ich wollte ihr nicht das nehmen, was mir genommen wurde. Letztendlich lag es dann nicht an mir, sondern er tat es ihr aus eigenem Antrieb an.

Als sie an diesem Tag auf mich zukam, hatte sie einen Brief in der Hand. In der anderen hielt sie einen Umschlag, der oben aufgerissen war. Ihr Gesicht war maskenhaft, starr vor Verwirrung und Sorge, ihr Gang ein wenig hektisch, was nicht zu ihr passte. Meine Freundin bewegte sich für gewöhnlich mit der sicheren Gelassenheit eines Schiffes auf friedlicher See durch die Welt, gleichmäßig, ohne Eile, entspannt. Das war eines der Dinge, die ich an ihr liebte und von denen ich wünschte, ich könnte sie selbst verkörpern. Auch darin unterschieden wir uns. Ich bestand aus einem Schwarm eiliger, schneller, kühner Gesten, aber meine Freundin war das Gegenteil, weshalb ich, als ich sie auf mich zueilen sah, sofort wusste, dass etwas nicht stimmte.

Wir begrüßten uns knapp, und dann musterte sie mich – aggressiv. »Stimmt etwas nicht zwischen dir und Professor L.?«

Mein Magen vollzog einen dieser Loopings, schwang hoch, drehte sich um und klatschte dann mit einem dumpfen *Pflatsch* direkt auf den Bürgersteig.

»Warum?«, fragte ich blöde. Ich hätte es wissen müssen, bevor sie es mir sagte, aber wie bei so vielen seiner Handlungen kam ich manchmal meiner Pflicht nicht nach, vorauszusehen, wie weit er gehen würde, um sich einen anderen Weg in mein Leben und zu all denen, die darin vorkamen, zu bahnen.

»Er hat mir geschrieben und mich dann angerufen«, fuhr sie fort. »Und dann hat er versucht, mit mir über dich zu sprechen. Er kam vor ein paar Minuten zu mir.«

Mein Blick suchte den Boden und schloss sich meinem Magen an. »Aha?«

»Donna.« Ihre Stimme verlor ihre Schärfe.

»Was hat er gewollt?«, fragte ich und betrachtete den Teer unter unseren Füßen.

»Er bat mich, dich davon zu überzeugen, nicht wütend auf ihn zu sein. Um mit ihm zu reden. Er will unbedingt mit dir reden. Er weiß, dass wir Freunde sind, und dachte, du würdest mir zuhören.«

Ich hielt den Atem an und sah meiner Freundin in die Augen. Ich dachte, ich setze mich gleich hier auf den kalten Boden des Bürgersteigs. Alles an meinem Körper war aus Blei. Aber mein Herz klopfte so schnell, dass ich dachte, ich würde ohnmächtig werden.

»Was geht hier vor sich?«

»Ich habe Angst, es dir zu sagen«, sagte ich. »Ich will nicht, dass es dir schadet.«

Sie wedelte hektisch mit dem Brief in ihrer Hand. »Das hat es bereits.«

Die Frau im Personalbüro der Universität hatte kurzes Haar, einen Kopf voller Locken, wie meine Mutter, bevor sie sie durch den Krebs verlor. Die Frau schien nett zu sein, sie war ernst und nickte oft, während ich redete. Ich erinnere mich, dass sie für mich Ähnlichkeit mit Tootsie hatte, der Figur von Dustin Hoffman in dem gleichnamigen Film, als wäre sie aus der Zeit gefallen, den 1950er-Jahren, wenn ich mich festlegen müsste. Eine Frau vermutlich Mitte fünfzig.

Hatte sie Kinder? Eine Tochter wie mich? Hätte das einen Unterschied gemacht?

Ich weiß nicht mehr, wie groß oder klein sie war, denn sie saß immer hinter ihrem Schreibtisch, als würde sie ihn nie verlassen, als würde er sie auf ihrem Stuhl festnageln. Sie lächelte nicht ein einziges Mal während der langen Stunden, die ich im Januar in ihrem Büro verbrachte – der erste Besuch, auf den noch viele weitere folgen würden.

In jenem Januar, am selben Tag, an dem ich mich mit Professor H. getroffen hatte, löste ich mein Versprechen ihm gegenüber ein und ging direkt zu der Frau, die an meiner Universität für Beschwerden wegen sexueller Belästigung zuständig war. Ich ging zu *dieser* Frau. Zu Tootsie.

Als ich meinen Teil anlässlich dieses ersten Zusammentreffens vorgetragen hatte, war sie an der Reihe, und während ich ihr zuhörte, blühte Hoffnung in mir auf. Tootsie versprach mir so viele Dinge: Konsequenzen, eine Verwarnung, offizielle Gespräche und Mitteilungen, eine Korrektur dessen, was offensichtlich falsch gelaufen war, vor allem aber Schutz, Schutz vor *ihm*. Seinem Verhalten würde sofort ein Riegel vorgeschoben werden. Sie schien sich in meinem Namen zu empören, so kämpferisch und sicher, was als Nächstes geschehen musste. Als wüsste sie genau, was zu tun war, als wüsste sie genau, was sie tat.

Ich habe ihr vollkommen vertraut.

Ich bot ihr die Art von Glauben an, von der meine Mutter wünschte, ich würde ihn für Gott und die katholische Kirche aufsparen. Sie schien die feministische Göttin zu sein, auf die ich gewartet hatte, über die ich in meinen Gender-Studies-Kursen gelesen hatte, eine himmlische Figur, die sich als Doppelgängerin einer Hausfrau im Stil der 1950er-Jahre verkleidete, mächtig und im Begriff, mich zu retten und das, was ich mir eingebrockt hatte, wieder in Ordnung zu bringen. Und warum nicht? Hatten mir meine feministischen Professoren auf dem Campus nicht beigebracht, dass das Göttliche viele Formen annehmen kann, *jede* Form, insbesondere die Form eines Frauenkörpers, sogar eines mütterlichen Körpers, *insbesondere* die eines mütterlichen Körpers? Es ist mir nie in den Sinn gekommen, nicht ein einziges Mal, dass diese Frau vielleicht nicht mein Bestes im Sinn hat. Oder dass sie sich für rein gar nichts interessierte, was irgendwie mit mir zu tun hatte.

* * *

Tootsie sah aus wie jemand, dem ich vertrauen konnte – und meine Eltern hatten mich dazu erzogen, vertrauensvoll zu sein.

Meine Mutter war und mein Vater ist ein guter Mensch. Sie arbeiteten viel, hatten feste Jobs, die zwar schlecht bezahlt waren, aber unsere Familie ernährten. Bevor meine Großmutter die erste weibliche Führungskraft bei Raytheon wurde, war sie dort die Sekretärin. Sie fing in dem Unternehmen im Erdgeschoss an, als die Geschäfte aus einer Garage in Newport geführt wurden, mit insgesamt vier Mitarbeitenden, eine davon war sie. Irgendwann wurde sie von ihrem Sekretariatsposten in eine etwas höhere Position befördert, dann wieder und wieder, bis sie eine einflussreiche Chefin war, die jeden Tag um fünf Uhr morgens zur Arbeit ging und um drei Uhr nach Hause kam, um mit mir auf der Couch ihre Lieblingsserie *General Hospital* anzuschauen.

Wir führten ein einfaches Leben. Es gab Dinge, die gut waren, und Dinge, die schlecht waren. Gut waren die Menschen um uns herum, die netten Nachbarn, die netten Gemeindemitglieder, die netten Lehrer in der Grundschule meiner Mutter und in meiner Highschool. Die katholische Kirche war gut, die Regierung war gut, die Verantwortlichen waren gut, und man gab den Leuten immer einen Vertrauensvorschuss, weil die meisten Menschen im Herzen gut waren.

Für meine Eltern und meine Großmutter war harte Arbeit das reinste Evangelium. Gib dein Bestes, und du wirst belohnt werden. Sei fleißig, erledige alles, worum man dich bittet, und du wirst sehen, dass vieles gelingen wird, genug, damit du weitermachst, genug, damit du versorgt bist. Das war Amerika, und meine Eltern, Tochter und Sohn von Eingewanderten, glaubten von ganzem Herzen an den amerikanischen Traum. Meine ganze Erziehung beruhte darauf, und sie waren sich sicher, dass ich der Beweis für seine Unwiderlegbarkeit war, durch meinen schulischen Erfolg, der es mir ermöglichte, an der Georgetown zu studieren – als zweites Mitglied unserer erweiterten Großfamilie, das ein College besuchte. Ich lernte, fleißig zu sein, so wie sie es mir vorgelebt hatten, und wurde vor meinem Weggang aus Rhode Island dafür belohnt, indem ich bei meinem Abschluss als Jahrgangsbeste zur Abschiedsrednerin gekrönt wurde. Gott sieht, wenn Menschen gut sind, glaubte meine Mutter, und die meisten Menschen sind gut – so einfach ist das.

Die schlechten Dinge waren auch ganz einfach. Ungehorsam, Lügen, jemanden in Not links liegen lassen, sonntags nicht in die Kirche gehen, der Mutter, der Großmutter, dem Vater nicht helfen, wenn sie Hilfe benötigen, das eigene Zimmer nicht sauber halten. Die wirklich schlimmen Dinge passierten im Fernsehen, in den Nachrichten, bei anderen Menschen. Die wirklich bösen Menschen waren im Kino, im Theater und auf der Bühne zu sehen. Sie waren Figuren in Geschichten, die nicht unsere eigenen waren. Sie tauchten im Leben der anderen Menschen auf.

Diese Frau, Tootsie, die in ihrem langen, schmalen Büro hinter ihrem großen Schreibtisch saß, auf dem alles ordentlich aufgeräumt war, ganz im Gegensatz zu Professor H.s Schreibtisch, auf dem Chaos herrschte, war jetzt die Frau, die für mich zuständig war. Ich ging davon aus, dass ich auf sie hören sollte. Selbstverständlich würde sie erkennen, dass ich mich selbst in dieser Situation angestrengt hatte, und mich entsprechend belohnen. Ich war eine gute Studentin gewesen und hatte zunächst versucht, den Wünschen dieses Mannes nachzukommen. Dann hatte ich versucht, ihm auf subtile und höfliche Weise und möglichst ohne seine Gefühle zu verletzen, mitzuteilen, dass ich seine Wünsche und Forderungen nicht mehr erfüllen wollte. Erst als das nicht funktionierte, habe ich energischere, aber immer noch höfliche Absagen erteilt, dann weniger höfliche. Dann habe ich versucht, die Situation selbst in die Hand zu nehmen, um niemanden zu verärgern und keinen Skandal zu verursachen, mit diesem Anruf im Dezember. Und *erst danach* habe ich es Professor H. erzählt. Und *er* war es, der mich in ihr Büro geschickt hat.

Tootsie war meine absolut letzte Option. Ich war keine Petze. Ich war kein Mädchen, das Streit suchte. Ich wollte von ihr nichts weiter als ihren völlig unkomplizierten, fundamentalsten Beistand.

Ich glaubte fest an die Autorität dieser Frau, an ihren guten Willen, daran, dass sie erkennen würde, was ich alles versucht und wie sehr ich mich bemüht hatte, ihr mein Problem nicht vor die Füße zu knallen, wie sehr ich verhindern wollte, dass es so weit kommt, und wie sehr ich immer noch wollte, dass die Angelegenheit hinter den Kulissen geregelt wurde, damit niemand sonst davon erfahren musste. Natürlich würde sie mir helfen. Es schien eine absolut vernünftige Bitte zu sein.

Was damals niemand wusste, weder meine Eltern noch unsere Nachbarn oder andere Gemeindemitglieder oder der Rest der amerikanischen katholischen Kirche und schon gar nicht ich, war, dass die katholische Kirche als Institution nicht integer war. Dass sie korrupt war, dass sie in Situationen wie der meinen kriminell war. Damals wusste niemand, dass die katholische Kirche seit Langem einen Plan hat, wie sie auf genau die Art von Beschwerde reagiert, die ich dieser Frau vorgetragen hatte, ein Standardverfahren, und dieses Verfahren sah nicht vor, das Richtige zu tun.

Doppelt problematisch war, dass ich nicht nur mit einer Frau sprach, die die katholische Kirche vertrat, weil ich eine katholische Universität besuchte, sondern dass ich mich an einer Hochschuleinrichtung befand, einer von vielen, von denen wir inzwischen wissen, dass sie Opfer systematisch ignorierte, um die Institution vor Schaden zu bewahren. In diesem Fall verkörperte *ich* den potenziellen Schaden, ich war die Person, die der Institution schaden könnte, indem sie Forderungen gegen einen der ihren erhob. Da meine Forderungen einen öffentlichen Skandal nach sich ziehen könnten, war *ich* der Feind, und die Frau, die vor mir am Schreibtisch saß, hatte in Wirklichkeit die Aufgabe, die Universität und die katholische Kirche *vor mir* zu schützen.

Diese Frau, die wie Tootsie aussah, die so gutmütig wirkte wie eine Lehrerin, eine mögliche Kollegin an der Schule meiner Mutter, eine Frau, mit der sie vielleicht am Strand sitzen würde, eine Frau, von der Professor H. wirklich glaubte, dass sie mir helfen würde, diese Frau also vereinnahmte meinen Glauben und verzerrte ihn, machte ihn zu etwas Jämmerlichem, etwas Lächerlichem. Sie nutzte mein Vertrauen vollumfänglich aus. Sie wusste genau, wie sie damit umgehen musste, wie sie es in etwas verwandeln konnte, das der Institution zugutekam, das ihm zugutekam, zu seinem eigenen Schutz, nicht zu meinem.

Ich stand auf dem Bürgersteig und blinzelte meine Seelsorgerin-Freundin an, die den Brief von ihm in der einen Hand und den Umschlag, in dem er angekommen war, in der anderen hielt, und versuchte zu entscheiden, was und wie viel ich ihr sagen sollte, ob ich ihr überhaupt etwas sagen oder ob ich wieder einmal versuchen sollte, für ihn zu lügen und eine weitere Geschichte zu fabrizieren, die sein Verhalten rechtfertigen würde.

Aber mir fiel keine einzige ein.

Bisher wusste ich, dass Professor H. mit ihm gesprochen und sich mit ihm getroffen hatte, um mich so gut wie möglich zu schützen. Aber der Grund, warum Professor H. wollte, dass ich mich in der Personalabteilung meldete, war, dass sie letztendlich Kollegen waren, in ihren Funktionen gleichberechtigt, beide Leiter von Studiengängen und Fachbereichen. Professor H. wollte jemanden mit realer Macht über diesen Mann, um Auflagen durchzusetzen, die tatsächlich etwas in Gang setzen würden, und diese Person musste Tootsie sein.

Zusätzlich zu den mir gegebenen Versprechungen hinsichtlich der Konsequenzen und der Verwarnung, erklärte mir Tootsie, dass diesem Professor ein offizielles Schreiben zugesandt würde, in dem man ihn über alles informierte, was er zu befolgen habe, in dem die konkreten Konsequenzen dargelegt würden und das die Aufforderung enthielt, Kontaktaufnahmen jeglicher Art zu mir einzustellen. Tootsie versprach, mir eine Kopie des Schreibens zukommen zu lassen, sobald es abgeschickt wäre.

Mehrere Wochen verstrichen, das Semester schritt voran, und ich hatte den Brief immer noch nicht erhalten. Ich nahm an, dass jemand einfach nicht dazu gekommen war, mir eine Kopie zukommen zu lassen. Es kam mir nie in den Sinn, dass überhaupt niemand vorhatte, mir den Brief jemals auszuhändigen, denn der Brief, den Tootsie tatsächlich geschrieben hatte, hatte rein gar nichts mit dem zu tun, was sie mir versprochen hatte, und sie wollte nicht, dass ich das herausfand.

In der Zwischenzeit trieb sich mein Professor weiterhin in meiner Nähe herum, vor meinen Seminarräumen. Er schrieb weiterhin an meine Mutter. Der Beginn des Frühjahrssemesters war insofern anders gewesen, als dass die schiere Anzahl seiner Kontaktversuche abnahm, nur dass sich der Kontakt, zu dem es weiterhin kam, jetzt intensiviert anfühlte, millionenfach unheimlicher wegen des offenen Ungehorsams, wegen der offensichtlichen Verzweiflung.

Zuerst dachte ich: Er hat den Brief von Tootsie noch nicht bekommen. Sie hat sich wohl noch nicht mit ihm getroffen. Er kann noch nicht über die Konsequenzen Bescheid wissen. Denn natürlich würde er es nicht wagen, gegen eine Kontaktverbotsverfügung der Verantwortlichen seiner Universität oder seiner Kirche zu verstoßen. Er würde niemals seinen Job oder seine religiöse Autorität durch einen Verstoß gegen ihre Forderungen aufs Spiel setzen.

Zu Beginn des Frühjahrssemesters, im Januar und in den ersten Februarwochen, hatte ich mich wirklich darum bemüht, mich in meine Kurse zu vertiefen, um auf andere Gedanken zu kommen als die, die mein Gehirn seit über einem Jahr beherrschten. Ich redete mir ein, es sei sicherlich nur eine Frage der Zeit, bis der Kontakt wirklich endgültig und in jeder Hinsicht aufhören würde. Bald würde es vorbei sein. Bald.

Aber jetzt stand meine Freundin vor mir, mit einem Brief von ihm, einem Brief, den er ihr *über mich* geschrieben hatte, während sie mir von seinen Telefonanrufen bei ihr erzählte, in denen es *um mich* ging, dass er sie auf den Gängen abpasst, dass er an sie herantritt, um sie zu überreden, damit sie mit *mir* über *ihn* spricht. Eine Freundin, die auf diesen Mann wegen ihres eigenen Abschlusses angewiesen war, und die deshalb die Art und Weise, wie er sich ihr aufdrängte, definitiv nicht gebrauchen konnte.

Ich fühlte mich wieder an die Mittelstufe erinnert angesichts dieses pubertären Versuchs, über eine Freundin an mich heranzukommen und die Freundin zu überreden, mich zu überreden, damit ich mit ihm rede … Er benahm sich wie ein zwölfjähriger Junge, mit dem man in der Schulkantine Schluss gemacht hatte und der nicht wusste, wie er damit umgehen sollte. Doch dann ermahnte ich mich selbst, dass er kein Mittelschüler war, dass er sich wirklich davor hüten sollte, das zu tun, was er gerade mit meiner Freundin getan hatte, und schlimmer noch, dass er es vermutlich besser wusste und sich trotzdem nicht beherrschen konnte.

Ein Frösteln breitete sich in mir aus.

Meine Freundin und ich beschlossen, einen Kaffee zu trinken. Ich erzählte ihr die Kurzfassung dessen, was seit über einem Jahr ablief.

Sie war empört.

Sie ging direkt zu Professor H. und sagte ihm, dass sie nichts mehr mit Father L. zu tun haben wolle. Dann schickte mich Professor H. in Tootsies Büro, um eine weitere Beschwerde einzureichen.

Und wieder erzählte ich Tootsie, was passiert war, wie ängstlich und aufgebracht ich war.

Sie versprach, dass sofort ein weiteres Schreiben verschickt würde. Ich bat sie um eine Kopie des ersten Briefes, mit der Begründung, ich hätte ihn noch nicht erhalten. Sie wirkte verdutzt und versicherte mir, er sei wohl in der Post verloren gegangen und dass ich ihn sehr bald erhalten würde, zusammen mit dem neuen, dem zweiten Brief. Ihre Assistentin sei nicht da, sonst hätte sie die Frau veranlasst, das erste Exemplar auszugraben und mir sofort eine Kopie zu geben, bevor ich das Büro verließ.

Ich bedankte mich. Ich glaubte daran, dass sie mir die Wahrheit sagte.

22

Im März bildete ich mit einem Kommilitonen eine Lerngruppe. Er sah mich direkt an und fragte: »Ist deine Mutter mit Father L. befreundet?«

Ich starrte ihn an, unfähig, Worte zu bilden.

Also stellte er eine weitere Frage. »Schreiben sie sich gegenseitig?«

Ich starrte ihn weiterhin sprachlos an.

»Weil ich glaube, ich habe ihre Briefe an ihn gelesen«, fuhr er fort. »Du weißt schon, in einem meiner Kurse.«

»Das verstehe ich nicht«, brachte ich völlig fassungslos hervor.

Er erzählte mir, dass sich sein Professor – Father L. – in einem Seminar des Frühjahrssemesters mit dem Thema Leiden befasste, mit der Natur des Leidens und den Geschichten, die Menschen über das Leiden erzählen. Dass er jede Woche Fotokopien von Briefen einer Frau verteilte, mit der er korrespondierte, einer Frau, die an Krebs erkrankt war, einer Frau, die möglicherweise an Krebs sterben würde, einer Frau mit tiefem katholischem Glauben, einer Frau mit einer Tochter, einer Frau, die sich große Sorgen machte, dass sie nicht mehr lange genug leben würde, um sich um ihre Tochter zu kümmern, dass ihre Tochter sie vielleicht bald verlöre. Der Name dieser Frau am Ende der Briefe war geschwärzt worden. Der Professor erwähnte oft die Sorge, die sie in diesen Briefen um ihre Tochter äußerte. Dieser Kommilitone und der Rest meiner Mitstudierenden in diesem Seminar, so erklärte er, hätten nun weit über einen Monat, fast zwei, damit verbracht, über die Mutter-Tochter-Beziehung zu sprechen, die sie jede Woche in einem neuen Brief beschrieb.

Aufgrund des Inhalts der Briefe in Verbindung mit dem, was er über mich wusste, kam meinem Kommilitonen der Gedanke, ich könne die Tochter sein, von der sie sprach, und sie meine Mutter. Alle in meinem Fachbereich, sowohl die Studierenden als auch die Lehrerschaft, wussten, dass meine Mutter krank war und vielleicht sterben würde. Für sie hingen Gebete an der Wand des Etc.-Zimmers, wo wir zu Mittag aßen und uns mit Kaffee und Tee versorgten. Es war kein Geheimnis, dass sie an Krebs erkrankt war, und es war auch kein Geheimnis, dass ich damit zu kämpfen hatte. Dieser Kommilitone wusste also genug, um zu erraten, dass die Briefe von ihr sein könnten.

Er hatte mir seine Fragen gestellt, als wäre die Identität der Schriftstellerin ein unbedeutendes Kuriosum, ein mysteriöses Rätsel, das er zufällig gelöst hatte, ein winziger Aha-Moment, der eine Frage beantwortete, die er über die Identität der Frau mit sich herumgetragen hatte, keine große Sache, aber trotzdem. Er war ein netter Mensch, ausgeglichen, groß und etwas rundlich, mit einem beträchtlichen roten Bart und einer tiefen, rauen Stimme. Er hatte keine Ahnung, dass die Information darüber, was er und seine Kollegen in dem Seminar dieses Professors studierten, mein Verderben bedeutete – hätte er es gewusst, hätte er wohl kaum etwas gesagt.

»Ja«, sagte ich, weil ich nicht wusste, was ich sonst tun oder sagen sollte, »meine Mutter und er haben sich früher mal geschrieben.«

Er runzelte die Stirn. »Das tun sie immer noch«, widersprach er.

Einige der Briefe, die er gelesen hatte, seien aktuell, sagte er mir. Will heißen: von letzter Woche. Zu Beginn jedes Seminars gab es eine Art fortlaufenden Bericht über ihre Korrespondenz.

Es war lange her, dass ich meine Mutter gefragt hatte, ob mein Professor ihr immer noch schrieb und ob sie ihm immer noch zurückschrieb. In Wahrheit hatte ich ihre Antwort nicht hören wollen. Ich hatte Angst davor. Ich hatte meinen Eltern immer noch nicht gesagt, was los war. Ich konnte mich immer noch nicht dazu durchringen.

»Oh«, sagte ich und zuckte mit den Schultern.

Mein Kommilitone und ich gingen wieder zum Lernen über. Aber mein Verstand drehte durch.

Wie viele Schüler hatten sich noch Gedanken über die geheimnisvolle Briefschreiberin gemacht? Vermuteten noch mehr von ihnen, dass sie meine Mutter war?

Dass eine Gruppe von Studenten die Korrespondenz meiner Mutter, *meiner* Mutter, die gegen den Krebs kämpfte und die Schmerzen der Chemotherapie durchlebte, die versuchte, tapfer zu sein angesichts ihres nahenden Todes, als Quelle für eine Diskussion in einem Seminar nutzte wie ein x-beliebiges Buch oder einen x-beliebigen akademischen Artikel, *während dieser Professor ihnen die Richtung vorgab*, überstieg mein Fassungsvermögen. Ich saß da und nahm die Tatsache zur Kenntnis, dass meine Mitstudierenden das ganze Semester damit verbracht hatten, über mich als die Tochter in dieser Gleichung zu diskutieren. Wahrscheinlich zerpflückten sie die Prosa meiner Mutter, um herauszufinden, wie ihre Sprache unsere Beziehung darstellte, und versuchten, den tieferen Sinn in ihren Worten zu erfassen, als wären ihre Briefe bloße Texte wie jede andere Seminarlektüre.

Wollte er mich bestrafen? Ging es darum? Oder kam es ihm gar nicht in den Sinn, dass ich es herausfinden könnte? War es eine bizarre neue Art, sich mir ohne mein Wissen zu nähern, mich durch meine Mutter in seinem Leben zu halten, indem er uns in seinen Seminarraum mitnahm, den einen Ort, an dem er immer Macht haben würde, an dem er immer herrschen würde, den Ort, an dem er König war?

Ich musste diese Briefe zurückbekommen. Ich durfte ihm nicht erlauben, sie zu behalten.

Ich entschuldigte mich dafür, dass ich unser Treffen abbrechen musste, ging schnurstracks ins Büro von Professor H. und teilte ihm diese neuen Informationen mit. Er war verblüfft. Das jüngste Verhalten seines Kollegen war verwerflich, in einem Maße unangemessen, das alles übertraf, was der Mann sich bis zu diesem Moment geleistet hatte. Unverzeihlich. Professor H. versprach, noch einmal mit ihm zu reden und von ihm die Rückgabe der Briefe meiner Mutter zu verlangen. Er schickte mich noch einmal in Tootsies Büro, um diesen letzten Verstoß zu melden.

Ich ging hin.

Ich bin kein gewalttätiger Mensch.

Bei brutalen Szenen im Fernsehen verstecke ich mich unter der Decke, oder ich verlasse den Raum und komme zurück, wenn der Lärm nachgelassen hat. Ich kann mir nichts Grausames ansehen. Ich bin auch nicht der Typ, der sich aufregt oder der für Streit zu haben ist. Es braucht schon einiges, um mich zu provozieren, wie meine engen Freunde wissen.

Aber ich begann, Gewaltfantasien über diesen Mann zu haben.

Ich stellte mir vor, wie ich ihm mit meinen rosa lackierten Nägeln das Gesicht zerkratzte und blutige Spuren auf seinen Wangen und in seinen Augen hinterließ. Ich stellte mir vor, wie ich meine Fäuste gegen seinen Kopf hämmerte, seinen Schädel nahm und ihn gegen eine Wand schlug, seinen Brustkorb zerquetschte, ihn schlug, bis er nicht mehr stehen konnte.

Die Person, die diese Gedanken hatte, schien so weit von der Person entfernt zu sein, die ich war oder für die ich mich hielt. Ich wusste nicht, dass ich gewalttätig werden könnte, wenn man mich weit genug, hart genug, brutal genug in die Enge drängte.

Aber die Verwendung der Briefe meiner Mutter in seinem Seminar mit meinen Kommilitonen überstieg alles, wozu er in meiner Vorstellung fähig war oder fähig sein würde, sodass ich mich an einem Punkt befand, an dem Gedanken an Gewalt, Szenen, die ich zu Hause im Fernsehen nicht ertragen konnte, verlockend wurden, so verlockend, dass ich Trost in ihnen fand. Ich konnte sie einfach nicht aus meinem Kopf verbannen, und irgendwann scherte ich mich nicht mehr darum, dass dem so war.

Für einen Augenblick werde ich im Zweifel für den Angeklagten, für Tootsie sein. Mich in ihre Lage versetzen.

Beziehungsweise ich werde es versuchen, denn ich muss zugeben, dass ich anfing, sie zu hassen, und ich hasse sie seitdem ununterbrochen, mit einer übergroßen Wut, ich hasse sie seit Jahrzehnten, als wäre sie irgendwie noch schlimmer als er. Und vielleicht war sie das tatsächlich in gewisser Weise, weil ich dachte, sie würde mir helfen, und stattdessen hat sie gelogen.

Aber vielleicht hat Tootsie getan, was sie getan hat – mich an der Nase herumgeführt, dafür gesorgt, dass mein Leben zu einer noch größeren Hölle wurde als bei meinem ersten Erscheinen bei ihr –, weil auch sie in der Falle saß. Vielleicht lag ihr wahrhaftig etwas an mir, vielleicht machte sie sich wahrhaftig Sorgen um mich und fühlte sich meinetwegen wahrhaftig entsetzlich, aber sie steckte in einem System fest, das es ihr niemals *wahrhaftig* erlauben würde, irgendetwas zu tun, um mir zu helfen oder ihn *wahrhaftig* zu stoppen. Vielleicht wollte sie das unbedingt, aber dazu müsste sie sich nicht nur gegen die katholische Kirche stellen, sondern auch gegen ihre Chefs an der Universität – Chefs, die ihr Gehalt zahlten, die sie und ihre Töchter, die sie in meiner Fantasie zu Hause hatte, ernährten, Chefs, die gleichzeitig Bischöfe und andere hochrangige Mitglieder der katholischen Hierarchie waren.

In den Medien habe ich in letzter Zeit aufgrund der Flutwelle von Anschuldigungen wegen sexueller Belästigung und Übergriffen, die dank #MeToo durch unsere Welt schwappt, viele Artikel gelesen, in denen Frauen gewarnt werden, dass die Ansprechpartner der Personalabteilungen in Situationen wie Belästigung und Übergriffen nicht unsere Freunde sind – und es auch nie waren. Sie sind zwar die Personen, denen wir Vorfälle melden sollen, aber ihre eigentliche Aufgabe hat nichts mit unserem Schutz zu tun, sondern mit dem Schutz der Vorgesetzten und der Reputation des Unternehmens selbst. Sie vertreten die Institution und nicht die Opfer, wie in diesen Artikeln zu lesen ist. Sie sind nicht die Anwälte der Opfer, sie sind die Anwälte der Vorgesetzten, die Anwälte des Unternehmens.

In diesen Artikeln wurde aber auch über das schreckliche Dilemma dieser Personalverantwortlichen berichtet, von denen die meisten selbst Frauen sind, und darüber, wie auch sie in einem korrupten und unehrlichen System gefangen sind, genau wie die Frauen, die sich an sie wenden, um über die Schrecken am Arbeitsplatz zu berichten. Wie diese Personalverantwortlichen diesen Frauen oft helfen wollen, weil sie glauben, dass es das Richtige ist, und dabei möglicherweise ihren eigenen Arbeitsplatz verlieren.

Ist das nicht eine ekelhafte Erkenntnis für uns alle?

Das Meldesystem, das uns angeblich schützen soll – es sollte *mich* schützen –, ist überhaupt nicht dazu da, uns zu schützen. Das Meldesystem ist dazu da, die Drecksarbeit für das Unternehmen, die Institution, die Verantwortlichen zu erledigen, Informationen zu sammeln, von denen die Chefs Kenntnis haben müssen, um sie besser und schneller zu unterdrücken, zu vertuschen, bevor sie überhaupt ans Licht kommen können. Ein System, das den Chefs das Wissen liefert, wen sie rausschmeißen müssen, sobald unter Umständen ein diesen Rausschmiss begründendes Vergehen begangen wird, egal wie abwegig und weit hergeholt das sogenannte Vergehen auch erscheinen mag. Wen genau sie geräuschlos mundtot machen sollen: den Studierenden oder die angestellte Person.

Vielleicht steckte also dieses System hinter dem, was Tootsie getan und nicht getan hat. Vielleicht war sie selbst eine Art Opfer, das sich auf einem schmalen Grat bewegte und versuchte, einen Job zu behalten, der an einem korrupten – nein, einem kriminellen – System hing, das Jahrzehnte zuvor an meiner Universität eingeführt worden war. Vielleicht schlief sie nachts schlecht aufgrund der unmöglichen Situation, in der sie sich mir und allen anderen gegenüber befand, die sich in der Vergangenheit ähnlich beschwert hatten. Vielleicht war sie nicht so kaltschnäuzig, wie ich allmählich zu glauben begann, kaltschnäuzig und grausam und gefühllos gegenüber dem, was ich durchmachte. Vielleicht glaubte sie, als sie mir all diese Versprechungen machte, wirklich daran, dass sie sie halten könnte, vielleicht war es ihr Ernst damit, vielleicht bemühte sie sich sogar, sie wahr zu machen, und dann wurde ihr von ihren Vorgesetzten gesagt, dass das auf keinen Fall möglich sei.

Vielleicht wusste sie aber auch ganz genau, was sie tat, vielleicht hatte sie ihren Job, weil sie gut darin war, die Opfer anzulügen und so zu tun, als würde sie sich um sie kümmern. Vielleicht glaubte sie an die Sache. Vielleicht glaubte sie, dass das, was sie tat, das Richtige und dass ich im Unrecht war, dass ich letztendlich nur ein verrücktes Mädchen war, das die Freundschaft mit einem Professor falsch verstanden hatte – so umschrieb sie meine Anklagepunkte in den Briefen, die sie an diesen Mann geschrieben hatte. In eben jenen Briefen, die sie mir nicht zeigen wollte, die sie mir aber schließlich zeigen musste, weil ich einen Anwalt eingeschaltet hatte, der sie dazu zwang, sie mir auszuhändigen.

Tootsie war erneut in heller Aufregung, als ich aufkreuzte, um den jüngsten Verstoß meines Professors zu melden: die Diskussion über meine Mutter und mich in seinen Seminaren. Und wie beim letzten Mal war Tootsie verdutzt, warum ich immer noch keine Kopien der Briefe bekommen hatte, die sie ihm nach unseren vorherigen Besprechungen geschickt hatte.

Ob sie die falsche Adresse hätte?, fragte sie mich.

Ob ich seit unserem letzten Gespräch in eine andere Wohnung gezogen wäre?

Wie üblich war niemand da, um ihr beim Ausgraben zu helfen, aber sobald die Person wieder da sei, würde sie die Suche veranlassen. Sie entschuldigte sich zum dritten Mal dafür, dass sie mich nach ihren Treffen mit meinem Professor nicht angerufen habe, um mir ihr Stattfinden zu bestätigen – eine weitere Sache, die sie jedes Mal versprochen hatte, wenn ich mich mit ihr traf, dann aber nie tat. Aber dieses Mal beschwichtigte sie meine wachsende Bestürzung über ihre mangelnde Nachbereitung und das Ausbleiben der versprochenen Briefe mit einem Vorschlag, der weitaus attraktiver war als alles, was sie in der Vergangenheit angeboten hatte.

Wäre es hilfreich, wenn man ihm ein Sabbatjahr auferlegte?

Würde ich mich dadurch insgesamt besser fühlen? Sicherer?

Ich nickte energisch. »Ja. Ja, das würde ich«, sagte ich ihr, fast schockiert über den Vorschlag und darüber, dass es diese Möglichkeit überhaupt gab. Es war dumm von mir, ihr wieder zu glauben, ich weiß, ich weiß. Aber damals war ich so müde, und sie hatte mir etwas so Verlockendes in Aussicht gestellt. Man würde ihm im nächsten Jahr ein Sabbatjahr auferlegen, als zwingende Maßnahme, damit er sich von mir fernhielte.

Würde die Uni das wirklich tun?, hakte ich nach.

Natürlich, antwortete sie mir.

Es schien eine so bedeutende Konsequenz zu sein. Tootsie räumte also ein, dass die Vorfälle gravierend waren – sehr sogar. Das Frühjahrssemester war zu diesem Zeitpunkt fast vorbei. Es blieben noch etwa sechs Wochen.

Könnte ich den Kopf einziehen und bis zum Sommer durchhalten?, wollte sie wissen.

Ja, beteuerte ich. Ich würde mich dazu zwingen.

Ich hielt es für die Wahrheit, dass sie dieses Sabbatical durchsetzen würde. Ich verließ ihr Büro in dem Glauben, dass ich, wenn ich im Herbst an die Uni zurückkehrte, keine Angst mehr haben müsste, ihm über den Weg zu laufen, keine Angst, dass er mir in der Nähe der Räume, in denen ich mich aufhielt, auflauerte, dass ich ihm im Treppenhaus begegnen würde oder dass er durch die Jalousien seines Bürofensters spähte, wenn ich unten vorbeiging.

23

Meine Mutter hatte die Sechs-Monats-Marke überschritten und marschierte weiter.

Der Sommer kam, und sie war noch am Leben, sie hatte die Chemotherapie überlebt, den Krebs überlebt – vorerst.

Nach und nach erholte sie sich. Ihre Ärzte waren verblüfft, dass der Krebs verschwunden war – vorerst. Mein Vater und ich gingen mit ihr an den Strand, als sie wieder bei Kräften war. Ihr sehnlichster Wunsch war, im September wieder zu unterrichten, ein- oder zweimal pro Woche in ihr Klassenzimmer zurückzukehren, wann immer sie dazu in der Lage wäre. Sie vermisste ihre kleinen Vorschüler, deren Eltern, ihre Kollegen.

Mein Vater und ich waren hocherfreut.

Wir hatten uns auf das Schlimmste gefasst gemacht, und stattdessen genossen wir im Juli und August das Meer und den Sandstrand mit meiner Mutter. Meine Mutter war eine unerbittliche Strandgängerin, die uns um 7 Uhr morgens dorthin schleppte, eine Kühlbox mit Sandwiches und aufgeschnittener Wassermelone im Schlepptau. In jenem Februar, März und sogar im April war sie sich sicher, waren wir alle uns sicher, dass sie nie wieder einen Fuß an den Strand setzen würde, nie wieder zu dem Platz neben dem Rettungsschwimmerstuhl marschieren würde, wo sie sich niederließ, als gehöre er ihr, als hätte sie ihn im Ausverkauf ergattert, und den vertrauten orange-weiß gestreiften Sonnenschirm aufstellte, den wir nutzten, seit ich klein war, und mit dem sie ihr Terrain markierte und allen ihre Ankunft kundtat.

Die Studenten in meinem Wohnheim beglückten mich mit drei friedvollen Monaten ihrer Abwesenheit, sodass ich reisen konnte, ohne jemanden bitten zu müssen, für mich einzuspringen. Ich fuhr so oft wie möglich nach Rhode Island und zurück, um diese Gnadenfrist für meine Mutter voll auszuschöpfen. Auch nach Tennessee fuhr ich hin und her, so oft mein Freund Christopher dort hinwollte.

Trotz allem, was passiert war, waren meine Noten im letzten Frühjahrssemester gut, fast perfekt.

Ich hatte irgendwie das Unmögliche geschafft!

Ich pendelte, um meiner Familie zu helfen, blieb an meinen Seminararbeiten dran, hatte einen Job an der Georgetown, der sehr fordernd sein konnte, hielt meine Beziehung zu Christopher aufrecht und pflegte meine übrigen Freundschaften, während ich die ganze Zeit über von einem meiner Professoren traumatisiert wurde, während ich die ganze Zeit über verhinderte, dass meine anderen Professoren und Professorinnen (außer den beiden, denen ich es erzählt hatte) herausfanden, was los war – genauso wenig wie meine Eltern. Sie hatten schon genug Sorgen. Ich hatte den Schaden eingedämmt, größtenteils.

Ich freute mich sogar auf den Semesteranfang und die Rückkehr in die Version meines Lebens, in der ich mich um nichts anderes kümmern musste, als meiner intellektuellen Neugier nachzugehen und die Begeisterung für Ideen, Philosophie und feministische Theorie zu schüren, die mich nie verlassen hatte.

Tootsie hatte ein Sabbatical versprochen.

Ich habe mich darauf gefreut, wie dieses Sabbatical ablaufen würde, habe den ganzen Sommer darüber fantasiert.

Ich würde in der Lage sein, über den Campus zu laufen, von meinem Auto zu dem Gebäude zu gehen, in dem mein Fachbereich untergebracht war, ohne mir Sorgen zu machen, dass mich jemand beobachtet, dass mich jemand hinter der Tür abfing. Es wäre, als hätte es das letzte Jahr nie gegeben.

Und das Beste war: Ich hatte nichts von ihm gehört. Kein Brief, keine Postkarte, kein Anruf, kein Anstarren durchs Fenster oder Auftauchen, sobald ich um eine Ecke bog. Ich blieb in diesen heißen und schwülen Monaten der Uni fern, und er blieb mir fern.

Als sich die Diagnose meiner Mutter im August zum ersten Mal jährte und sie die Prognose überholte, tat ich mein Bestes, um mich nicht an das zu erinnern, was an diesem Tag im Jahr zuvor geschehen war. Stattdessen freute ich mich, dass sie immer noch bei uns war.

Am Ende dieses Sommers hatte ich in vielerlei Hinsicht Grund zur Hoffnung.

Ich blieb dran, strampelte mich ab, um den Kopf über Wasser zu halten. Oberhalb der Oberfläche war ich ruhig und gelassen und lächelte.

Das Semester begann, und er war da, wie immer.

Es gab kein Sabbatical, nichts hatte irgendwelche Konsequenzen. Es gab nur ihn, der seine Klassen unterrichtete, als wäre es völlig in Ordnung, dass er die Briefe meiner Mutter als Ausgangstext für Analyse und Diskussion mit meinen Mitschülern genutzt hatte. Als wäre es hochanständig, dass er eine Freundin von mir in diesen Schlamassel hineingezogen und sie unter Druck gesetzt hatte, um seine Situation zu verbessern, dass er versucht hatte, sie davon zu überzeugen, ihm zu verzeihen. Als wäre es keine große Sache, dass ein Professor einer Studentin über ein Jahr lang hinterherlief und sich weigerte, ihre Neins als Antwort zu akzeptieren.

Als ich den Campus betrat und feststellte, dass er immer noch da war, dass er unterrichtete und wie immer in den Fluren lauerte, war ich wütend. Ich war auch verwirrt.

Warum? Wie konnte die Schule das zulassen? Hatte Tootsie mir nicht versprochen, dass er verschwinden würde? Hatte sie nicht geschworen, mir zum ersten Mal seit Ewigkeiten wieder Frieden und Sicherheit zu bieten?

Vielleicht war es meine Schuld.

Ich hätte beim letzten Mal, als ich ihr Büro verließ, darauf bestehen sollen, dass sie diese Briefe heraussucht, und verlangen sollen, dass sie Kopien macht und sie mir aushändigt. Genau wie zuvor hatte sie sich den Sommer über nicht bei mir gemeldet.

Ich blöde, blöde Kuh.

Ich hatte unbedingt einfach weitermachen wollen, nach vorne schauen, alles vergessen, dass ich im Sommer nicht ein einziges Mal in ihrem Büro anrief, um Informationen einzufordern, um zu erfahren, was mit ihm passieren würde, ob das Sabbatical tatsächlich angeordnet worden war.

Ich ging sofort zu Tootsies Büro.

Der Weg dorthin war mir vertraut.

Aber dieses Mal war ich eine andere.

Ich war nicht die nette, betont zurückhaltende Studentin, die um Hilfe bittet. Ich war die wütende Studentin, instabil – tatsächlich schien der Boden bei jedem meiner Schritte unter mir wegzubröckeln. Nichts war so, wie es aussah, oder wie man mir gesagt hatte, dass es sein würde.

Ich wollte, dass er ein *beschissenes* Sabbatjahr einlegt, aber das tat er verdammt noch mal nicht. Ich wollte, dass er ein paar *beschissene* Konsequenzen wegen seiner Taten zu spüren bekommt.

Hatte ich wegen ihm nicht schon genug *beschissene* Konsequenzen erlitten? Was sollte diese ganze *verdammte Scheiße*?

War ich im Frühjahr noch bereit gewesen, Tootsies vielen Versprechungen Glauben zu schenken, war der Schleier jetzt gelüftet worden, und endlich konnte ich erkennen, dass dahinter nichts war. Dass da die ganze Zeit nichts war. Wie konnte sie mir das nur antun? Wie konnte sie mir ins Gesicht lügen, als ich so verängstigt und verzweifelt war?

»Wo sind die Briefe?«, verlangte ich, als ich vor ihr stand und mich weigerte, mich zu setzen, als sie mich dazu aufforderte. »Sie haben mir gesagt, Sie hätten Briefe geschrieben und würden mir Kopien davon geben. Wo sind sie? Ich will sie jetzt *sofort* haben.«

Ich kochte. Heute würde ich nicht mehr ohne die Dokumente gehen.

Die Wahrheit sei, sie könne sie nicht herausgeben, erklärte sie mir.

Sie seien privat.

Aber warum hatte sie mir das dann nicht früher gesagt? Warum hatte sie etwas anderes gesagt? *Warum machte er kein Sabbatical?* Warum, warum, warum?

Ich lehnte mich über ihren Schreibtisch. Ich frage mich, ob sie Angst hatte. Ich hatte in diesem Moment Angst vor mir selbst. Tootsie war sprachlos, machte keine Versprechungen mehr. Sie muss gewusst haben, dass ich ihr nicht mehr glauben würde, dass es ihr nichts mehr einbrachte, weiterzureden. Ich verließ ihr Büro und lief kreuz und quer über den Campus wie eine Betrunkene.

Ich landete im Büro der Unidirektion. Ich verlangte, den Direktor sofort zu sehen. Ich sagte, ich würde nicht gehen, bevor ich mit ihm gesprochen hätte. Die Sekretärin behielt mich im Auge, als sie den Hörer abnahm. Sie beobachtete mich genau, als könnte sie sehen, dass ich unter meiner Kleidung eine Bombe trug.

Der Direktor dieser Universität war ein VIP. Da es sich um eine große Universität handelte, war ein Besuch bei ihm so etwas wie ein Treffen mit dem Präsidenten. Er hatte Macht, echte Macht. Und wie so viele andere mächtige Leute an meiner Universität war auch er ein Priester, ein Probst.

Es dauerte nicht lange, bis mich die Sekretärin in sein Büro führte.

Der Probst war mager, grauhaarig und verbissen.

Ganz und gar nicht wie Professor H., obwohl sie beide dünn waren. Professor H. war ein Läufer, deshalb war er dünn und kräftig. Aber dieser Mann war dünn und hinfällig, die Haut blass, als sähe er selten die Sonne. Ich weiß nicht einmal mehr, ob er mich begrüßt hat oder ob wir uns kurz über belangloses Zeug unterhalten haben, bevor ich ihm den Grund für mein Auftauchen erläuterte.

Ich habe ihm alles erzählt.

Jede Kleinigkeit, die dieser Professor getan hatte, jeden cleveren, kreativen Weg, den er gefunden hatte, um sich in mein Leben und in das meiner Familie einzuschleichen. Das Ganze nahm Zeit in Anspruch, mindestens eine Stunde, vielleicht länger. Ich weiß es nicht mehr. Am Anfang bemühte ich mich noch, ruhig zu bleiben, aber nach zehn Minuten war ich wütend, meine Stimme hob und senkte sich, wurde lauter und leiser, lauter und leiser, während ich diesen Mann zwang, sich alles anzuhören, was ich an seiner Universität durchgemacht hatte, wegen eines *seiner* Professoren, eines *seiner* Priester-Professoren, eines *seiner* Kollegen und wegen *dieser Frau*, die nichts unternahm, um mir zu helfen, obwohl sie mir versprach, sich darum zu kümmern.

Diese verdammte Tootsie.

Ob er nicht schon längst über diese Vorfälle Bescheid wisse?, fragte ich, als ich fertig war. Hätte ihn niemand informiert? Oder sei er informiert worden, und es sei ihm einfach egal?

Er antwortete nicht. Er starrte mich nur weiterhin mit derselben ausdruckslosen Miene an, die er schon die ganze Zeit über zur Schau trug, während ich ihm die Geschichte über meine Zeit als Studierende erzählte, vom ersten Semester an. Ich wartete und wartete darauf, dass er etwas sagte, irgendetwas, aber er sah mich nur an, als ob er sich wünschte, er wäre ein Zauberer und könnte mich aus seinem Büro verschwinden lassen. Dann wurde mir klar, dass das, was ich ursprünglich für Verwirrung oder gar Leere in seinen Augen gehalten hatte, in Wirklichkeit Verachtung war. Er sah mich voller Verachtung an.

Ich begann zu weinen.

»Ist Ihnen das alles egal? Kümmert es Sie nicht, was mir passiert ist? Wollen Sie mir nicht helfen?«, fragte ich immer und immer wieder, wobei meine Stimme zu einem Schrei anschwoll, weil ich nicht glauben konnte, dass es ihm völlig egal war. Und weil ich das nicht glauben konnte, glotzte er mich wie ein Stück Müll an, dessen Gestank ihn beleidigte.

»Es ist Ihnen egal, oder? Es ist Ihnen egal, es ist Ihnen egal, es ist Ihnen egal, es ist Ihnen völlig egal.« Meine Stimme wurde irgendwann leiser und leiser, bis sie verstummte.

Er sagte immer noch nichts, behandelte mich von oben herab, starrte mich an, als wäre er überall lieber als hier bei mir. Er zeigte kein Mitgefühl, kein Anzeichen dafür, dass mein Leid, meine Angst, meine Verzweiflung ihn auch nur im Geringsten bewegten.

Abrupt stand ich auf, drehte mich um und verließ schluchzend sein Büro, ohne mich zu verabschieden. Seine Sekretärin sah mich an, als wäre ich verrückt, eine gestörte Schülerin, die Gott sei Dank wieder verschwand. Und ich war verrückt, nicht wahr? Ich habe mich verrückt verhalten, weil ich mich verrückt fühlte. Ich war im Wahnsinn gelandet.

Der Wahnsinn hatte mich unvermittelt heimgesucht. Es ging blitzschnell. In der einen Minute war ich hoffnungsvoll, heiter, enthusiastisch, in der nächsten war ich verwirrt. Ich ging in Professor H.s Büro.

Er war da, wie immer, er hörte meinem Geschluchze zu, und wie immer war er freundlich und besorgt. Aber dieses Mal versetzte mir seine Reaktion einen Schock.

»Von meiner Seite aus habe ich alles mir Mögliche unternommen. Ich habe versucht, die Briefe Ihrer Mutter zurückzubekommen, aber L. hat sich geweigert und behauptet, sie habe ihm aus freien Stücken geschrieben, also könne er ihre Briefe behalten und damit machen, was er wolle. Ich habe mich mehrfach mit ihm und mit anderen an der Universität über die Vorgänge unterhalten.« Er sah mich auf eine Weise an, von der ich wusste, dass sie etwas ohne Worte sagen sollte, aber ich konnte nicht entschlüsseln, was. Dann sagte er laut, deutlich und bestimmt: »Donna, es ist Zeit.«

»Zeit für was?«

Ich wusste es wirklich nicht.

»Sie brauchen einen Anwalt. Sie brauchen sofort einen Anwalt. Sie müssen sich einen Anwalt nehmen.«

Ich ließ die Einkaufstüte mit den ungeöffneten Briefen auf meinen Couchtisch fallen.

Ich reagierte immer noch extrem allergisch auf die Briefe, die noch unverändert herumlagen und nicht in den Papierkorb gewandert waren. Ich war extrem abgestoßen und angewidert. Ich hatte zu viel Angst davor und konnte mich nicht überwinden.

Aber jetzt musste ich mich zwingen hinzusehen.

Auf derselben Couch, auf der ich im August seinen Essay über die Tugendhaftigkeit von Priestern, die sich in junge Frauen verlieben und Affären haben, gelesen hatte, öffnete ich – einen nach dem anderen – die letzten Briefe, die er mir geschickt hatte, bevor ich ihn im Dezember anrief und ihm sagte, er solle für immer verschwinden. Neben anderen banalen Dingen wie Berichten über seine Unternehmungen und Reisen fand ich auch Liebesgedichte.

Es gab keine begleitenden Erklärungen, kein »Liebe Donna« oben auf der Seite oder ein »Mit freundlichen Grüßen, L.« am Ende. Nur Liebesgedichte, getippt oder mit der Hand geschrieben, sonst nichts.

In den nächsten Tagen suchte ich eine Reihe Leute auf.

Da ich an der Georgetown im Studentenwohnheim arbeitete, wusste ich, was zu tun ist, wenn Studierende mit einer Beschwerde wegen sexueller Übergriffe oder Belästigung Unterstützung suchen – ich hatte nur nie daran gedacht, das Verfahren für mich selbst in Anspruch zu nehmen. Die Georgetown war damals ihrer Zeit voraus, sie hatte zwei wunderbare Frauen eingestellt, eine Verantwortliche für sexuelle Übergriffe und eine weitere für Sexualerziehung. Sie arbeiteten zufällig in den Büros im ersten Stock meines Wohnheims und befanden sich immer nur wenige Schritte von meiner Wohnungstür entfernt, doch mir war es noch nie in den Sinn gekommen, sie um Rat oder Hilfe zu bitten. Jetzt war ich endlich so weit, und während ich mit ihnen sprach, mit echten Frauen, die mich wie einen Menschen behandelten, die mich aufrichtig besorgt und voller Sympathie ansahen, Frauen, die ihre Versprechen mir gegenüber halten würden, fragte ich mich, warum ich so lange gebraucht hatte, um zu ihnen zu gehen. Ich bedauerte, dass ich sie nicht früher aufgesucht hatte. Bald würde ich dies noch mehr bedauern.

Von dort aus ging ich zu einer meiner Professorinnen aus dem Grundstudium und dann zu einer zweiten. Ich erzählte ihnen kurz, was passiert war, und fragte sie, was ich ihrer Meinung nach unternehmen solle. Bald hatte ich vier Frauen, alle Mütter, die mit mir den Rest des Weges gehen würden, den ich zu gehen hatte, weit über das Terrain hinaus, das der Anwalt, den ich beauftragen würde, mit mir durchqueren würde.

Ich habe meinen Vater angerufen.

»Dad«, sagte ich. »Äh, kennst du irgendwelche Anwälte?«

Es gab eine lange Pause. »Warum?« Dann eine weitere lange Pause. »Steckst du in Schwierigkeiten?«

»Nein, nein, nein«, beruhigte ich ihn. »Mir geht es gut. Alles ist in Ordnung. Ich bin nur ... es gibt da was. Und mir wurde gesagt, ich brauche einen Anwalt. Also, äh, kennst du einen?«

Er bejahte und gab mir den Namen und die Nummer des Mannes.

»Geht es dir gut?«, fragte mein Vater immer wieder.

»Ja, alles in Ordnung. Ich schwöre es. Mach dir keine Sorgen, mach dir keine Sorgen, mach dir keine Sorgen.«

»Hat dir jemand ... hat dir jemand wehgetan?«, fragte er mit rauer, brüchiger Stimme.

»Nein«, widersprach ich fest und entschieden. »Nein.«

Ich glaube, mein Vater wollte wissen, ob ich vergewaltigt worden war, und hatte Angst davor. Als ich ihm bestätigte, dass dies nicht der Fall war, konnte er alles andere, was schiefgelaufen sein könnte, vergessen, denn ich nehme an, dass für ihn nichts so schlimm wäre wie eine Vergewaltigung.

»Erzähl Mama nichts davon«, bat ich ihn, bevor wir auflegten. »Bitte.«

»Das würde ich nie tun«, sagte er. »Deine Mutter hat genug um die Ohren.«

Als ich meinen Vater anrief, wusste ich, dass ich wahrscheinlich damit durchkommen würde, ihm meine Frage zu stellen, ohne dass er aus mir herauspressen würde, was wirklich passiert war. Bei meiner Mutter konnte ich mir das nicht erlauben. Als ich ihn anrief, wusste ich auch, dass einer seiner besten Freunde Anwalt war, ein Kleinstadtanwalt, aber ein netter Mann, der immer menschlich und freundlich gewesen war. Obwohl er keine Erfahrung mit Situationen wie der meinen hatte – aber wer hatte die schon, es waren die Neunzigerjahre –, rief ich ihn an, und er sagte, er würde mir helfen. Ich nahm ihm das Versprechen ab, nicht mit meinem Vater darüber zu reden. Er sagte mir, dieses Versprechen sei unnötig, als mein Anwalt sei er gesetzlich verpflichtet, alles, was zwischen uns gesprochen wurde, für sich zu behalten.

Von da an ging alles ganz schnell.

Offizielle Briefe mit einem Forderungskatalog wurden an Tootsie geschickt, ebenso wie eine Beschwerde nach Title IX an das Department of Education mit Klagen über sexuelle Belästigung und dem Versäumnis seitens meiner Universität, darauf zu reagieren. Tootsies Briefe kamen schließlich bei meinem Anwalt an, Briefe, in denen nicht das stand, was sie mir gesagt hatte, sondern etwas ganz anderes, nämlich dass jeder an der Universität wisse, dass ich schuld sei, dass ich eine Freundschaft mit meinem Professor falsch verstanden hätte. In den Briefen wurde mein Name immer wieder falsch geschrieben, Frietas statt Freitas, ein Detail, das mir extrem naheging und mir immer noch nahegeht,ein Fehler, der weiteres Salz in meine Wunden streute. Tootsie hatte es noch nicht mal für nötig gehalten, meinen Namen richtig zu schreiben. An mehreren Tagen wurden offizielle Befragungen angesetzt, Gespräche, bei denen ich stundenlang alles, was ich durchgemacht hatte, wieder und wieder erklären musste. Und schließlich, nach vielen, vielen Briefen zwischen meinem Anwalt und der Universität, wurde mein Professor endlich beurlaubt.

Aber das Ganze würde nie irgendwelche Konsequenzen für ihn haben.

Keine echten. Nicht während meiner Studienzeit, auch danach nicht, niemals.

Tatsächlich würde dieser Mann bald innerhalb der Universitätsverwaltung befördert werden. Er würde noch viele Jahre lang, mehr als ein Jahrzehnt lang, ein gefeierter Professor sein.

Tootsie und Konsorten wussten genau, wie sie mit mir umzugehen hatten in dem Moment, als ich in ihrem Büro auftauchte, sie wussten, was sie tun mussten, um die Wahrscheinlichkeit zu erhöhen, dass dieser Mann niemals Konsequenzen, echte Konsequenzen, zu spüren bekäme, egal was er mir antat, und dass es auch für die Universität oder die Kirche keine Konsequenzen hätte. Tootsie sorgte für das alles mit der gleichen Cleverness, mit der *er* mich gestalkt hatte. Sie wusste, sie würde gewinnen, bevor es tatsächlich zu ihrem Sieg kam.

Mein Anwalt untermauerte diese Tatsache so ziemlich genau in dem Moment, als ich ihn zum ersten Mal anrief: dass ich gegenüber der Uni und bezüglich meiner Forderungen einen schweren Stand hätte, dass wahrscheinlich nichts passieren würde oder könnte, trotz aller Bemühungen.

Ob mir die Frau von der Personalabteilung bei meinem ersten Besuch in ihrem Büro erklärt habe, so fragte mein Anwalt am Telefon, dass in dem Moment, in dem ich meine Beschwerde einreichte, die Uhr zu ticken begann?

Nein, sagte ich ihm. Das hatte sie nicht. Welche Uhr?

Die Uhr für die Verjährungsfrist, sagte er. Die Uhr, die mir insgesamt sechs Monate Zeit gebe, um beim Department of Education eine offizielle Beschwerde wegen sexueller Belästigung einzureichen. Nach Ablauf dieser sechs Monate sei die Möglichkeit eines Gerichtsverfahrens oder die Androhung von Konsequenzen für eine Universität durch einen Richter hinfällig. Jede Klage von mir würde aus diesem Grund sofort abgewiesen werden.

Ich musste nicht nachrechnen: Es waren etwas mehr als acht Monate vergangen, bis ich schließlich den Anwalt eingeschaltet hatte.

Die Verfolgungsverjährung war im Sommer abgelaufen.

24

Meine Mutter starb kurz nachdem ich meinen Doktortitel verliehen bekam. Professor H. war etwa acht Monate vor ihr gestorben, nicht lange nachdem er mich zum ersten Mal Dr. Freitas genannt hatte und mein Dissertationskomitee eine Flasche Champagner öffnete, um meine Entpuppung von Donna zu Dr. Freitas zu feiern.

Nach dem langwierigen Dissertationsprozess lebte ich nun endlich meinen Traum. Wie sich herausstellte, wurde es eines der traurigsten Jahre meines Lebens.

Zu allem Unglück musste ich bald feststellen, dass ich an der Hochschule, an der ich eine unbefristete Stelle bekommen hatte, »am falschen Ort« war, wie es manchmal von meinen Kollegen umschrieben wurde.

Mit einer Stelle als Dozentin kann man entweder am richtigen oder am falschen Ort landen, und das hängt von der Zusammensetzung des Fachbereichs ab. Weibliche Lehrpersonen sind besonders gefährdet, am falschen Ort zu landen, und in meinem Forschungsbereich verdoppelt sich das Risiko noch, da unser Bereich überwiegend männlich dominiert ist und von Männern angeführt wird, obschon sich dies langsam ändert. Über den Flurfunk erfuhr ich von anderen Kollegen und Kolleginnen an meiner Uni, dass mein Fachbereich, in dem nur fest angestellte ordentliche Professoren unterrichten, nie eine Frau als Mitglied des Lehrkörpers haben wollte. Schlimmer noch, ich war der dritte Versuch, eine Frau einzustellen. Sie wollten mich gar nicht einstellen, nicht wirklich – sie waren von der Fakultät gezwungen worden, eine Frau einzustellen. Die beiden Frauen, die vor mir meine Stelle innehatten, waren sechs Jahre lang von meinen neuen Kollegen gequält worden, bis beiden jeweils die Festanstellung entzogen und sie entlassen wurden. Dieses Schicksal erwartete offensichtlich auch mich.

Meine neuen Kollegen waren schrecklich zu mir, und nun gab es keinen Professor H. mehr, den ich anrufen konnte.

Und als meine Mutter Anfang Mai meines ersten Jahres als Dozentin ins Koma fiel, sahen die fest angestellten Männer in meinem Fachbereich dies als Chance. Sie nutzten unter anderem meine Abwesenheit bei der Abschlussfeier, während meine Mutter im Koma lag, als Minuspunkte gegen mich in meinen Beurteilungen, als Beweis dafür, dass ich mich nicht genug für die Fakultät engagierte. Sie nutzten meine anschließende Trauer über den Verlust meiner Mutter, um mich auch für andere Versäumnisse zu kritisieren. Ich wusste also schon früh, dass ich diesen Ort verlassen musste, aber ich wusste auch, dass mir zwei wichtige Briefe fehlen würden, falls ich es versuchen würde – und zwar die zwei wichtigsten, von Professor H. und Father L.

Im Jahr nach dem Tod meiner Mutter waren meine Kollegen grausam, grausamer, als ich es mir je einem trauernden Menschen gegenüber hätte vorstellen können, obschon ich damals wie im Nebel war und das Ausmaß und die Tiefe ihrer Grausamkeit erst später erfassen würde. Erst bat ich diese Männer um ein bisschen Verständnis, dann flehte ich und schließlich bettelte ich sie an, und die Antwort lautete: Tut uns leid, aber *nein*. Sie waren mit meiner Trauer keineswegs einverstanden. Sie nutzten die Macht des Nicht-einverstanden-Seins entschlossen und enthusiastisch aus, gebrauchten all ihre Intelligenz und ihren Einfluss, die mit ihren Positionen einhergingen, wohl wissend, dass *ich* in meinem Fachbereich null Macht oder Einfluss besaß. Und wieder einmal war ich im Kontext einer Universität handlungsunfähig. Also kehrte ich wieder zurück auf den Arbeitsmarkt und wollte einfach nur weg.

Ich würde nie wieder eine Stelle als Dozentin bekommen. Keine richtige.

Eines Tages, etwa neun Monate nach dem Tod meiner Mutter und nach der schrecklichen Behandlung durch meine Kollegen, ging ich mit einer Freundin in ein kleines Diner in der Nähe ihres Hauses. Sie und ihr Mann lebten in einer wunderschönen, kleinen Stadt in Vermont, etwa vierzig Autominuten von meiner Wohnung in Burlington entfernt. Ich besuchte sie liebend gerne, und ich mochte die kleinen Geschäfte und Restaurants entlang der malerischen Hauptstraße. Meine Freundin war Dozentin für Psychologie an der Uni, und wir hatten uns in der ersten Unterrichtswoche angefreundet. Bei Kaffee und Frühstück machte ich ihr ein Geständnis.

»Ich glaube, ich werde verrückt«, sagte ich ihr.

Ich war bestürzt, ich schämte mich, ich war mit meinem Latein am Ende. Sie fragte mich nach dem Warum, und ich begann zu erklären, indem ich meine Symptome aufzählte, eins nach dem anderen.

Neuerdings hatte ich Angst – vor allem. Ich hatte zum Beispiel Angst vor der Post. Eine seltsame Angst. Wenn ich auf dem Heimweg vom Unterricht durch die Lobby meines Apartmenthauses ging, wandte ich meinen Blick von der langen Reihe silberner Briefkästen an der linken Wand ab. Ich wollte sie nicht berühren oder mich ihnen nähern. Und dann, wenn ich mich doch dazu durchringen konnte, die Post abzuholen, lag sie tagelang ungeöffnet auf einem Stapel. Wochenlang. Monatelang. Ich wehrte mich dagegen, den Stapel auf dem Tresen auch nur anzusehen. Mich ihm zu nähern, einen einzigen Umschlag in die Hand zu nehmen, ihn aufzureißen, war eine einzige Kraftanstrengung, eine einzige ungeheure Anstrengung.

Also ja, da war die Sache mit der Post.

Aber es gab noch andere Probleme. Ich hatte Probleme, vor der Uni aus meinem Auto auszusteigen, um zu unterrichten. Ich fuhr auf den Parkplatz in der Nähe meines Gebäudes, stellte den Motor aus und blieb dort sitzen. Die Hände auf dem Lenkrad, den Blick starr auf die Windschutzscheibe gerichtet, während die Uhr tickte und der Beginn einer Besprechung oder eines meiner Seminare näher rückte. *Komm schon, Donna. Worauf wartest du noch? Steig aus dem Auto aus. Raus. Raus. Du kommst noch zu spät.* Irgendwann packte ich den Griff und öffnete die Tür. Dann schaute ich auf den schwarzen Asphalt. Ich starrte auf die weiß gestrichene Linie, die meinen Parkplatz markierte, mit offener Tür, selbst wenn es eiskalt war. Dann, irgendwann, atmete ich tief ein, tief, tief ein, bewegte einen Fuß aus dem Auto, dann den anderen und schloss die Tür hinter mir. Immer noch tief atmend, ging ich die wenigen Schritte zum Gebäude und die Treppe hinauf in den zweiten Stock, wo sich mein Büro befand, und die ganze Zeit war mir übel, furchtbar übel.

Sobald ich mein Büro erreicht hatte, war ich nicht mehr in der Lage, es zu *verlassen.* Auch mein Unterrichtsraum war ein Problem; nicht das Betreten, sondern das Verlassen, sobald der Unterricht vorbei war. Türschwellen stellten mittlerweile generell eine Herausforderung dar, wenn auch nur im Unigebäude, warum auch immer. Ich saß in meinem Bürostuhl und versuchte, mich dazu zu überreden, aufzustehen und aus der Tür zu gehen, damit ich nicht zu spät zu meinen Studierenden kam, oder ich stand in meinem leeren Unterrichtsraum, nachdem meine Schüler gegangen waren, und konnte mich nicht bewegen. Mein Herz pochte, mein Brustkorb hob und senkte sich. Ich konnte nicht atmen. Ich redete mit mir selbst, feuerte mich an, schimpfte mit mir. *Komm schon, Donna. Geh einfach. Geh einfach. Du kannst es schaffen! Was ist dein verdammtes Problem? Hör auf, verrückt zu sein. Los, los, los!*

Je mehr ich meiner Freundin beschrieb, was ich fühlte, tat und durchmachte, desto verrückter fühlte ich mich. Verrückter und noch beschämter.

Diese Freundin war zufällig auch die einzige Person in diesem neuen Kapitel meines Lebens als Lehrende, der ich erzählt hatte, was ich an der Graduate School durchgemacht hatte. Ich bin mir nicht sicher, warum ich es ihr erzählt habe, was mich dazu bewogen hat. Es gab immer noch sehr wenige Menschen in meinem Leben, die etwas über ihn wussten; Menschen, die mich schon seit Jahren kannten, hatten keine Ahnung. Aber diese Freundin hat eine Ruhe an sich, eine Art von Frieden und Offenheit, die zur Vertraulichkeit einlädt, und so habe ich mich ihr eines Tages geöffnet. Und zufällig ist sie auch noch Psychologin.

Sie hörte mir aufmerksam zu, als ich die Liste der Verhaltensweisen aufzählte, die ich an den Tag legte, während ich in dem Essen herumstocherte, das ich sowieso nie essen würde. Als ich aufhörte, verriet sie mir, dass sie an der Graduate School während ihres Praktikums für das Office for Veterans Affairs gearbeitet und viele Veteranen mit posttraumatischer Belastungsstörung beraten habe. Sie erklärte mir, was PTBS ist, weil ich das nicht wusste, und erklärte mir, wie das Gehirn auf Traumata reagieren kann, wie es in seiner Funktion als Überlebensmechanismus bestimmte Erfahrungen und alle damit verbundenen Gefühle vergraben kann. Leider können dann neue Lebenserfahrungen, die nichts mit dem

Trauma zu tun haben, im Gehirn den Eindruck erwecken, das Trauma sei immer noch präsent. Das Gehirn reagiert darauf, indem es eine Person mit den gleichen Gefühlen und Emotionen überflutet, die sie empfunden hat, als das Trauma stattfand.

Ihr fiel auf, dass die scheinbar harmlosen Dinge, wie das Abholen der Post, das Aussteigen aus meinem Auto oder das Überqueren der Schwelle meines Unterrichtsraums, stark nach den ihr gegenüber geäußerten Verhaltensweisen klangen, die ich wegen des Professors aus der Studienzeit entwickelt hatte. Sie fragte sich, ob ich an einer PTBS litt, was ihrer Meinung nach Sinn machen würde, da ich lange Zeit in einem Belagerungszustand existiert hatte.

Und vielleicht, so lautete ihre Theorie, hatte der Tod meiner Mutter einschließlich der furchtbaren Behandlung durch meine neuen Kollegen mich getriggert. Vielleicht triggerte mich die Uni und alles, was damit zusammenhing – jedes Mal, wenn ich dort ankam und die Treppe zu meinem Büro hinaufgehen musste, wenn ich mich Tag für Tag aus freien Stücken mit diesen grausamen Kollegen umgab, wenn ich Unterrichtsräume betrat und verließ, obwohl ich einst Angst davor gehabt hatte, genau das in der Graduate School zu tun. Vielleicht flutete das alles mein Gehirn und meinen Körper mit den gleichen Gefühlen, die ich während des Stalkings durch Father L. empfunden hatte. Vielleicht wäre PTBS eine Erklärung für meine plötzliche Angst, meine Abscheu, meine Übelkeit in Bezug auf die Post, vor allem für die Übelkeit in Bezug auf die Post.

Das ergab doch Sinn, oder nicht? Er hatte mir so viele Briefe geschickt, und irgendwann Briefe ohne Absender, Briefe, bei denen ich nichts ahnte und nicht Abstand nehmen konnte, sie zu öffnen, weil ich gar nicht wusste, dass sie von ihm waren. Es war meine Bemerkung über die Post, die ihr half, die Verbindung herzustellen.

Sie riet mir, jemanden aufzusuchen, der sich darauf spezialisiert hat. Ich sei nicht verrückt, ich müsse nur lernen, wie ich den Teil meines Gehirns, der diese Erfahrungen und Erinnerungen vergraben hatte, wieder mit dem Rest verbinden könne. Es gebe Leute, die mir beibringen könnten, wie ich mich durch die Angst und die Flut von Gefühlen hindurchreden könne, mir bewusst machen könne, dass ich in Sicherheit sei, dass mein Professor mir nicht hinter jeder Ecke auflauere, dass es mir gut gehe. Irgendwann, so sagte sie mir, würde ich aufhören, mich so unkontrolliert und verrückt zu fühlen, und es würde mir tatsächlich wieder gut gehen.

Ich habe jemanden aufgesucht, und es stellte sich heraus, dass meine Freundin recht hatte, ich litt an einer posttraumatischen Belastungsstörung.

Und irgendwann würde es mir wieder gut gehen. Mir ging es wieder gut, mir geht es gut.

Ich habe meinen Eltern allerdings nie erzählt, was passiert ist. Nicht wirklich.

Beide wussten etwas, aber keiner von beiden wusste alles.

Ich erinnere mich an einen Tag, an dem mein Vater mich in Vermont besuchte. Meine Mutter war bereits gestorben, und es lag Schnee. Wir gingen nach dem Mittagessen zurück zu seinem Auto.

»Willst du mehr darüber wissen, was an der Graduate School passiert ist?«, fragte ich ihn.

Er war sich bewusst, was ich mit »mehr« meinte. Er wusste, dass ich seinen Freund, den Anwalt, für etwas engagiert hatte, das mit einem Professor zu tun hatte.

»Willst du es mir erzählen?«, fragte er zurück.

»Nein. Ich weiß nicht. Nein«, sagte ich. »Ich glaube nicht.«

Das war die Wahrheit. Ich wollte es ihm *eigentlich* nicht erzählen. Aber ich zerbrach mir den Kopf darüber, ob ich es ihm erzählen *sollte.*

Wäre das nicht besser?

Wir stiegen in sein Auto, fuhren weg und sprachen nie wieder darüber.

Das Einzige, was ich meiner Mutter gegenüber je ansprach, waren die Briefe. Ich hatte sie in jenem Frühjahrssemester angerufen, als sie sich noch schrieben. Ich hatte beschlossen, mit ihr am Telefon darüber zu reden und nicht bei einem Besuch in Rhode Island, damit sie mein Gesicht nicht sah. Hätte ich persönlich mit ihr geredet, hätte sie in meinen Augen lesen können, dass ich lüge.

Oder zumindest, dass ich ihr nicht die ganze Wahrheit sagte. Sondern nur einen Bruchteil davon.

»Mama«, begann ich, »ich muss mit dir über Father L. reden.«

»Was ist mit ihm?«

»Es ist mir wichtig, dass du aufhörst. Mit dem Briefeschreiben an ihn, meine ich.«

Es entstand eine lange Pause am anderen Ende.

»Schatz«, sagte sie, »ist etwas nicht in Ordnung?«

»Nein, nein«, sagte ich. »Alles ist gut! Aber kannst du das für mich tun? Und mir sagen, falls er dir wieder schreibt?«

»Ohh-kaaay?« Sie klang unschlüssig. Zweifelnd.

Ich wechselte das Thema. Sie fragte nicht weiter nach. Wir setzten unser Gespräch fort, mein Atem beruhigte sich wieder. Ich hatte das Schlimmste überstanden, meine Mutter war weitestgehend unversehrt.

Ich weiß nicht, ob meine Eltern jemals über meinen Anruf wegen der Briefe gesprochen haben oder darüber, dass ich mir einen Anwalt genommen hatte. Ich weiß nicht, ob sie Zeit damit verbrachten, sich zu fragen, was mir widerfahren war, ob sie in Erwägung zogen, dass wir uns zu dritt zusammensetzen und sie mich dazu bringen, ihnen zu erzählen, was los war. Vielleicht wussten sie mehr, als mir bewusst war. Vielleicht ahnten sie etwas.

Aber abgesehen von der gelegentlichen Frage »Donna, geht es dir *gut?*«, in der ein gewisser Unterton mitschwang, von dem ich wusste, dass er sich auf diese Sache bezog, mit der ich zu tun hatte und über die wir nicht redeten, ließen sie das Thema auf sich beruhen.

Von da an trippelten wir auf Zehenspitzen um das Thema herum, und zwar so leise, dass es komplett außen vor blieb. Ich glaube, meine Eltern spürten, dass ich in der Zeit an der Graduate School etwas Schwerwiegendes durchgemacht hatte, aber sie fragten nie nach Einzelheiten. Ich glaube nicht, dass es daran lag, dass sie es nicht wissen wollten, obwohl es vielleicht in gewisser Weise so war. Aber sie sind sehr verschlossene Menschen, aus einer anderen Generation, viel älter als die Eltern der meisten meiner Freunde – meine Mutter bekam mich mit dreiunddreißig Jahren, was für jemanden ihrer Generation uralt war, um ein Kind auf die Welt zu bringen. Aber noch wichtiger als das Alter meiner Eltern war die Tatsache, dass sie von meinen eingewanderten Großeltern während der Great Depression großgezogen worden waren. Sie waren der Meinung, Entbehrungen gehörten zum Leben dazu, und man müsse sie überleben, ohne sich zu beklagen. Man sprach nicht darüber, sondern schlug sich einfach durch. Es hatte keinen Sinn, sich damit aufzuhalten, denn so kam man auch nicht weiter.

Ich bin mir sicher, dass sie meine Privatsphäre respektieren wollten, dass sie davon ausgingen, ich würde mich an sie wenden, sollte die Situation sich zu sehr verschlimmern, so wie damals, als ich meinen Vater nach dem Namen eines Anwalts fragte.

Als fleißige, fromme Menschen, die nicht über ihre Probleme sprachen, nicht einmal miteinander, boten mir meine Eltern eine gute Erziehung, vertrauten auf mein Urteilsvermögen und glaubten, sie hätten eine Tochter, die in der Lage war, sich zu behaupten und richtige Entscheidungen zu treffen. In gewisser Weise, denke ich, war es ihr Vertrauen in mich, das es ihnen ermöglichte, den Mund zu halten und mich nicht weiter zu bedrängen. Sie hatten das Gefühl, eine Tochter mit klarem Verstand zu haben, eine patente Person, und dass ich mit allem, was auf mich zukäme, umgehen könnte, auch mit schwierigen Situationen.

Ich verurteile sie nicht dafür, dass sie nicht nachgefragt haben. In jener Zeit war so viel los, so viel Chaos im Haus wegen der Krebserkrankung meiner Mutter, der Alzheimer-Diagnose meiner Großmutter, so viel Traurigkeit und Angst, dass das, was ich durchmachte, im Vergleich dazu zu verblassen schien. Ich hatte keinen Krebs, ich lag nicht im Sterben. Ich würde das überstehen, so wie ich alles andere vorher auch überstanden hatte.

Doch manchmal, wenn ich jetzt zurückblicke, sehe ich die Kluft, die dadurch zwischen mir und meiner Familie entstand, eine Kluft, von der ich einfach nicht wusste, wie ich sie überbrücken sollte, eine Kluft, die ich irgendwann gar nicht mehr überbrücken wollte, weil ich unbedingt alles vergessen wollte, weitermachen, so tun wollte, als wäre das, was passiert war, nie passiert. Ich gewöhnte mich daran, auf der anderen Seite zu stehen, allein, während wir uns alle darauf einigten, den Abgrund, der sich zwischen uns auftat, nicht zu bemerken.

VIERTER TEIL

25

Das Nachspiel einer sexuellen Belästigung findet geräuschlos statt.

Man lernt schnell, nicht darüber zu sprechen, nichts zu sagen, weil es anderen Menschen unangenehm ist. Keiner findet die richtigen Worte oder weiß, wie man die Dinge in Ordnung bringen könnte, was hilfreich wäre. Die Leute fühlen sich unwohl, wenn sie wissen, dass dir diese Sache passiert ist, diese seltsame, hässliche Sache, von der sie nicht wissen, wie sie sie beheben können. Um also niemanden in Verlegenheit zu bringen, erzählst du es niemandem, du erzählst überhaupt niemandem irgendetwas.

Bald bist du damit allein, du bist jahrelang allein damit. Und deshalb fand das Nachspiel dessen, was ich durchgemacht habe, in Einsamkeit statt.

Selbst jetzt, Jahrzehnte später, habe ich es immer noch nicht im Griff, wie ich die Geschichte *meines Belästigers, meines Stalkers* – ihn so zu nennen, zu bezeichnen und sie (meine Geschichte) so zu betiteln habe ich inzwischen gelernt – erzählen soll, als wäre er etwas, das ich mir angeeignet oder verdient habe, so wie meinen Doktortitel oder meinen Job. Ich ziehe es vor zu vergessen, dass er existiert, dass er ein Teil meiner Geschichte ist, den ich nicht abschütteln kann, egal was ich tue. In den seltenen Fällen, in denen ich es jemandem erzähle, einem Freund oder einer Freundin, einer Vertrauensperson, stelle ich fest, dass ich mir immer noch nicht darüber im Klaren bin, wie ich es erzählen soll, dass ich mit dieser Geschichte noch nicht zurechtkomme. Die Möglichkeiten, sie in Würde und mit Zuversicht zu erzählen, bleiben mir versagt, obwohl es schon so viele Jahre her ist und obwohl ich von Beruf Geschichtenerzählerin bin. Es gehört zu meiner beruflichen Verantwortung und Pflicht, Geschichten zu erzählen, und zwar gut.

Doch sobald ich versuche, diesem Teil meiner Vergangenheit eine Stimme zu geben, stelle ich fest, dass ich mich nicht nur schwertue, sie zu erzählen, sondern dass ich mich sogar in ihr verliere. Sie ist wie ein Labyrinth, das mich magnetisch anzieht und meinen Verstand verwirrt. Ich finde nicht hindurch, sein Stalking war so kreativ, es gibt zu viele Wendungen und Verwicklungen in der Geschichte. Da sind so viele Details – und es reicht nie aus, nur das große Ganze zu benennen: *Ich wurde sexuell belästigt, gestalkt, und zwar von meinem Mentor, einige Jahre lang.* Wenn ich es doch nur dabei belassen könnte, bei dem faktischen Stalking, der faktischen Belästigung, aber das kann ich nicht. Die Details drängen heraus, ein Detail erzeugt das nächste, und sobald es herauskommt, wollen die anderen hinterher. Ich weiß nicht, wie ich die Geschichte beenden soll, denn sie ist scheinbar endlos. Ich weiß nicht, wie ich aus dem Labyrinth aus Details wieder herauskomme, sobald das erste über meine Lippen gekommen ist. Ich kann sie nicht aufhalten, so wie ich ihn nicht aufhalten konnte.

Die schiere Anhäufung von Einzelheiten dient einem Zweck: meinem Verlangen, dem Zuhörer zu beweisen, dass ich mir nichts eingebildet habe, dass ich das Verhalten meines Professors nicht falsch gedeutet habe, dass ich mir nichts davon ausgedacht habe, dass jedem irgendwann aufgefallen wäre, dass an so einem Verhalten etwas falsch ist. *Stimmt doch, oder?* Eine Einzelheit reicht nicht aus, um zu beweisen, dass ich ein Opfer war. Ich brauche Hunderte, sonst glaubt mir niemand und denkt, ich hätte aus nichts eine große Sache gemacht. Selbst nach so vielen Jahren stehe ich noch im Bann meiner Selbstzweifel, und sie überwältigen mich. Meine Sorge, dass das, was passiert ist, auf etwas zurückzuführen ist, das ich getan habe. Ich bin meine ganz persönliche, effektivste und lauteste Täter-Opfer-Verdreherin. Ich bin die Erste, die sich selbst die Schuld gibt, und jeden, dem ich davon erzähle, lade ich ein, mir ebenfalls die Schuld zu geben.

Aber gibt es so etwas wie ein Trauma ohne Scham? Ist Scham nicht ein wesentlicher Bestandteil dessen, was ein Ereignis oder eine Reihe von Ereignissen zu einem Trauma werden lässt?

Damals, während meines Studiums an der Graduate School, glaubte ich, ich sei bestimmt die einzige Person, der so etwas zustößt. Damit meine ich nicht, dass ich mich für etwas Besonderes oder Einzigartiges im positiven Sinne hielt, als wäre ich ausgezeichnet und für diese Behandlung auserwählt worden. Ich rede von diesem schrecklichen, beschämenden Zustand, in dem ich das Gefühl hatte, ich würde irgendwie bestraft, ich hätte etwas an mir, das seine unerwünschte Aufmerksamkeit anzog. Meine Einzigartigkeit beschränkte sich lediglich darauf, dass ich etwas Ungewöhnliches getan hatte, um ihn zu ködern. Ich hatte ihm unbeabsichtigt ein Signal gesendet, das mir diese Erfahrung eingebracht hat.

Doch bei allen Selbstzweifeln bin ich doch kein Mauerblümchen.

Ich bin wild, ich bin offen, ich bin intelligent, ich wehre mich, ich flirte gern, ich bin sexuell selbstbewusst, ich bin zielstrebig, ich bin stark, ich bin die Tochter meiner Mutter.

Ich bin all diese Dinge, obwohl ich auch jemand bin, der diese andere Sache erlitten hat, mit allem, was dazugehört. Ich weiß nicht recht, wie ich all das, was ich bin, mit diesem einen hässlichen Teil in Einklang bringen soll. Aber beide sind real. Ich bin eine Kraft, mit der man rechnen muss – fragen Sie die, die mit mir befreundet sind; und ich bin daran zerbrochen – auch davon könnten sie Ihnen erzählen.

Meine Freundin, die Psychologin, spricht über *aber* im Gegensatz zu *und* hinsichtlich des charakteristischen Sprachgebrauchs, wenn Frauen ihre Probleme mit der Mutterschaft schildern. Frauen sagen Dinge wie »Ich liebe mein Kind, *aber* es treibt mich in den Wahnsinn« und »Ich liebe es, Mutter zu sein, *aber* ich bin auch furchtbar deprimiert, weil ich Mutter bin.« Sie spricht mit ihren Klienten darüber, das Wort *aber* durch *und* zu ersetzen, darüber, wie zwei scheinbar gegensätzliche Dinge in einem Spannungsverhältnis zueinander stehen und dass dieses Spannungsverhältnis absolut notwendig ist. Eine Frau kann ihr Kind lieben und gleichzeitig von ihm in den Wahnsinn getrieben werden. Eine Frau kann furchtbar gerne Mutter und gleichzeitig furchtbar deprimiert sein, weil sie Mutter ist.

In diesem Sinne bin ich also ungestüm, *und* ich bin zurückhaltend. Ich bin stark, *und* ich bin verletzlich. Ich will Dinge, *und* manchmal will ich sie nicht. Ich kann Menschen gut einschätzen, *und* manchmal bin ich zu vertrauensselig. Ich bin eine glühende, einfühlsame, engagierte Feministin, *und* ich lasse mich vom Patriarchat schikanieren.

Und ich gebe mir immer noch selbst die Schuld, wenn ich nach dem Grund für das suche, was mir widerfahren ist. Ich suche immer noch nach diesem Grund, indem ich in mir selbst suche.

Was stimmt nicht mit mir, welches Versagen gab es in meiner Erziehung, welchen Mangel in meinem Charakter, welchen Riss in meinem Selbstverständnis, in meiner Zurechnungsfähigkeit, was habe ich getan, um diesen Mann dazu zu bringen, ausgerechnet mich als Opfer auszuwählen? Was an *mir* hat ihn in meine Richtung gelenkt? Was an *mir* hat mich dazu gebracht, etwas so offensichtlich Abstoßendes so lange zu tolerieren? Welches Ausmaß an Dummheit muss in einer Person stecken, damit sie nicht erkennt, dass *sie selbst* in den Augen der offiziellen Stellen das Problem ist? Wie dumm muss ein Mädchen sein, um die Wahrheit vor ihren eigenen Augen nicht zu sehen?

Ich weiß, intellektuell, rational, dass ich die Schuld woanders hin verlagern sollte als auf mich. Ich weiß mit allem, was ich bin, dass, wenn jemand vor mir stünde und versuchen würde, meiner Mutter die Schuld für die Vorfälle zu geben, die Art und Weise, wie sie mich erzogen hat, die Art und Weise, wie sie mir Recht und Unrecht beigebracht hat, dass ich diese Person wutentbrannt anschreien würde. Aber ich weiß auch, dass ich, wenn dieselbe Person andeuten oder sogar direkt behaupten würde, dass ich zumindest teilweise oder sogar vollständig schuld sei, wahrscheinlich bereit wäre, ihre Argumentation zu akzeptieren. Ich würde wahrscheinlich zustimmend nicken, dass alles Geschehene in meiner Verantwortung läge. Das ist wahrscheinlich richtig, ja.

Denn ich bin sowohl Überlebende als auch Opfer, und in gewisser Weise werde ich für immer und ewig beides sein.

26

Ich habe nie wieder etwas von ihm gehört.

Nicht direkt.

Ich höre die ganze Zeit von ihm, von dort, wo er sich schleichend in meinem Körper eingenistet hat, meinem Gehirn, das sich verändert hat, um sich seinen Handlungen und meinen Reaktionen darauf anzupassen. Die Veränderung scheint dauerhaft zu sein. Ich habe viel dafür getan, mein Gehirn wieder so umzustrukturieren, wie es einmal war, ungeteilt, aber bisher mit mäßigem Erfolg.

Sein Verhalten hörte ein ganzes Jahr und drei Monate *nach* meinem Anruf im Dezember auf. Die Briefe, das Auflauern, der Kontakt zu meiner Mutter, das Ausspähen, das Auftauchen in Fluren und Treppenhäusern, die ständigen Anrufe, all das fand endlich ein Ende. Ich hatte nicht mehr daran geglaubt, und dann kam es doch dazu.

Ich feierte mit Dan. Wir gingen abends Essen, weil ich den exakten Moment markieren wollte, ab dem ich nach vorne schauen und die ganze hässliche Angelegenheit vergessen durfte. Es war ein nobles Restaurant. Ich erinnere mich, dass ich Ente bestellt habe – ein teures Gericht, das ich zum ersten Mal aß. Ich glaubte, ich würde von jetzt an so leben, als wäre das alles nie passiert. Ich zog eine deutliche kreisrunde Linie um das Ganze, um mich selbst, und dann machte ich einen großen Schritt über diese Linie hinweg, aus dem Kreis heraus, weil ich all das nun für eingesperrt, gefangen hielt, für etwas, das nie wieder zum Vorschein käme. Ich errichtete Zäune, Mauern und Stacheldraht, stellte einen Wachmann ein, um alles Übrige zu verteidigen, sollte es versuchen zu entkommen. Ich tat und lebte so, als hätte dieser Teil meines Lebens nie existiert, vertiefte mich in meine Studien und besuchte Konferenzen. Eine Zeit lang war das ein Segen, ein wahrer Segen.

Ich bekam Unterstützung.

Noch zu seinen Lebzeiten setzte sich Professor H. für mich ein, indem er Father L. nach seinem Sabbatical das ganze letzte Jahr meines Studiums von mir fernhielt. Father L. war es verboten, an meiner Abschlussfeier teilzunehmen. Meine Familie würde dort sein, und Professor H. sorgte dafür, dass ich die Feier in Ruhe genießen konnte in der Gewissheit, dass ich ihn nicht zu Gesicht bekommen würde, weil er an diesem Tag vom Campus verbannt wurde.

Dennoch existierte er leider, und es gab Momente, in denen ich ihn ausmachte, wenn er über einen Flur huschte oder das Gebäude verließ. Es gab auch das Problem der Konferenzen – Konferenzen, an denen ich teilnahm, weil es wichtig für mich war, dort Vorträge zu halten, um mich in meinem Fachgebiet zu etablieren, das *sein* Fachgebiet war. Dan fungierte als Ein-Mann-Vorhut, überprüfte die Räume, bevor ich sie betrat, inspizierte den Empfang oder das Podium und gewährleistete, dass ich sicher durch die Tür gehen konnte.

Es ist nicht so, dass ich Dan darum gebeten hätte, und wir hatten sein Aufpassen auch nicht geplant – er tat es einfach instinktiv, weil er ein guter Mensch, ein wahrer Freund ist. Die meiste Zeit über nahmen wir die Existenz dieses Mannes oder seine Anwesenheit auf der Konferenz nicht zur Kenntnis. Dan verrichtete seine Arbeit im Stillen und unsichtbar. Und wenn darüber gesprochen wurde, dann nur kryptisch.

»Lass uns jetzt nicht zu diesem Empfang gehen«, sagte er dann. »Lass uns lieber eine halbe Stunde warten.«

Oder: »Warum begleitest du mich nicht auf den anderen Vortrag?«

Oder: »Vielleicht sollten wir die Buchmesse verlassen und zu Mittag essen?«, meinte er. »Ich bin hungrig.«

»Oh, sicher«, antwortete ich dann. »Okay, super.«

Und das war's.

Die Momente, in denen ich ihn erblickte oder ihm auf einer Konferenz begegnete, weil Dan nicht da war, um mich von der Konfrontation wegzulotsen, waren dieselben Momente, in denen mir klar wurde, dass ich mitnichten nach vorne geschaut hatte. Mein Körper fing an zu glühen, meine Haut wurde heiß und kribbelig, ich sah alles verschwommen, mein Herz klopfte, das Blut rauschte in meinen Ohren, mir wurde schwindelig. Die Reaktion war körperlich, und zwar massiv.

Am schlimmsten war es in Miami.

Im Juni fand dort eine kleine Konferenz statt, vielleicht ein paar hundert Leute, mit Hauptrednern, deren Vorträge über das ganze Programm verteilt waren. Zu diesen Vorträgen versammelten sich alle im selben Saal. Einige Kollegen und ich machten uns nach dem Ende der Vormittagssitzung auf den Weg zum Mittagessen. Wir waren eine Gruppe von vielleicht zehn Leuten. Wir traten hinaus in die Hitze und die Sonne, die uns nach der kalten, abgestandenen Luft des Konferenzhotels überraschte. Ich war gut gelaunt, es war heiß, und die Wärme fühlte sich wunderbar an. Ich schlenderte weiter, plauderte und ließ mich vom Strudel der Konferenzbesucher mitreißen, die bei dem angenehmen Wetter draußen einen Platz zum Essen suchten. Unsere Gruppe blieb an einer roten Ampel stehen. Ich war in ein Gespräch vertieft und achtete nicht auf die anderen Menschen um uns herum.

Ich warf einen kurzen Blick auf die Fußgängerampel, ob es grün geworden war, und da sah ich ihn.

Er stand direkt vor mir, so nah, dass ich ihn berühren konnte, nicht einmal dreißig Zentimeter entfernt, genauso nah wie bei unserer letzten Begegnung an der Graduate School. Er wandte mir den Rücken zu, aber er wusste, dass ich da war, dass ich direkt hinter ihm stand. Er beobachtete mich, den Kopf gerade weit genug zur Seite gedreht, dass er mich sehen konnte.

Die Welt geriet aus den Fugen, ich sah Sternchen, ich begann zu hyperventilieren.

Die Ampel wechselte von Rot auf Grün, die Menschenmenge setzte sich in Bewegung, nur er nicht.

Zuerst tat ich es ihm gleich.

Dann, ohne nachzudenken, ging ich weg von der Menge, weg von meiner Gruppe, weg von ihm, auf eine kleine Grünfläche neben dem Bürgersteig. Ich wusste nicht einmal, was ich tat, dachte nicht daran, wie ich auf meine Kollegen wirken würde, ich wusste nur, dass ich wegwollte, weg, *weg*, und zwar sofort. Niemand sonst dort hatte eine Ahnung von ihm und mir, von unserer Geschichte. Für diese Kollegen war dieser Mann ein angesehener Gelehrter, jemand, den sie bewunderten, jemand, den sie verehrten, jemand, mit dem sie vielleicht versuchen würden, ins Gespräch zu kommen. Oder ihn gar einladen würden, mit uns zu Mittag zu essen.

Ich setzte mich auf den Rasen.

Man warf mir seltsame Blicke zu. Meine Kollegen waren unsicher, was sie tun sollten, warum in aller Welt ich in meinem Konferenz-Outfit, den hochhackigen Sandalen und einem langen, fließenden Sommerkleid, auf dem Boden saß und wahrscheinlich Grasflecken abbekam, warum ich knallrot angelaufen war und keuchend nach Luft schnappte. Die Freundin, mit der ich gesprochen hatte, eine Kollegin aus Minnesota, sagte allen, sie sollten ohne uns weitergehen, und kam zu mir.

Sie setzte sich neben mich. »Was ist los, wie kann ich dir helfen, brauchst du etwas Wasser?«

Ich schüttelte den Kopf. Er stand immer noch da, sah mich nicht an, ging aber auch nicht weg. Ich konnte nicht schlucken, ich konnte nicht sprechen. Aber das Schlimmste war, dass ich mich gedemütigt fühlte. Ich schämte mich so sehr. Wie sollte ich diesen Kollegen mein jetziges Verhalten erklären, oder irgendwann, wenn ich sie wiedersah, mein zukünftiges? Ich benahm mich wie eine Verrückte, mitten in einer laufenden Konferenz. Immer mehr Leute strömten auf dem Weg zum Mittagessen aus dem Hotel auf die Straße, liefen an uns vorbei und warfen einen Blick auf die beiden schick angezogenen Frauen, die auf dem Grünstreifen saßen, die Konferenztickets in Plastikhüllen um den Hals. Einige dieser Leute wussten, wer ich war, wussten, wer sie war. Ich weiß nicht, was sie wohl insgeheim dachten, vermutlich nichts Gutes.

Und dann setzte er sich endlich in Bewegung. Er bahnte sich seinen Weg die Straße hinunter und um die Ecke, bis er aus meinem Blickfeld verschwand.

»O mein Gott«, sagte ich zu meiner Freundin, »o mein Gott, das ist mir so peinlich, das ist mir so peinlich.« Ich keuchte immer noch, ich dachte, ich würde ohnmächtig. »Ich glaube, ich kann mich nicht bewegen.«

Meine Freundin war einfühlsam, sie stellte nicht zu viele Fragen, war nicht neugierig, sondern wollte nur wissen, wie es mir geht, und mir helfen, mich zu beruhigen und wieder in Sicherheit zu fühlen. Letztendlich gingen wir beide Mittagessen, nur wir beide, und sie redete und redete über alles Mögliche, nur nicht über das, was passiert war. Über die Vorträge auf der Konferenz, über feministische Theorie, die wir beide unterrichteten, über ihre Planung einiger Projekte, über das Schreiben. Sie bestellte ein Glas Wasser und zwang mich, es zu trinken, und dazu ein Glas Wein, ohne mich zu fragen, ob ich eins wollte oder brauchte. Sie orderte auch eins für sich, und wir beide tranken es aus, bevor wir für die Nachmittagssitzungen ins Hotel zurückkehrten.

»Ich bin mir nicht sicher, ob ich dorthin zurückgehen kann«, gestand ich ihr.

Ich war so wütend auf mich selbst. Ich hatte nicht gewusst, dass er an der Konferenz teilnehmen würde. Ich hatte nicht nachgesehen, hatte vor dem Abflug die Teilnehmerliste nicht überprüft, was nicht meine Art war. Das hatte ich jetzt davon, stimmt's? Ich war unvorsichtig geworden, hatte meine Hausaufgaben nicht gemacht, und das war meine Strafe.

»Ich begleite dich«, sagte meine Freundin. »Du sagst mir einfach, wenn du gehen musst, und dann unternehmen wir beide irgendwas.«

Menschen können so einfühlsam sein.

Menschen wie meine ausschließlich männlichen Kollegen während meiner ersten Lehrtätigkeit konnten so grausam sein, auch das ist die Wahrheit. Aber eine Menge Leute sind einfach großzügig und verständnisvoll. So viel habe ich im Umgang mit diesem seltsamen Leiden gelernt, von dem ich nie so recht wusste, wie ich jemandem davon erzählen sollte. Ich war dankbar für die bedingungslose Bereitschaft meiner Freundin, mir, falls nötig, zur Seite zu stehen und zu helfen, ohne eine Erklärung zu verlangen.

Während der weiteren Konferenz wurde ich hart auf die Probe gestellt. Es gelang mir nicht, mich zusammenzureißen. Ich konnte ihn nicht aus meinem Gedächtnis verbannen und schaffte es nicht, mich wieder über meine Teilnahme an der Tagung zu freuen. Dafür war sie zu klein. In der Lobby des Hotels, wo sich zwischen den Podiumsdiskussionen und Vorträgen alle tummelten, war ich nun in höchster Alarmbereitschaft, blickte mich hektisch um, hatte Angst, dass er wieder auftauchen würde, wenn ich ihn am wenigsten erwartete, und war sicher, dass er mich von der anderen Seite des Raumes oder versteckt hinter einer Pflanze beobachten würde. Ich schaffte es nicht, mir meine Panik auszureden.

Ich war auf ganzer Linie besiegt. Ich war so wütend auf mich selbst, ich hatte mal wieder vollkommen versagt. Ich wollte vergessen, aufhören, mir Sorgen zu machen, wollte das Gefühlswirrwarr überwinden, das mich überfiel, wenn ich es mir gestattete, an ihn zu denken, wenn ich mir abverlangte, gefasst auf seine Anwesenheit zu reagieren, was mir dann doch nie gelang. Und vielleicht würde es das auch nie. Ich war auch wütend auf ihn, seine Existenz versetzte mich in Rage, und dann stieg mein Hass auf ihn brodelnd an die Oberfläche meines Seins. Aber ich war gezwungen, mich mit der Tatsache abzufinden, dass er mir immer noch Angst einflößte, dass ich immer noch ein hilfloses kleines Mädchen war angesichts der Situation, in die ich mich gebracht hatte, in die *er* mich gebracht hatte. Auf dieser Konferenz in Miami war ich wieder genau an demselben Punkt wie während meines Studiums, als würde alles von vorne beginnen.

Warum, warum, warum hatte ich immer noch solche Angst vor ihm? Warum konnte ich ihn nicht als das sehen, was er war – ein erbärmlicher, körperlich harmloser kleiner Mann? Warum löste er nach so vielen Jahren dieses Verhalten, diese Reaktion in mir aus? Warum konnte ich nicht stärker sein, mutiger, die tapfere junge Frau, für die ich mich oft hielt, und nicht nur ich, viele andere auch? Warum machte ich mich ihm gegenüber so vollkommen angreifbar? Warum? Warum ich? Warum hat er *mich* ausgewählt?

Und das ist die Frage, die ich anscheinend nicht abschütteln kann, auf die ich immer wieder zurückkomme: Warum ich? Was habe ich getan, dass er *mich* ausgewählt hat?

Ich war mit dem Bewusstsein, wer *ich* bin, zu dieser Konferenz gefahren: als die feministische Akademikerin, die hohe Absätze und schöne lange Kleider trug, extravagant und erfolgreich, und einen winzigen Augenblick später war sie verschwunden, und ich verwandelte mich in ein nervöses, verwirrtes, unsicheres Mädchen, das die Vermessenheit ihres Auftretens erkannt hat und deren aufmerksamkeitsheischende Outfits die falsche Aufmerksamkeit auf sich ziehen konnten, sie verlangten sogar geradezu lautstark danach.

Das war vor etwa zehn Jahren.

Seitdem bin ich ihm nie mehr begegnet.

Nach dieser Konferenz in Miami habe ich aufgehört, zu Veranstaltungen in meinem Fachgebiet zu gehen. Ich ließ mein Spezialgebiet hinter mir und wandte mich anderen Dingen zu, anderen Themen, die es zu erforschen galt. Wählte einen ganz anderen Beruf. Ich ließ die Vorstellung von der Professorin, die ich immer sein wollte, los. Mein Traum, so wie ich ihn immer geträumt hatte, hatte sich nicht erfüllt.

27

In gewisser Weise hat dieser Mann mir das Herz gebrochen. Vielleicht würde diese Nachricht ihn glücklich machen. Vielleicht würde er sich gut fühlen, wenn er wüsste, dass er sich wahrlich dergestalt in mein Herz gedrängt hatte, dass er es brechen konnte. Doch er hat mir das Herz nicht im romantischen Sinne gebrochen. Er brach das Herz in mir, das sich ganz dem Ziel verschrieben hatte, Professorin zu werden. Ich vertraute ihm, dass er diesen Wunsch respektieren würde, vertraute ihm automatisch aufgrund seiner Rolle als Professor, als mein Mentor. Aufgrund dieses Vertrauens war ich mit fast allem, was er von mir verlangte, anfangs ausnahmslos und unwiderruflich einverstanden. Er verkörperte meinen Herzenswunsch, und ich wollte, was er besaß.

Einvernehmen und Vertrauen gehen Hand in Hand. Mit einem »Ja« vermittelt man dem Gegenüber auch: »Ich vertraue dir.« Ich vertraue *dir*, dieser Person, zu der ich Ja sage, dass du mein Wohlbefinden, mein Glück, meine Freude, meine Verletzlichkeit, meinen Wert und meine Wertschätzung, meine Wünsche, mein Interesse, meine Vorlieben und Abneigungen, meine Grenzen, meine Abgrenzungen, das Herz in meinem Körper, das hofft und ersehnt und träumt, berücksichtigst.

Wir stimmen anderen Menschen ständig zu, unseren Freunden und unseren Lieben, Bekannten und Kollegen und auch Leuten, die in einem Geschäft an der Kasse arbeiten. Einvernehmliches Handeln auf ein »Ja« zu reduzieren, das nur in sexuellen Situationen relevant ist, weist in die falsche Richtung und ist verkehrt. Es führt dazu, dass die Komplexität einer Zustimmung, ihre Rolle und ihr beständiges Vorkommen in unserem Alltag verkannt wird.

Einvernehmlich zu handeln ist die Standardeinstellung in unserem Betriebsmodus. Sie ändert sich, wenn wir ungewollt in Situationen sexueller Intimität geraten (und manchmal nicht einmal dann), in Situationen von sexueller und romantischer Relevanz. Erst dann fangen wir an, Mauern zu errichten, um eine Person davon abzuhalten, in uns zu dringen, oftmals im wahrsten Sinne des Wortes: körperlich, gewaltsam. Erst dann wird einvernehmliches Handeln zu einer uns selbst bewussten Handlung, denn die restliche Zeit ist unser Einvernehmen unbewusst. Es ist »zuhanden«, wie Heidegger vielleicht sagen würde.

Als Studentin habe ich Heidegger geliebt. Ich liebte vor allem sein Begriffe »zuhanden« und »vorhanden«, Begriffe, auf die ich im Laufe meines intellektuellen Lebens immer wieder zurückgekommen bin, weil sie auf so gut wie alles zuzutreffen scheinen.

Für Heidegger sind die Dinge meist zuhanden und werden erst dann vorhanden sein, wenn wir gezwungen sind, sie wahrzunehmen. Zuhandene Dinge sind solche, über die wir uns keine Gedanken machen müssen, weil sie ihre alltäglichen Funktionen ohne Probleme erfüllen. Eine Tür zum Beispiel ist normalerweise zuhanden. Wir gehen auf eine Tür zu, wir gehen durch sie hindurch, ohne zu bemerken, was wir tun, ohne viel über die Tür nachzudenken, so als würden wir die Tür gar nicht wahrnehmen. Die Tür wird erst dann vorhanden sein, wenn wir beim Versuch, sie zu durchschreiten, die Klinke ergreifen und sie abfällt und wir die Tür nicht wie erwartet benutzen können. Wir sind gezwungen, die Tür zu bewerten, ihre Existenz wahrzunehmen, herauszufinden, warum sie nicht mehr funktioniert, damit wir sie reparieren können und uns nicht mehr um sie kümmern müssen.

Für Heidegger ist auch unser »Sein« typischerweise ein Zuhandensein; wir denken nicht viel über die Tatsache nach, wie unser Sein funktioniert. Aber wird unser Sein ein Vorhandensein, dann wird plötzlich alles, was wir sind, was wir wissen, was wir glauben, unser Verständnis davon, wie wir existieren, infrage gestellt, plötzlich müssen wir über die Gegebenheit unserer Existenz nachdenken, uns damit auseinandersetzen, und das kann lähmend sein. Ähnlich wie die Tür, die kaputt ist und uns daran hindert, uns durch den Raum zu bewegen, funktioniert unser Sein nicht mehr, und wir müssen uns darum kümmern, sonst bleiben wir stecken, treten auf der Stelle, sind unfähig, irgendwo hinzugehen, irgendetwas zu tun oder einen Sinn in unserer eigenen Existenz zu finden.

Zustimmung – und alles, was mit diesem Begriff einhergeht – ist für uns alle in letzter Zeit sehr vorhanden.

Wir sind uns als Gesellschaft, als kulturelle Gemeinschaft, nicht mehr sicher, was Zustimmung ist und was nicht, wo sie hingehört und wo sie nicht hingehört. Wer sie kontrolliert und wer die meiste Macht über sie hat und ob wir diese Macht zurückgewinnen und sie gerechter verteilen können. Wir müssen herausfinden, wie sie funktioniert, was mit ihr schiefgelaufen ist, so schief, dass wir nicht aufhören können, über sie zu reden und darüber zu diskutieren, was sie ist und was nicht.

Für mich war das einvernehmliche Handeln im Zusammenhang mit meinem Professor defekt wie diese Türklinke, die nicht mehr funktioniert. Das Einvernehmen wurde zu etwas Vorhandenem, es wurde das Einzige, woran ich dachte, Inhalt und Herzschlag jeder meiner Entscheidungen und Handlungen während dieser Jahre, in denen er sich weigerte, mit seinen Nachstellungen aufzuhören. Das Einvernehmen erfolgte nicht mehr mühelos, sondern wurde zu meiner einzigen Bemühung und augenblicklichen Sorge. Einvernehmen und das Gegenteil davon waren alles, was ich kannte. Und angesichts meiner Verwirrung und meines Verlorenseins verlor ich auch mein Selbst.

Wir können in unserem Bemühen, Belästigung und Übergriffe zu unterbinden, nicht jeden Kommentar, jede Anmache, jede Geste keimfrei machen. Wir können nicht alle unsere Räume desinfizieren, wir können sie nicht nachweisbar sicher vor Worten, Handlungen und Verhaltensweisen machen. Wir sind Menschen, und unsere Gefühle und Sehnsüchte machen uns zu komplizierten Geschöpfen. Manchmal sind wir nervös und ungeschickt. Wir irren uns, wir machen Fehler und träumen von Dingen, die nicht passieren werden, von Menschen, mit denen wir zusammen sein wollen, die aber nicht mit uns zusammen sein wollen. Wir nehmen unseren Mut zusammen und entscheiden uns für jemanden, der unerreichbar scheint, um herauszufinden, ob er uns wie durch ein Wunder vielleicht doch mag, und das ist kein Verbrechen.

Was wir jedoch sicherlich tun können, ist, den Menschen ein besseres Verständnis dafür beizubringen, wie man Signale deutet, wie man sich zurückzieht, wenn jemand Nein sagt, wie man jemandem nach einer Zurückweisung nicht länger nachstellt, was in einem bestimmten Umfeld, im Beruf und in der Ausbildung, angemessen und unangemessen ist. Wir müssen auf allen Ebenen besser kommunizieren, wenn es darum geht, einvernehmlich oder nicht einvernehmlich zu handeln. Wir wollen vielleicht nicht, dass ein gegebenes Einverständnis für immer so stehen bleibt, aber wir sollten auch nicht wollen, dass einvernehmliches Handeln wieder unsichtbar wird, so unsichtbar, dass wir seine Funktion ignorieren, dass wir uns nicht darum kümmern oder uns weigern, uns darum zu kümmern oder überhaupt zu sehen, wenn es missachtet wurde, wenn diese Missachtung dazu geführt hat, dass jemand anderes leidet, traumatisiert wurde, wenn es das Leben einer Person für immer verändert hat.

Ich weiß *tief in meinem Inneren*, dass mein Professor, als ich anfing, ihm klar und laut und nachdrücklich »Nein« zu sagen, mein »Nein« abblockte. Er weigerte sich, mein Nein zu hören. Ich habe an jeder Ecke Nein gesagt, ich habe es auf so viele verschiedene Arten ausgesprochen, ich habe jedes Nein ausprobiert, das mir einfiel – ein Nein mit Worten, ein Nein mit Taten, ein Nein des Schweigens, des Ausweichens, des Nichterscheinens, obwohl ich mein Erscheinen zugesagt hatte. Freundliche Neins, gemeine Neins, wütende, frustrierte und verärgerte Neins, vorsichtige, charmante und verständnisvolle Neins, Neins mit vielen Erklärungen und Rechtfertigungen, Neins, die ich bei einem Mann anbringen würde, der mich in einer Bar anbaggert. Aber es spielte keine Rolle, wie oder unter welchen Umständen ich diese Neins aussprach. Er war unfähig oder weigerte sich, sie zu akzeptieren und zu hören.

Ich glaube nicht, dass eine Schulung zum Thema Title IX an seiner Universität oder die Art von Schulungen, die überall an Colleges und in Unternehmen und Geschäften und an jedem erdenklichen Arbeitsplatz zur Bekämpfung von Belästigung und Übergriffen entwickelt werden, ihn verändert oder sein Handeln gestoppt hätte. Ich glaube es einfach nicht. Ich glaube nicht, dass ein landesweiter gesellschaftlicher Dialog zum Thema Einvernehmen diesen Mann hätte erkennen lassen, was er mir angetan hat. Ich glaube nicht, dass irgendeine Bemühung ihn davon abgebracht hätte, das Wort »Nein« nicht zu hören oder zu respektieren, und unfähig zu sein, die Signale der Person zu deuten, die das Objekt seiner Begierde geworden war. Ich glaube, dass Menschen wie er immer versuchen werden, ihre Handlungen zu rechtfertigen und zu rationalisieren, ganz gleich, was es ist oder wie schrecklich die Auswirkungen sind. Ich glaube, dass manche Menschen unerreichbar sind, dass er unerreichbar war. Ich glaube, dass es Menschen gibt, die nicht mehr hören, nicht mehr zuhören und nichts mehr lernen wollen. Ihm etwas beizubringen, ihn zum Verstehen zu bewegen, erforderte eine weitaus größere Veränderung, als wir von all unseren Schulungen und nationalen gesellschaftlichen Dialogen erwarten können. Diese Art von Dialog findet nicht statt, noch nicht, und wird es vielleicht auch nie. Vielleicht bräuchte es ein Wunder oder Magie. Menschen wie ihn wird es immer geben, und das ist eine der beklagenswerten Gegebenheiten der Realität. Eine anhaltende, beklagenswerte Gegebenheit meiner Realität ist, dass ich zufällig jemandem wie ihm begegnet bin und dass er zufällig seinen Blick auf mich richtete und sich anschließend weigerte, woanders hinzuschauen.

Was wir ändern *können*, was wir ändern *müssen*, sind die Leute um ihn herum, Leute wie Tootsie, Leute wie dieser schreckliche Probst sowie die Grundhaltung einer Universität, eines Arbeitsplatzes, eines Unternehmens, die darauf ausgerichtet ist, die Chefs, das Unternehmen, den Ruf des Colleges, den Ruf des Football-Teams zu schützen, und zwar über jedes Maß hinaus und jenseits jeglicher Sorge für die Person, deren Einvernehmen so ausnahmslos missachtet wurde, dass sie für den Rest ihres Lebens leiden wird.

Wenn ich zurückblicke, wäre ich für alles und jeden dankbar gewesen, der mich vor dem hätte schützen können, was ich durchgemacht habe. Ich wünschte, jemand hätte verhindern können, was mir widerfahren ist.

Vielleicht wäre ich anders, glücklicher, weniger ängstlich, weniger daseinsbedingt düster, wenn ich nicht jahrelang den verworrenen Annäherungsversuchen eines Professors ausgewichen wäre. Vielleicht hätte ich ein erfreulicheres Berufsleben, vielleicht wäre vieles weniger holperig gewesen, und ich hätte heute eine feste Stelle an der Uni statt freiberuflich tätig zu sein. Aber vielleicht hätte ich dieses glorreiche intellektuelle Erwachen an der Georgetown auch nie erlebt, wenn man mich daran gehindert hätte, mich so, wie ich war, meinen Kolleginnen und Kollegen gegenüber zu verhalten, wenn man mich davor gewarnt hätte, mich mit ihnen anzufreunden, oder wenn man *sie* geschult hätte, sich nicht für mein Leben zu interessieren, wenn man sie davon abgehalten hätte, mich wissen zu lassen, dass ich wichtig war, dass ich für sie mehr war als nur eine weitere Studentin, und wenn ihre Institution sie davon überzeugt hätte, dass es uns alle in Gefahr bringen könnte, wenn sie mich solche Dinge wissen ließen. Vielleicht hätte ich niemals die akademische Freude entdeckt, die mich definiert und inspiriert hat, Dinge zu tun, von denen ich als Kind nie zu träumen gewagt hätte, Hegel und Heidegger und Nietzsche und Kant und Gadamer zu lesen und mir tatsächlich zuzutrauen, eine Buch- und Romanautorin zu werden, jemand die vor Tausenden von Menschen über ihre Forschung spricht.

Natürlich unterscheidet sich das Verhalten der meisten von uns, die kleinen Bemühungen unsererseits, aufeinander zuzugehen, einander kennenzulernen, die Art und Weise, wie wir versuchen zu helfen und Kontakte zu knüpfen, sei es beruflich oder persönlich, sich ganz und gar von jenen *dreitausend Anstrengungen und Notizen und Einladungen* eines Professors an eine einzelne Studentin, eine Studentin, die darum bittet: »Aufhören, bitte aufhören.« Und ich selbst habe mich in den letzten Jahren dafür engagiert, dass wir aufeinander zugehen – auf die inspirierenden Kollegen, die Studierenden und die Kinder in unserem Leben.

28

Ich bin immer gerne nach Hause gefahren.

Rhode Island ist tief in mir verankert, es ruft nach mir, legt seine sandigen, salzigen Arme um mich und hält mich fest, flüstert mir in seinem vulgären Akzent etwas ins Ohr, und ich entspanne mich. Ich liebe es von ganzem Herzen, ich liebe seinen zweifach verurteilten Verbrecher, den einstigen Bürgermeister von Providence, liebe, dass die Gegend immer im Aufbruch ist und doch nie ganz anzukommen scheint. Rhode Island durchströmt mich wie der Ozean, der jeden Schlupfwinkel umsäumt. Die Leute dort sind meine Leute oder zumindest die Leute, mit denen ich aufgewachsen bin, eine Mischung aus Arbeiterkindern und ein paar Sommerfrischlern, von denen die meisten auch zur Arbeiterklasse gehörten, weil das früher in Rhode Island so war – als Stadtbewohner konnte man unten in Narragansett »übersommern«, indem man eine heruntergekommene Strandhütte mietete oder, wenn man Glück hatte, sogar kaufte.

Rhode Island, seine Strände, all die anderen Kinder dort und meine Eltern, die mich großgezogen haben, bescherten mir die Art von Kindheit, über die man in Filmen und Fernsehserien nostalgisch schwärmt, ausgefüllt mit Streifzügen durch die Wälder, dem Bau von Festungen, dem Erkunden von Baustellen und vor allem mit langen Tagen am Strand, an denen wir Sandburgen bauten, glatt gewaschene Glassteinchen sammelten, Gezeitentümpel nach Einsiedlerkrebsen und anderen Schätzen absuchten, die wir sorgfältig in unsere Eimer verfrachteten, um so zu tun, als wären sie für kurze Zeit unsere Haustiere, bis unsere Mütter uns zwangen, sie wieder im Meer auszusetzen. Meine Sommernächte bestanden aus endlosen Kinderspielen im Freien in endlosen Varianten.

Für das Studium von zu Hause wegzugehen, Rhode Island zu verlassen, diesen Ort, an dem ich glücklich war, fiel mir schwer, doch ich konnte es auch kaum erwarten. Mein Gehirn, mein Verstand zerrten mich fort, meine Fragen zogen mich woanders hin. Mein Herz und mein Körper hingegen wollten sich für immer dort verwurzeln, wo ich aufgewachsen war.

Die einzige andere Person, der ich nahestand und die Rhode Island ebenfalls für ihr Studium verließ, war meine beste Freundin aus Kindertagen. Wir hatten uns in der zweiten Klasse kennengelernt und waren in der Highschool unzertrennlich gewesen. Wir waren Jahrgangsbeste und -zweitbeste unserer Klasse und hielten bei der Abschlussfeier unsere Rede gemeinsam auf der Bühne. Das *Providence Journal* kam und interviewte uns, die besten Freundinnen als Nummer eins und Nummer zwei. Das ist eine meiner schönsten Erinnerungen.

Aber ich glaube, sie konnte genau wie ich spüren, wie uns das unter unseren Freunden einen Stempel aufdrückte. Wir gehörten immer noch *zu ihnen*, wir waren Teil des Ganzen, abhängen, Partys in den Dünen, Hockeyspiele und Tanzabende, aber wir gehörten auch *nicht zu ihnen*. Wir waren auf eine Art und Weise klug, die uns weiterbrachte, die uns *woandershin* brachte, während die meisten unserer Freunde nicht vom Fleck kamen – und zwar buchstäblich, schon gar nicht ins Ausland. Unsere Freundschaften – oder zumindest die Art und Weise, wie wir damals zusammen waren, fielen unserem Intellekt und dem Streben nach Bildung zum Opfer.

So war es auch bei meinen Eltern. Sie wollten für mich das, was sie nie erhalten hatten – Chancen, eine weiterführende Bildung, die mein Leben und meine finanziellen Verhältnisse verändern würde. Sie haben ihr Leben lang gearbeitet, um mir das zu ermöglichen, und dann hatte ich das alles plötzlich, genau wie von ihnen gewollt, aber es hatte seinen Preis. Richard Rodriguez, einer meiner Lieblingsessayisten, spricht darüber, wie Bildung eine Familie auseinandertreiben kann, wenn Eltern dafür arbeiten, einem Kind das zu bieten, was sie selbst nie hatten. Er schreibt, wie sehr seine Eltern wollten, dass er perfektes Englisch lernt, was er auch tat, nur verlor er währenddessen die Befähigung, mit ihnen zu reden, da sie Spanisch sprachen. Zwischen ihnen entstand eine unüberbrückbare Distanz.

Meine Eltern öffneten mir die Türen, die mich auf das Rednerpult der Highschool und schließlich an die Georgetown brachten, und die Georgetown öffnete mir die Tür zu Dingen, die sie sich für mich nicht hätten erträumen können, denn ihnen fehlte das Sprachvermögen, das akademische Vokabular, die Erfahrung, um diese Dinge zu erfassen. Die Georgetown öffnete mir die Tür zu meinem Doktortitel, und es dauerte lange – zu lange, wie ich finde –, bis ich den Zusammenhang erkannte, wie viel es mich kosten würde, wie meine Bildung mich in eine Person verwandelte, die meine Eltern nicht mehr so gut verstehen konnten oder mit der sie nicht mehr zu reden wussten, deren neue Träume ihnen fremd und seltsam, geradezu unverständlich waren. Die Verfolgung meiner Bildungsträume hat mich zu einer Person gemacht, die ihrer Herkunft, den dortigen Menschen, ihrer Familie den Rücken kehrte, auf arrogante Weise, auf herablassende Art und Weise. Ich schäme mich, wenn ich daran denke. Lange Zeit kam es mir nicht in den Sinn, dass ich vielleicht eines Tages gerne zurückkehren würde, dass es vielleicht unumgänglich wäre, dass sich meine Lebensumstände ändern und ich auf den Schutz des Ortes und der Familie, in der ich aufgewachsen bin, angewiesen wäre, die Sicherheit einer früheren Zeit, die damit verbundene Vertrautheit und Geborgenheit.

Mein Doktortitel hat mich in gewisser Weise die Verbundenheit mit einem Ort gekostet, und dazu den Ort an sich, Rhode Island, ein Zuhause, wo ich mich niederlassen konnte, die Familie, die ich einst hatte, bevor ich sie verließ, um wegzugehen, mit der Absicht, nie wieder zurückzukehren.

Und dann kostete mich *seine* Rolle in all dem jenen anderen Ort, von dem ich gehofft hatte, ihn eines Tages mein Zuhause nennen zu dürfen, von dem ich glaubte, er sei mein rechtmäßiges Zuhause, die Akademie, die Universität, die mich mit offenen Armen empfangen und in ihre intellektuelle Umarmung aufnehmen würde, von der ich annahm, dass sie dies tun würde, weil ich ebenbürtig sei, nur tat sie es nicht.

Aber zum Glück heißen mich Rhode Island und meine Familie – anders als die Universität, die ihre Arme nie ganz für mich geöffnet hat – immer wieder willkommen.

Heute ist ein Teil von mir Akademikerin, ein anderer Teil nicht. Ich lebe in dem Zwischenort, schwebe in diesem Schwellenraum, in dem ich einer Berufsgruppe angehöre – und dann wieder doch nicht. *Er* hat mich dorthin gebracht, in dieses Niemandsland, in dasselbe Gebiet, in dem so viele Frauen in meiner Situation letztendlich verweilen.

Wir sind nicht in der Lage, unseren gewählten Beruf auszuüben, weil wir von Männern missbraucht werden, weil wir dafür bezahlt wurden, stillschweigend zu verschwinden, weil uns, sobald wir für unser Verschwinden bezahlt wurden, keine Mittel und Wege zur Verfügung stehen, um woanders hinzugehen. Wir verlieren unsere Empfehlungsschreiben, unsere Referenzschreiben, die Unterstützung unserer Kollegen. Entweder riskieren wir, zur Quelle eines Gerüchts zu werden, oder aber unser Geheimnis macht es uns unmöglich, unsere Suche nach einer anderen Stelle zu rechtfertigen. Wir stehen vor der Wahl, unsere Geschichte auf den Tisch zu legen und unsere Gesprächspartner zu verängstigen, was dazu führt, dass wir sowieso nicht eingestellt werden, da wir unser Schweigen und unsere rechtlichen Verpflichtungen brechen, oder wir schweigen und lassen zu, dass unsere Gesprächspartner die schlimmsten aller möglichen Gründe für das Fehlen der richtigen Referenzen argwöhnen. Schnell stellt man sich die Frage, warum wir wohl überhaupt auf dem Arbeitsmarkt sind.

Ich hatte Heile-Welt-Vorstellungen von der Universität, von allen Universitäten, davon, ein Teil der akademischen Welt zu sein, davon, eines Tages das sagenumwobene Leben einer Uni-Professorin zu führen. Die Universität ist das Zauberschloss des Bücherwurms, das magische Märchenland der bebrillten Jugend. Die Georgetown, meine Undergraduate-Uni, hat diese Vorstellungen bewahrt, die Graduate School hat sie dann zerstört.

Ein Mann positionierte die Abrissbirne genau im richtigen Winkel, dann lenkte eine Gruppe aus der Verwaltung die Abrissbirne mit aller Kraft direkt in mich hinein.

Jetzt, als Gelegenheits-Lehrbeauftragte, hege ich immer noch diese Fantasien, dieses Ideal einer Universität. Ich klammere mich fest daran und weigere mich, es loszulassen. Zum einen möchte ich immer noch, dass eine akademische Karriere für mich eines Tages Wirklichkeit wird. Zum anderen glaube ich immer noch an die Universität als Institution, als Leuchtturm der Hoffnung und als Kraft des Guten in der Welt. Vielleicht wirke ich dadurch dumm, aber ich bin nicht bereit, diesen Glauben aufzugeben. Die

Universitäten waren und sind meine Heimat. Aber wenn das wirklich so ist, dann bin ich heute wohl obdachlos.

Ich bin immer noch Katholikin. Aber auch das ist ein manchmal schmerzhafter, rastloser Teil meiner Identität.

Ich habe die Messe nie lieben gelernt, auch nicht während meines Studiums der Liturgie und ihrer Geschichte an der Graduate School. Ich lernte ihre Rituale schätzen, die Vorstellung davon als Portal, als Tür, durch die unser Eintreten möglich war, wenn wir vom Profanen ins Heilige übergehen und in der Nähe Gottes sein wollten, die Vorstellung der Messe als ein Schwellenraum, wo ich Schwellen übertrat, als ein Ort, an dem man sich zwischen den Welten bewegen konnte. Ich lernte die Idee der Eucharistie lieben, ihr Fundament der sozialen Gerechtigkeit, durch das die Katholiken jede Woche den Leib Christi als Ermahnung betrachteten, dass wir alle ein Leib sind und dass wir, wenn ein Teil des Leibes krank und bedürftig ist, dazu aufgerufen sind, den verwundeten Teil von uns zu heilen. Es gibt so viele Dinge, die ich schätzen gelernt habe, aber letztendlich waren sie alle intellektueller Natur, und als ich versuchte, wieder zur Messe zu gehen und sie wie meine Mutter aufzusaugen, sie genauso zu lieben wie sie, da gelang mir das nicht. Ich fand sie so langweilig wie eh und je, so langweilig wie damals, als ich in der ersten Klasse war und endlos in der Kirchenbank neben meiner Familie herumzappelte, verzweifelt auf das Predigtende und bange auf das Abendmahl wartend, als Zeichen, dass die Messe fast vorbei war, dass wir bald gehen würden, sonst nichts.

Dann starb meine Großmutter, und kurz darauf meine Mutter.

Eines Tages ging ich in Brooklyn, wo ich jetzt lebe, zur Sonntagsmesse, weil ich kurz zuvor den Pfarrer kennengelernt hatte, der die Gemeinde in meinem Viertel leitet. Ich sagte ihm, ich würde kommen, also ging ich hin, und ich war überrascht. Ich liebte die Messe an diesem Tag auf eine Art und Weise, wie ich sie noch nie zuvor geliebt hatte, so wie ich sie immer hatte lieben wollen, aber nie konnte. Es lag nicht an dem, was der Priester sagte, und in Wahrheit habe ich keine Ahnung, worüber er in der Predigt sprach oder welche Lesungen an diesem Datum im liturgischen Kalender feststanden. Was ich liebte, war, dass meine Mutter und meine Großmutter plötzlich bei mir waren.

Die Messe hatte sie mir für die kostbare Stunde zurückgegeben, in der ich in der kleinen Kirche saß, zuhörte und die Gebete aufsagte. Das Ritual hatte endlich seine Magie entfaltet, war für mich zu einem Portal geworden, durch das ich einen Raum betreten konnte, in dem ich für ein paar Augenblicke in der Gesellschaft meiner Mutter und Großmutter verweilen konnte, als wären wir alle noch zusammen. Meine Mutter hat mir immer gesagt, dass sie die Messe schön findet, weil sie unsichtbare Dinge heraufbeschwören kann, weil sie uns erlaubt, in der Gegenwart der Gemeinschaft der Heiligen zu sein, und wie sie dort ihre Gegenwart jedes Mal spüren kann. Ich habe nie verstanden, was sie meinte, bis zu diesem Moment, bis die Worte und das Ritual der Messe, ein Ritual, das ich auswendig kannte, mich an den Ort brachten, von dem sie mir erzählt hatte, und ich sie dort bei meiner Ankunft vorfand. Die katholische Messe hatte mir meine Mutter zurückgegeben, auch meine Großmutter, und von diesem Tag an jedes weitere Mal.

Wenn ich jetzt in die Messe gehe, höre ich sie mit mir diese Worte aufsagen, weil ich ihnen so viele Jahre lang als Kind und dann als junge Erwachsene zugehört hatte, als sie direkt neben mir saßen. Nichts und niemand kann mir das jemals nehmen. Kein Kardinal, kein Bischof. Nicht einmal Father L. Er schon mal gar nicht.

Es war ein Geschenk der Frauen meiner Familie, und so lange es die Messe gibt, werde ich es immer besitzen und zu schätzen wissen. Ich bin dankbar dafür. Für mich ist es ein Geschenk der Gnade.

In meiner Entscheidung, Katholikin zu bleiben, steckt auch ein gewisser Trotz.

Ich habe mit meinen Studenten darüber gescherzt, dass ich, stellte man sich die katholische Kirche wie ein großes Haus mit einem Garten vor, irgendwo auf der Veranda stehe, in einer Hängematte schaukele oder auf der Wiese bin – ich passe zwar nicht genau hinein, befinde mich aber ganz sicher auf dem Grundstück. Ich erzähle ihnen auch, dass ich manchmal als Streikposten auf der anderen Straßenseite stehe oder die Männer der Hierarchie auf ihrem Weg zur und von der Eingangstür mit Zwischenrufen in die Zange nehme.

Ein großer Teil meiner katholischen Identität besteht aus Verweigerung – meiner Weigerung zu verschwinden, meiner Weigerung aufzuhören, katholisch zu sein, trotz der unentschuldbaren Art der Behandlung durch Bischöfe und Kardinäle und den übrigen Männern, die diese Tradition beherrschen. Nicht nur Father L. hat mich ins Fadenkreuz genommen. Meine Arbeit über Sex und Einvernehmen auf dem Campus hat einige Männer der Hierarchie in Wut auf mich und Angst vor mir versetzt.

Aber ich bleibe auch katholisch, weil ich Italienerin und Portugiesin bin, weil meine Mutter und meine Großmutter und mein Vater diese Tradition als eine Familientradition an mich weitergegeben haben, all die Heiligen und die Sonntagsmahlzeiten und die Messen, und ich bin nicht bereit, dies aufzugeben. Ich bin nicht bereit, mir das von jemandem wegnehmen, stehlen, mir aus den Armen reißen zu lassen. Das wäre so, als würde ich gestatten, dass mir jemand meine Mutter und meine Großmutter wegnimmt, die Erinnerungen, die ich als Kind an meine Familie habe. Den Katholizismus loszulassen, würde bedeuten, dass ich sie loslassen müsste, und das werde ich nicht tun.

Und dann ist der Katholizismus für mich nicht gleichzusetzen mit den dummen, erbärmlichen, korrupten und kurzsichtigen

Männern, die über ihn herrschen. Das Herzstück dieser Tradition sind Menschen wie Professor H., der sich langsam bewegte, aber immer schnell für ein Lächeln und Lachen zu haben war, und die vielen Nonnen, Menschen wie meine Mutter, die bis zu ihrem Tod eine überzeugte Katholikin war, und ihre katholischen Kollegen und Kolleginnen, die ihre Urlaubstage hergaben, damit sie ein Jahr freinehmen konnte, Menschen wie die Jesuiten, denen an der Georgetown meine wachsende Bewunderung galt. Sie sind auch katholisch. Und ich bin katholisch wie sie.

29

Etwa einmal im Jahr google ich ihn.

Es ist schon seltsam, dass jetzt ich nach ihm suchen kann. Trotz einer Welt, in der jeder ständig jeden googelt, in der es so einfach ist, den Namen einer Person in die Suchleiste einzugeben und alles herauszufinden, was dieser Mensch jemals getan hat – Informationen, die zu finden man sich niemals erträumt hätte –, kommt es mir sehr selten in den Sinn, ihn zu googeln. Na ja, es kommt mir lediglich in den Sinn, dass ich es könnte, wenn ich wollte. Das hat zum Teil mit meiner Zurückhaltung in den sozialen Medien und allem, was online ist, zu tun, meine tief sitzende Abneigung dagegen, die auch auf ihn zurückzuführen ist. Und dann wiederum gehe ich meistens immer noch durchs Leben, als existierte er nicht, weil ich ihm nicht so viel Macht über mich einräumen will. Wenn ich die Tresortür in meinem Gehirn öffne und mir erlaube, in diesen Raum hineinzuschauen, ist es manchmal schwierig für mich herauszufinden: Was gehört mir und was gehört ihm? Was in meinem Leben ist ausschließlich mein Werk, und welche Dinge hat er beeinflusst, durchdrungen? Mit dieser Frage im Kopf zu leben, ist schwierig, also versuche ich, mich nicht mit ihr zu beschäftigen. Ich vermeide es auch, an die Möglichkeit zu denken, dass dieser Mann vielleicht *mich* googelt, dass ich leider ziemlich googlebar bin, trotz meiner gegenteiligen Bemühungen. Ich versuche mir einzubilden, dass er mich nie gegoogelt hat, kein einziges Mal. Dass es ihm nie in den Sinn käme, meinen Vor- und Nachnamen in die Suchleiste einzugeben. Und vielleicht hat er das auch noch nie.

Jahrzehnte später fühlt es sich größtenteils so an, dass er weit weg ist von meinem Leben – bis zu den Momenten, in denen ich plötzlich den Eindruck habe, als wäre das, was passiert ist, gestern gewesen. Oder wenn mein Mann verreist ist und sich die Post in meinem Briefkasten auftürmt oder wenn der Stapel mit den an mich adressierten Briefen auf dem Küchentisch gefährlich ins Wanken gerät. Ich habe meine Abneigung gegen Briefkästen und Postfächer weitgehend überwunden. Ich kann zum Briefkasten gehen, ohne mich übergeben zu wollen, aber ich vermeide diesen Gang, der für die meisten Menschen eine alltägliche Handlung ist, immer noch.

Als ich ihn das letzte Mal gegoogelt habe, hatte ich unglaubliche Angst – Angst, er könnte gestorben sein.

Man sollte meinen, dass ich das Gegenteil empfinde, dass ich mir wünsche, er wäre tot, dass ich mich über diese Information freuen würde, wenn ich darauf stieße. Ich fand es selbst merkwürdig, dass mir, als ich ihn bei Google eingab und abwartete, was herauskam, der Gedanke an seinen Nachruf durch den Kopf schoss – und dass mich diese Vorstellung aus der Fassung brachte. Schließlich ist er jetzt alt. Ich habe mich ein paar Tage mit der Frage herumgequält, warum ich ihn nicht tot sehen wollte, damit ich den Grund für diese Sorge begreife – vor allem, weil ich ihm ständig den Tod wünschte, und zwar einen schmerzhaften Tod, als er damals meiner Mutter schrieb und in seinen Seminaren ihre Briefe als Unterrichtsmaterial für meine Mitstudierenden nutzte.

Der Grund, warum ich seinen Tod fürchte, ist, dass es Dinge gibt, die ich ihm sagen möchte, Dinge, die ich ihm sagen möchte, bevor er stirbt. Dinge, von denen ich möchte, dass er sie weiß. Und wenn er stirbt, bevor ich rede, werde ich diese Chance für immer verpasst haben.

* * *

Keiner hat je eine Entschuldigung ausgesprochen.

Meine Universität nicht, die katholische Kirche nicht und er schon gar nicht.

Ich wollte vor allem, dass er es ausspricht.

»Don-*na*, es tut mir leid, was ich dir angetan habe.«

Meinetwegen könnte er es in seinem vorwurfsvollen Singsang von sich geben. Mich würde nur interessieren, dass er endlich zugegeben hätte, was er getan hat, *dass* er etwas getan hat.

Die Tatsache, dass es nie ein Bedauern gab, irgendein Bekenntnis, dass mir tatsächlich etwas angetan wurde, etwas, das außerhalb meiner Kontrolle lag, etwas, das irgendwer hätte verhindern müssen – idealerweise er, im Endeffekt die Uni, nachdem ich es den Zuständigen erzählt hatte –, daran zu denken macht mich, jetzt, da ich älter bin, fertig. Die Tatsache, dass die einzige Antwort, die ich bekam, in der Aufforderung bestand, so zu tun, als wäre nie etwas passiert und nie wieder darüber zu sprechen, hat mich daran zweifeln lassen, dass tatsächlich etwas Entscheidendes passiert war.

Ich begreife, dass Universitäten und die katholische Kirche jegliches Eingeständnis von Fehlverhalten vermeiden wollten und immer noch wollen; dass sie davon überzeugt sind, wenn sie sich entschuldigen, wenn sie sich bei einem Opfer entschuldigen, komme dies einem Schuldeingeständnis gleich, einer Bekräftigung, dass etwas Unrechtes geschehen ist, etwas, das sogar als kriminell eingestuft werden kann. Mir ist klar, dass die Institutionen sich selbst schützen wollen, dass in Situationen wie der meinen immer ihr Hauptinteresse darin liegt, das Opfer zum Schweigen zu bringen, es zu zwingen, sein Leben durch eine Unterschrift gegen so etwas wie Beistand einzutauschen, und zwar genau in dem Moment, in dem seine Verwundbarkeit und Verzweiflung am stärksten sind und es alles, egal wie verschwindend klein es wirkt, für diesen Beistand tun würde. Doch tatsächlich wird diese Person mit einem Akt der Grausamkeit belohnt, eine junge Frau, die sich gerade auf den Weg gemacht hat, die ganz am Anfang ihres Berufslebens steht; einem Akt der Grausamkeit, der sie für die nächsten Jahrzehnte behindern wird, der sie zwingt, so zu tun, als wäre all das, was sie erlebt hat, nie geschehen.

Ich wollte auch eine Entschuldigung von Tootsie. Ich wollte, dass sie mir ins Gesicht sieht und zugibt, was sie getan hat: Sie hat mich all die Monate belogen, hat die Verjährungsfrist verstreichen lassen, hat mir nie gesagt, dass unser erstes Gespräch eine Uhr in Gang gesetzt hat, in der Hoffnung, ich würde es nicht merken, und dass ich mit jedem Tag, der von da an verstrich, Zeit verschwendete und alle meine Rechte aufgab.

Vielleicht wollte sich Tootsie entschuldigen, durfte es aber nicht. Vielleicht gestattete man auch nicht, dass sich Father L. bei mir entschuldigt. Vielleicht hat meine Graduate School es ihm untersagt. Vielleicht war die Vereinbarung, die wir alle gemeinsam getroffen hatten – ich, Tootsie, die Universität, er, die katholische Kirche –, so rigoros und bindend, dass sogar private Entschuldigungen verboten waren, jede Art von Reue. Obwohl er ein Mann war, der die Sakramente, einschließlich der Beichte, abnehmen konnte, war es ihm nicht erlaubt, selbst zu beichten. Vielleicht sagte man ihm, für einen Mann in seiner beruflichen Position und zudem noch Priester, wäre es unschicklich zuzugeben, er habe eines seiner Gelübde gebrochen und einer anderen

Person, einem jungen Mädchen, geschadet. Vielleicht dachte er daran, mich zu kontaktieren, um sich zu entschuldigen. Vielleicht wünschte er, er könnte es. Vielleicht ist er in den letzten zwei Jahrzehnten jede Nacht mit dem Wunsch eingeschlafen, sich alles von der Seele zu reden und mich um Vergebung zu bitten.

Aber ich frage mich auch, was er mir heute auf die Frage antworten würde, was da vor all diesen Jahren los war. Würde er erkennen, dass das, was er getan hatte, falsch war? Würde er einsehen, wie sehr er mich traumatisiert hat? Wie sehr mich sein Verhalten terrorisiert, wie sehr es mir geschadet und mich eine ganze Zeit ins Unglück gestürzt hat? Empfindet er irgendwelche Reue? Oder findet er, dass alles nur ein Missverständnis meinerseits war? Eine missglückte Freundschaft?

Er muss gewusst haben, dass die Kirche ihn decken würde. Mal ehrlich, wussten das alle Priester zu dieser Zeit? Dachte er, er sei anders als seine Missbrauchskollegen, weil er mich nicht vergewaltigt hatte? Weil ich kein zwölfjähriger Junge war? Er war mächtig genug, um zu wissen, dass die Kirche Leute versetzte. Vielleicht hielt er sich für clever, mich nicht anzufassen. Vielleicht wusste er, dass er der Unberührbare war.

Wenn Sie ihn heute fragen würden, was zwischen uns passiert war, würde es mich nicht überraschen, wenn er sagen würde, dass alles meine Schuld war, dass er nur versucht hatte, mir ein guter Freund zu sein, dass er nur versucht hatte, mir bei meiner Karriere zu helfen. Vielleicht hat er sich in den letzten zwei Jahrzehnten selbst davon überzeugt, dass dies die wahre Wahrheit ist. Vielleicht musste er aber auch gar nicht so schwere Überzeugungsarbeit leisten. Vielleicht glaubte er die ganze Zeit über, dass dies die Wahrheit ist.

»Don-*na*«, sagte er vielleicht, »*du* warst grausam zu *mir*.«

In letzter Zeit habe ich geradezu *gehofft*, er möge erkennen, welche Labels auf seine Person zutreffen, weil sexuelle Belästigung und Übergriffe wirklich ständig und überall in den Nachrichten auftauchen. Ich habe mich gefragt, ob er jetzt, heute, in der Lage wäre, sich selbst in der Situation, die unsere war, als Täter zu bezeichnen.

Und dann habe ich mich auch Folgendes gefragt: Wenn das Verhalten dieses Professors genau jetzt, in dieser Ära des Title IX und des auf Einvernehmen ausgelegten Unterrichtens an der Universität, stattgefunden hätte, wäre *mir* dann klar gewesen, dass ich es viel eher jemandem erzählen muss? Wäre *ich* in dieser Ära nach dem katholischen Missbrauchsskandal in der Lage gewesen, seine Handlungen viel eher als unangemessen zu bezeichnen?

Es wäre zu hoffen. Aber wissen tue ich es nicht.

Es ist nicht so, dass ich zurückgehen und alles noch einmal machen, alles anders machen kann. Ich bin mir sicher, so viele Frauen wünschten sich, sie könnten noch einmal anfangen und ihr Verhalten ändern. Sie würden es viel früher jemandem erzählen – sehr viel früher. Um ihrer selbst willen und um der anderen willen, die danach kommen.

Gab es nach mir noch andere?

Gab es vor mir bereits andere?

* * *

Bis heute weiß ich nicht, ob er ein gütiger Mann war, mir selbst als mein Stalker wohlgesonnen, ein Opfer der Umstände, die sein Wissen über Liebe und Sex so sehr beeinträchtigten, dass er seine Gefühle für mich und die Art, wie er sie ausdrückte, nicht begreifen konnte. Oder ob er ein berechnendes Monster war, das die ganze Zeit genau wusste, was es tat. Wenn ich an ihn denke, ist er manchmal ein böses kleines Etwas, lauernd vorgebeugt, mit rot leuchtenden Augen, dämonisch, den Mund zu einem höhnischen Lächeln verzogen. Manchmal ist er aber auch ein trauriger kleiner alter Mann, einsam, gebrechlich, ein Wesen, das immer ungeliebt war, ungeliebt zumindest in einer greifbaren Weise, das nie die Verbindung gespürt hat, die er sich offensichtlich mit mir so sehr gewünscht hat. In dieser Version von ihm sehe ich ein anderes menschliches Wesen, ein gebrochenes, leidendes menschliches Wesen, und ich habe Mitleid mit ihm.

Ich schwanke, immer wieder hin und her gerissen, zwischen diesen beiden Interpretationen, je nach Tag, Stunde, dem Roman, den ich gerade lese, oder den Nachrichten, die ich gesehen habe. Die Wahrheit liegt wahrscheinlich irgendwo in der Mitte.

Er ist ein Mann, der sehr jung, viel zu jung, in den Priesterstand eingetreten ist, der sich zum Zölibat verpflichtet hat, vermutlich bevor er ganz begreifen konnte, wie diese Entscheidung sein künftiges Leben und seine Beziehungen gestalten würde. Er trat in das Priesteramt zu einer Zeit ein, als die katholische Kirche die sexuellen Wünsche ihrer Priester abstritt, als die Kirche die Probleme, die mit einem Leben im Zölibat einhergingen, immer noch verbarg. Die katholische Kirche weigerte sich, sich mit den Komplikationen dieses Gelübdes und den damit verbundenen schlimmen Verbrechen auseinanderzusetzen. Stattdessen wurde sie Meister im Abstreiten, im Vergraben, im Wegsehen, wenn ihre Priester Kinder vergewaltigten. Sie hat das Leben so vieler Kinder geopfert, um das Leben und den Ruf ihrer Priester und den der Institution zu retten. In vielerlei Hinsicht war und ist dieser Professor also einfach ein weiterer problematischer Priester unter so vielen anderen, unter Tausenden von anderen, die sind wie er. Er ist nur derjenige, der zufällig meiner ist.

Dann wiederum wusste er vielleicht schon immer mehr, als mir bewusst war, über das, was Priester tun und womit sie davonkommen. Vielleicht steckten seine Freunde in der Priesterschaft alle unter einer Decke, waren sich über die Hinterhältigkeit ihres Verhaltens völlig im Klaren und amüsierten sich nach Feierabend bei

Cocktails und Abendessen, das ihnen von freundlichen, ahnungslosen katholischen Frauen serviert wurde, die ihre Pflicht taten und sich um diese heldenhaften, zölibatären katholischen Männer kümmerten. Vielleicht hatte er aber auch überhaupt keine Ahnung und taumelte wie ein Betrunkener umher, mit verschwommenem Blick, ein Sklave seiner Begierden, Begierden, die er vor seinen Mitpriestern verbarg, die er sogar vor sich selbst verbarg, Begierden, von denen er einfach nicht wusste, wie er sie kontrollieren oder stoppen sollte, Begierden, von denen er wusste, dass sie angesichts seines Gelübdes höchst problematisch waren. (Und er *wusste* es, bringe ich mir in Erinnerung, zumindest irgendwann, denn er schrieb über ihre verbotene Natur in dem Essay, den er mir schickte.) Vielleicht litt er nachts unter einem schrecklichen Aufruhr, weil er Gefühle hatte, die er nicht unterdrücken konnte, Gefühle, die er nie zuvor gekannt hatte, Gefühle, die er nicht stoppen konnte, egal wie sehr er sich bemühte.

Oder vielleicht bin ich ihm gegenüber schon wieder viel zu nachsichtig. Vielleicht bin ich auch mir gegenüber viel zu nachsichtig, und ich war nicht seine erste Liebe. Vielleicht war ich seine zweite, seine dritte, seine zehnte. Vielleicht hat er zwanzig anderen jungen Frauen, Mädchen, genau das Gleiche angetan wie mir, und die katholische Kirche hat diese Taten genauso vertuscht wie bei mir. Ich glaube nicht, dass ich jemals die Antwort auf eine dieser Fragen erfahren werde, und wie bei so vielen anderen Dingen auch, muss ich diese Tatsache einfach akzeptieren.

* * *

Eines Abends, während einer Happy Hour, fragte mich eine meiner engsten Freundinnen nach seinem Namen.

Ich drehte mich zu ihr um, den Mund halb geöffnet, bereit, die Antwort auszusprechen.

Aber dann habe ich es doch nicht getan.

»Den weiß kaum jemand«, sagte ich. »Nicht einmal mein Mann. Es ist nicht so, dass ich dir nicht vertraue oder es dir nicht sagen würde«, stammelte ich, »aber ich … ich … ich kann einfach nicht …«

Sprach's aus und saß dann an der Bar, nippte an meinem Drink und versuchte zu begreifen, warum ich es ihr nicht sagen konnte. Was war der wahre Grund dafür? Warum denn nicht? Was war so schlimm daran? Das ist alles schon ewig her.

Und diese Freundin ist eine Person, der ich vollkommen vertraue, der ich immer vertraut habe und mit der ich einige der intimsten Momente geteilt habe, die das Leben uns aufzwingen kann. Vor nicht allzu langer Zeit stand ich ihr bei, als ihr Mann in einem Krankenhauszimmer seine letzten Atemzüge tat, sah mit ihr zusammen zu, wie die Monitore die letzten Schläge seines Herzens anzeigten, immer langsamer, bis sie aufhörten und er von uns ging. An Vertrautheit fehlt es uns also nicht.

»Ich würde ihn nicht googeln, wenn du es nicht willst«, versprach sie.

»Ich weiß, dass du das nicht tun würdest«, sagte ich und meinte das auch so.

Ihre Frage zwang mich zu verstehen, warum ich seinen Namen nicht aussprechen konnte, warum ich es nie tue, vor niemandem, niemals. Ich habe Angst, dass Freunde und Bekannte, die seinen Namen kennen – selbst, wenn sie versprechen, ihn nicht zu googeln –, herausfinden könnten, wer er ist, dass es quasi unvermeidlich ist und dass sich von diesem Tag an *sein Gesicht*, sein Bild über *mein Gesicht*, meinen Körper legt wie ein Film oder eine Plastikfolie, dass ich unter ihm gefangen sein werde und er mich für die weitere Zeit meiner Beziehung zu diesen Menschen ersticken wird. Diese Fantasie quält mich.

»Ich könnte es nicht ertragen, wenn du mich bei unseren Treffen mit dem, was du von ihm gesehen hast, in Verbindung bringen würdest«, sagte ich ihr schließlich, und es war die beste Erklärung, die ich zustande brachte. »Ich will nicht, dass du mich jemals mit ihm in Verbindung bringst.«

Dies ist eine weitere Art und Weise, wie ich ihn aus meinem Leben verbannt habe oder es zumindest versucht habe, eine weitere Methode, mich selbst aufzuspalten, die Person aufrechtzuerhalten, die ich jetzt bin, die sich sehr bemüht hat, sich von der Abscheulichkeit dieses Mannes reinzuwaschen, obwohl ich weiß, dass dies praktisch nicht möglich ist. Obwohl ich weiß, dass meine Welt von einem Moment auf den anderen kippen kann und ich wieder das kleine Mädchen sein werde, so dünnhäutig und verletzt wie damals, als er noch in meinem Leben war und sich immer noch weigerte, zu verschwinden.

Vor ein paar Monaten ging ich mit derselben Freundin durch Brooklyn und erzählte ihr, dass ich in Erwägung zöge, diesem Mann einen Brief zu schreiben. Ich erzählte ihr von dem Grauen, das ich empfand, als ich ihn gegoogelt hatte, von der seltsamen Angst, dass er sterben würde, bevor ich sagen könnte, was ich sagen wollte. Es sei nicht so, dass ich nie darüber nachgedacht hätte, was ich ihm sagen könnte, erklärte ich ihr, ich hätte nur nie gedacht, dass ich es tatsächlich jemals sagen würde, und in letzter Zeit wollte ich es irgendwie.

Vorher hielt ich es immer für gefährlich und eher für eine schlechte Idee, ihn zu kontaktieren. Ich zog nie ernsthaft in Erwägung, ihm zu schreiben, weil ich so viel Angst hatte, dass er mir zurückschreiben, dass er mich wiederfinden, dass er jeden Kontakt als Einladung auffassen würde, wieder in mein Leben zu treten. Dass er, wie ein Alkohol- oder Drogenabhängiger, wieder süchtig nach mir würde, weil er wirklich wie ein von mir Abhängiger war, so ekelhaft es auch ist, das zuzugeben.

Aber als der Ursprung meiner Angst vor seinem möglichen Tod ans Licht kam, wurde mir noch etwas anderes bewusst, und davon erzählte ich meiner Freundin auf einer Fahrt durch Fort Greene:

Ich habe keine Angst mehr.

Ich habe keine Angst mehr davor, dass er mich kontaktiert, mir schreibt, mir eine E-Mail schickt oder sogar unangemeldet vor meiner Tür aufkreuzt, wie es früher der Fall war. Stünde er heute vor meiner Tür, würde ich ihm ins Gesicht lachen. Ich glaube, ich würde lachen, weil dieses Verhalten so erbärmlich wäre. Bis vor Kurzem hätte mich ein Wiedersehen aus der Bahn geworfen, aber ich glaube nicht, dass es jetzt noch so wäre. Diesbezüglich ist seine Macht verschwunden. Es stimmt, dass er immer Macht über mich haben wird, weil das, was passiert ist, immer noch in meinem Gehirn lebt, und weil er mein Berufsleben und meine aktuelle Realität beeinflusst hat. Aber ich weiß jetzt, dass die Macht seiner physischen Anwesenheit in der Vergangenheit und nicht in meiner Gegenwart liegt. Alles, was er heute tut, würde an mir abperlen, denke ich.

»Du weißt, was du tun könntest«, sagte meine Freundin. »Du weißt, was du tun *solltest* …«

»Was denn?«, fragte ich. Ich konnte ihr ansehen, dass ihr allein schon die Vorstellung davon gefiel.

»Du könntest jede E-Mail-Adresse finden, die er hat und jemals hatte«, fuhr sie fort. »Du könntest seine Privatadresse ausfindig machen, seine Arbeitsadresse, jeden Ort, der mit seinem Namen verbunden ist, sogar die Kirche, in der er predigt, falls er noch predigt, seine Konten in den sozialen Medien, jeden Ort, an dem er möglicherweise kontaktiert werden kann. Und du könntest ihm an jede einzelne dieser Adressen Briefe ohne Absender schicken. Verwende unterschiedliche Schriftarten, gib keine Rücksendeadresse an. Zahle es ihm mit gleicher Münze heim. Mach mit ihm, was er mit dir gemacht hat. Ein einziges Mal. Damit er weiß, wie es sich anfühlt.«

Ich habe gelacht. Es war mir nie in den Sinn gekommen, und wahrscheinlich wäre es mir nie in den Sinn gekommen, das, was meine Freundin da vorschlug, in die Tat umzusetzen. Der Gedanke daran gefiel mir, obwohl ich mir über die Grausamkeit dessen im Klaren war. Er ist ein alter Mann und wird wahrscheinlich nicht mehr lange leben. Ich sollte mehr Mitgefühl für ihn haben, oder? Ihn ohne eine letzte Nachricht von mir ziehen lassen?

Ich glaube nicht, dass ich ihm jemals schreiben werde, obwohl ich darüber nachdenke, obwohl ich immer noch Dinge zu sagen habe, obwohl ich immer noch eine Entschuldigung hören möchte, und ferner möchte ich, dass er mich fragt, ob ich ihm verzeihen würde, weil ich gerne sein Geständnis hören möchte, dass er meine Vergebung braucht.

Ich vergebe ihm nicht, damals nicht und morgen auch nicht.

30

Auf eine bestimmte Art ist diese Geschichte nie meine Geschichte gewesen.

Zum einen wollte ich es nicht.

Wer würde auch so etwas wollen? Welcher Mensch, welche junge Frau, welche junge Feministin würde wollen, dass diese hässlichen, wenig schmeichelhaften Erlebnisse Teil ihrer Vergangenheit sind?

Ich habe Jahrzehnte damit verbracht, diese Geschichte zu begraben, sie zu verstecken, sie so gut wie möglich zu vertuschen, ähnlich wie die Vertuschungsgeschichte, die ich erfunden hatte, um meine Wirklichkeit vor meinen Mitmenschen geheim zu halten. Ich habe so viel Leben wie möglich zwischen mich und diese Zeit gebracht. Ich habe meine Energie darauf verwendet, Abstand zwischen mich und ihn zu bringen.

Diese Geschichte war also nie meine, denn ich wollte sie nicht haben. Ich lehnte sie ab.

Davon mal abgesehen, wurde mir diese Geschichte entrissen.

Sie wurde mir von meiner Graduate School, von der dortigen Verwaltung, entrissen. Sie wurde offiziell aus der Akte entfernt, aus allen Akten. Sie wurde getilgt. Für mein Schweigen wurde ich bezahlt. Ich erinnere mich, dass mein Anwalt mir erklärte, worum es dabei ging.

»Sie geben dir Ärgernis-Geld«, sagte er.

Ärgernis.

Dieses Wort begleitet mich nun schon seit Jahrzehnten. Ich bin, ich war, ein Ärgernis. Wie eine Mücke, die an einem heißen Sommertag das Gesicht von jemandem umkreist. Ich war und bin das Äquivalent einer Stechmücke für meine Hochschule, für die katholische Kirche, ein mickriges Insekt, das man zerquetschen muss, um es zu vernichten. Alles, was ich wegen dieses Mannes durchlebt habe, und jetzt hielt man *mich* für ein Ärgernis.

Aber es ist doch so: Die Geschichte existiert immer noch. Er und all die anderen schenkten mir diese Geschichte.

Die Geschichte *ist* meine Geschichte.

Ich bin jetzt die Hauptfigur, nicht er.

Ich bin die Geschichte.

Weil ich immer noch ich bin, ich bin immer noch hier, und es ist mir passiert, ganz egal wie gerne ich es leugnen würde, und ganz egal wie gerne meine Graduate School es leugnen würde. All diese Dinge sind mir passiert, und ich habe sie in mir. Ich trage sie in meinem Herzen.

Ich verschmelze sie mit der Person, die ich jetzt bin, eine Person, die diese Geschichte wie eine Wissenschaftlerin unter dem Mikroskop von Worten und Erinnerungen studieren kann, sie umdrehen, unter die Lupe nehmen, Hypothesen aufstellen, sie analysieren und sie anderen zum Studieren, Nachdenken, Diskutieren und Beurteilen anbieten kann.

Ich beanspruche sie. Ich erzähle sie.

Eines der ersten Dinge, die ich in meiner feministischen Entfaltung gelernt habe, war, dass Männer seit Jahrtausenden die Geschichten von Frauen kontrolliert haben, dass sie uns in ihre Geschichten hineingeschrieben haben, indem sie über uns schrieben, über unsere Stimmen, bis unsere Stimmen nicht mehr gehört werden konnten, bis unsere Stimmen nicht mehr zählten. Dass Männer glaubten – wussten –, dass sie durch die Kontrolle der Geschichte die Kontrolle über uns *aufgrund der Geschichte* haben, dass sie uns deshalb immer besäßen, dass sie immer die Macht über uns hätten, weil die Geschichte immer die ihre sein würde.

Obwohl Männer seit Jahrtausenden die Geschichten von Frauen erzählen, obwohl sie sich dieses Recht angemaßt haben, als wäre es schon immer das ihre gewesen, ihr Recht, an unserer Stelle unsere Stimme zu sein, so hat mich der Feminismus auch gelehrt, dass wir Frauen unsere Stimme erheben und unsere Geschichten für uns beanspruchen können. Wir können uns unsere Geschichten zurückholen und sie nach unseren tatsächlichen Erfahrungen umschreiben, danach, was wir tatsächlich denken, was wir tatsächlich erlebt haben, aus unserer Perspektive. Wir können aufhören, Figuren in den Geschichten der Männer zu sein, und zu den Protagonistinnen in unseren eigenen Geschichten werden.

Den Geschichten der Frauen.

Dieser Mann hat mir diese Geschichte vor Jahrzehnten aufgezwungen. Er hat diese Geschichte geschrieben, und ich habe die Hauptrolle darin gespielt. Er hat diese Geschichte für mich geschrieben, über mich, ohne meine Erlaubnis. Dann hat meine Graduate School sie überschrieben, umgeschrieben, über ihre Löschung entschieden, weil sie wussten, dass ich jung war und Angst hatte und verzweifelt war, und weil ich es deshalb zuließ, dass sie mich zusammen mit der Geschichte auslöschen. Sie nahmen die weiche Seite eines Bleistifts und radierten damit über meine Gesichtszüge, meine Umrisse, mein Wesen, bis ich aufhörte zu existieren. Sie schrieben mich aus meiner eigenen Geschichte heraus.

Oder besser gesagt: Sie haben es versucht.

DANKSAGUNG

Ich habe mir nie ausgemalt, ein Buch wie dieses hier zu schreiben. Seine Existenz stützt sich auf die Menschen in meinem Leben, die bereit waren, mir zuzuhören, als ich bereit war zu reden – und bereit, mir mein Ringen zu verzeihen, mich zu diesem Teil meiner Geschichte zu äußern. Ich werde euch immer dankbar sein für eure Geduld, eure Unterstützung und euren Glauben an mich. Es vergeht kein Tag, an dem ich nicht voller Dankbarkeit euch gegenüber bin. Ihr seid meine Freunde, Familie, und ihr steht mir nahe.

Ein besonderes Dankeschön gilt meiner Lektorin Judy Clain und allen Mitarbeitern bei Little, Brown dafür, dass sie so sehr an dieses Buch geglaubt haben, und natürlich auch Miriam Altshuler, meiner Agentin, die nun bereits seit so vielen Jahren Mentorin, Cheerleaderin und Freundin ist, und all meinen Freunden, die frühere Entwürfe gelesen haben. Ihr alle habt mir geholfen, aus diesem Buch das Beste herauszuholen.

Zu guter Letzt: Ganz besonders eine Person hat sich gefragt, ob ich mich, nach dem Schreiben dieser Geschichte und nachdem mir nahestehende Personen sie gelesen hätten, aus verschiedenen Gründen immer noch einsam darin fühlte. Und als ich dann über ihre Frage nachdachte, erkannte ich, dass die Antwort darauf zum ersten Mal in meinem Leben *Nein* lautete. Ich denke, ich fühle mich nicht einsam. Ich denke, ich fühle mich erkannt. Und das kommt mir vor wie ein Wunder. Also, an alle, die ich liebe, und an alle, die mich lieben und die ihre Zeit damit verbracht haben, dieses Buch zu lesen, und die versuchen, diese Seite von mir zu verstehen – danke, von Herzen.